群星闪耀时

温格传

ARSENE WENGER:
THE UNAUTHORISED BIOGRAPHY OF LE PROFESSEUR

[英] 汤姆·奥德菲尔德 著　张玉强 译

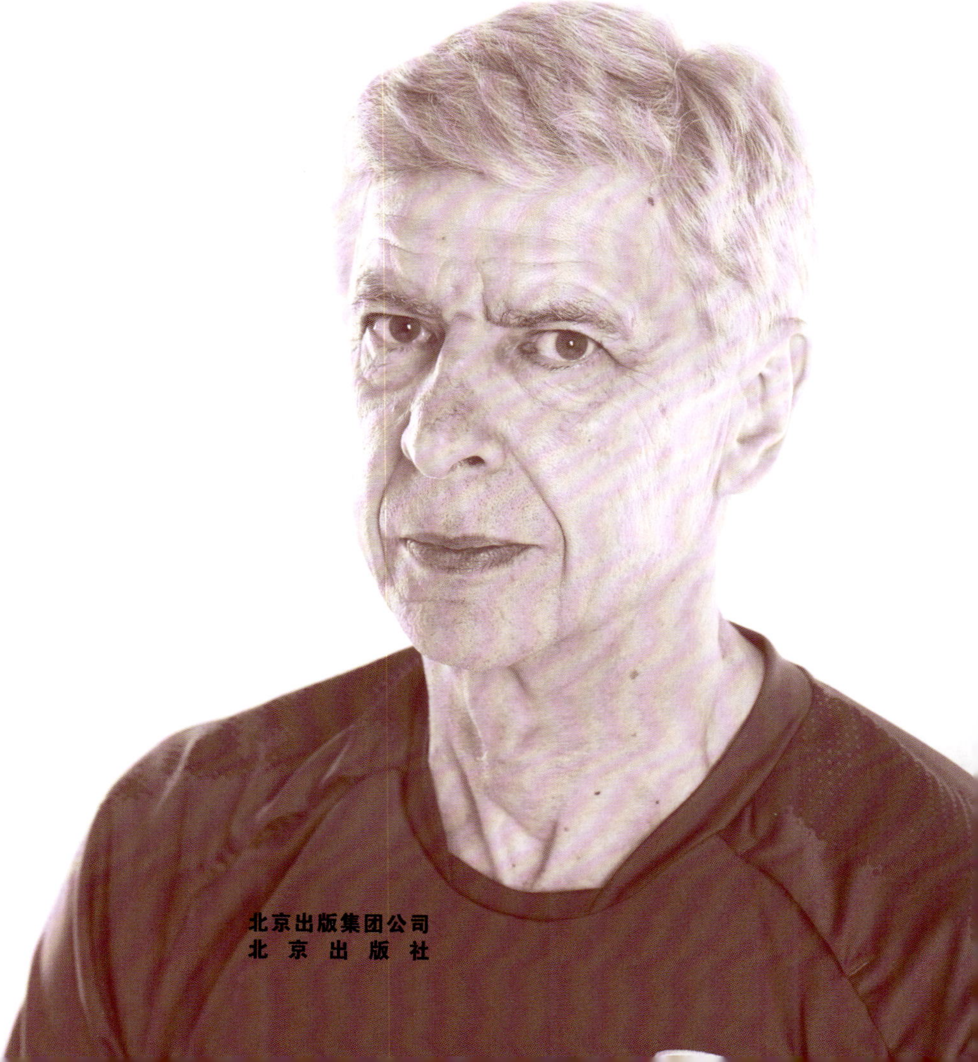

北京出版集团公司
北 京 出 版 社

著作权合同登记号：
图字：01-2016-8696
ARSENE WENGER: THE UNAUTHORISED BIOGRAPHY OF LE PROFESSEUR BY TOM OLDFIELD

图书在版编目（CIP）数据

温格传 /（英）汤姆·奥德菲尔德著；张玉强译．—北京：北京出版社，2018.1
书名原文：ARSENE WENGER：THE UNAUTHORISED BIOGRAPHY OF LE PROFESSEUR
ISBN 978-7-200-13213-7

Ⅰ. ①温… Ⅱ. ①汤… ②张… Ⅲ. ①温格—传记 Ⅳ. ① K835. 655. 47

中国版本图书馆 CIP 数据核字（2017）第 188816 号

温格传
WENGE ZHUAN
［英］汤姆·奥德菲尔德 著
张玉强 译
*
北京出版集团公司
北京出版社 出版
（北京北三环中路 6 号）
邮政编码：100120
网 址：www. bph. com. cn
北京出版集团公司总发行
新华书店经销
北京嘉业印刷厂印刷
*
710 毫米 ×1000 毫米 16 开本 21 印张 280 千字
2018 年 1 月第 1 版 2018 年 1 月第 1 次印刷
ISBN 978-7-200-13213-7
定价：59.80 元
如有印装质量问题，由本社负责调换
质量监督电话：010－58572393
责任编辑电话：010－58572511

你为阿森纳付出一切
它定会再创辉煌

2011年，阿森纳拍摄全家福

Fly Emirates

阿森纳俱乐部副主席大卫·戴恩承认：“从第一天和他会面，我就确信阿尔塞纳将成为我们的主教练。他不但富有魅力，相当睿智，而且适应能力也很强。”

阿森纳百年老书出版，温格重温球队历史

俱乐部教练论坛主席弗格森和阿森纳主教练温格到达俱乐部

阿森纳继1998年以后又一次成为联赛和杯赛的双冠王。主教练温格被队员们围在中间庆祝胜利

阿尔塞纳对这名新援充满信心："雷耶斯的转会是一笔美妙的签约。他是一名极具才华的年轻球员，可以司职中场，也可以担任二前锋。雷耶斯将是我们阵容的一笔重要财富。"

2004年4月25日，在英超第三十五轮的一场比赛中，阿森纳在北伦敦德比战中2：2战平托特纳姆热刺。亨利拥抱主帅温格

2004年10月5日，温格来到球队新主场工地参观，他对这里怀揣着巨大的希望

菲利普亲王拜访酋长体育场，接见阿森纳将士

2005年2月21日，阿森纳队在慕尼黑召开赛前记者会。主帅温格在新闻发布会上心情愉悦

2005年3月8日，欧洲冠军杯赛前训练，温格与助手帕特开玩笑

2005年7月10日，英超阿森纳队主帅温格和家人一起来到银石赛道，观看F1英国站比赛

2005年10月2日，英超第八轮，阿森纳主场1：0小胜伯明翰，主帅温格在场边鼓励自己的球员

2006年8月19日，英超首轮开赛，阿森纳主场1：1战平阿斯顿维拉。温格难掩失落之情

2006年9月17日，英超第五轮，曼联主场0：1不敌阿森纳。主帅温格庆祝阿德巴约首开纪录

2008年8月16日，英超首轮，阿森纳对阵西布罗姆维奇。温格在场边指挥球员作战

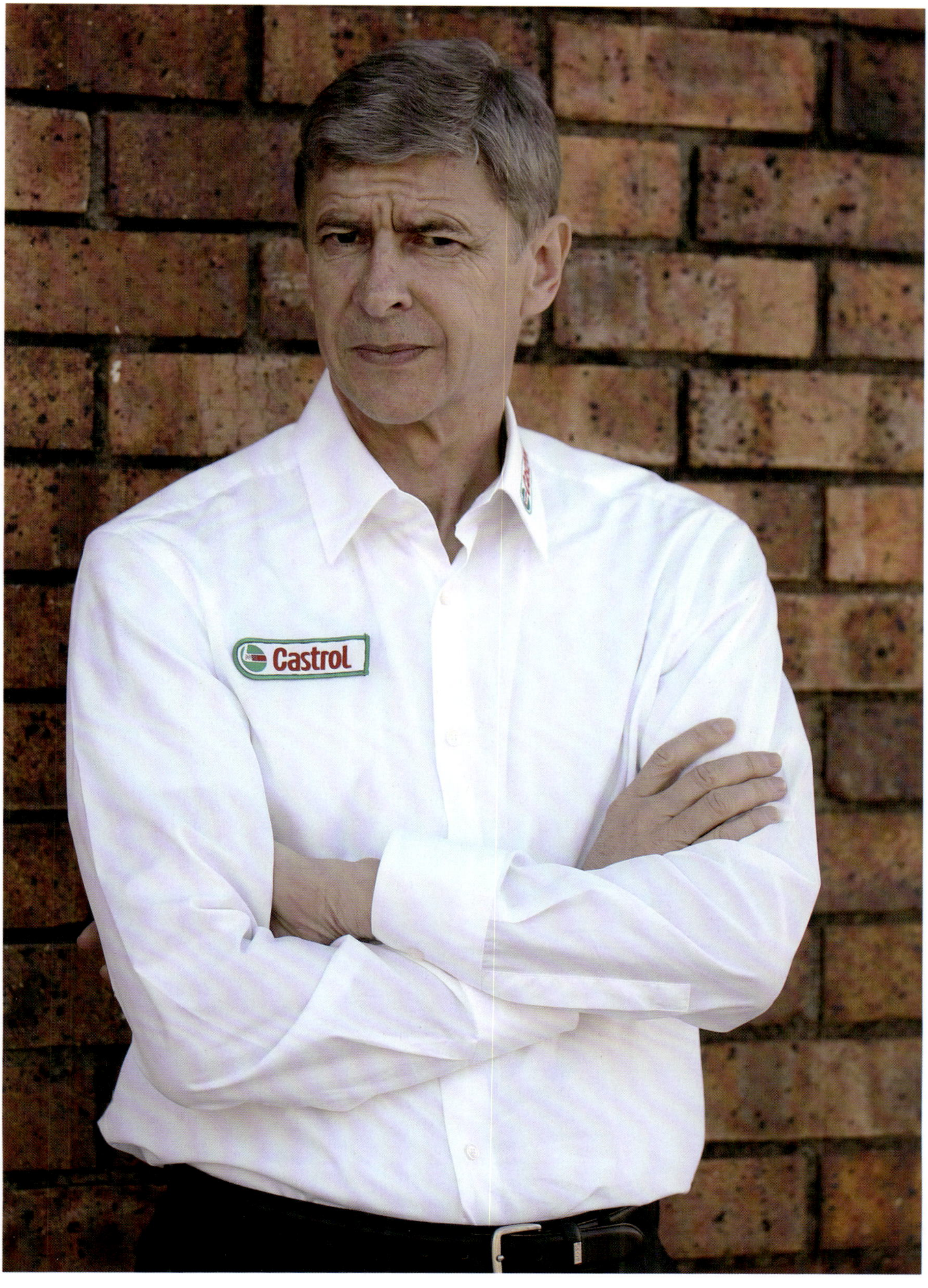

花甲之年的温格依旧彰显男人魅力

利物浦主帅对媒体表示：“温格是一名优秀的教练，他建设了一支踢着漂亮足球的球队，他在英格兰这10年获得了很多奖杯，这很不容易。”

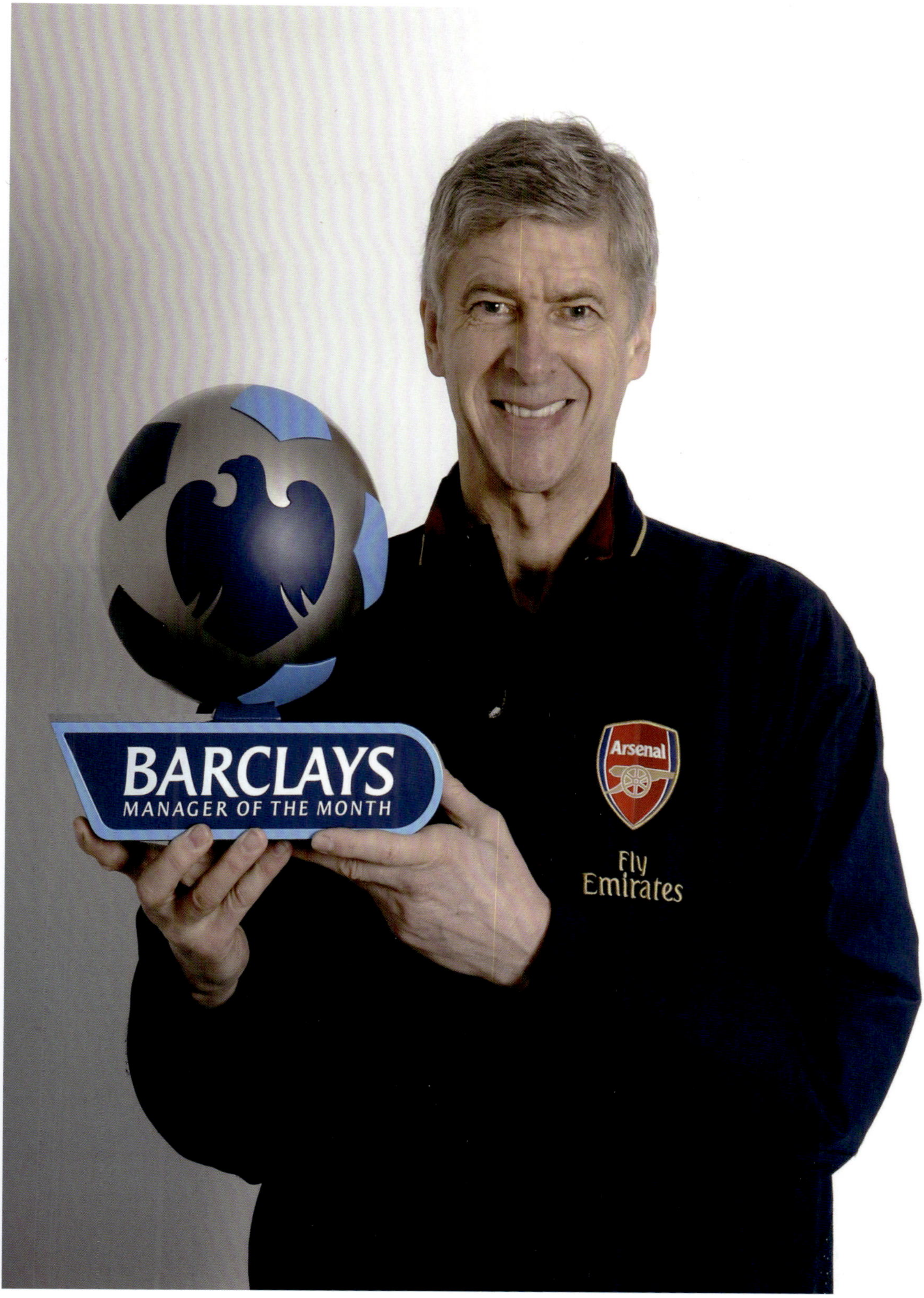

温格被选为英格兰年度最佳教练

2009年6月6日，温格来到“鸟巢”外场，给中国中学生希望足球队做现场指导。指导完学生们后，主办方将著名书法家张鹏的隶书作品“厚德载物”赠予温格

Castrol
Castrol
嘉实多

BALLIN
ISLINGTON
Office
Arsenal

2011年1月18日，万国表业沙夫豪森晚宴在日内瓦举行，体育界众明星纷纷出席

2011年10月24日，英超第十轮赛前，阿森纳训练备战。温格现场秀脚法，身手矫健

2012年4月21日，英超第三十五轮，阿森纳0：0战平切尔西。温格在场边心急如焚

2013年7月22日，足球友谊赛，阿森纳vs名古屋鲸八。温格和德拉甘·斯托伊科维奇握手以示友好

2013年11月25日，欧冠小组赛第五轮赛前，阿森纳主帅温格与球员塞尔吉·格纳布里在训练备战

2014—2015赛季英超末轮，阿森纳vs西布朗。温格向球迷挥手

2014年8月10日，社区盾杯，曼城vs阿森纳。球员与主帅温格共同举起奖杯庆祝

2015年7月14日，英超亚洲杯赛前，温格在训练期间为球迷签名

阿森纳主帅温格迎接阿斯顿维拉吉祥物狮子贝拉

2016年4月2日，英超第三十二轮，阿森纳4：0战胜沃特福德。温格在场边十分焦急地观看比赛

2016年2月14日，英超第二十六轮，阿森纳2：1胜莱切斯特城。温格像个孩子一样激动得跳起来

2015年5月31日，2014—2015赛季足总杯，阿森纳足总杯夺冠归来

序

* * *

在这个主教练如此“短命”的年代，阿尔塞纳·温格执掌阿森纳帅印18年是一项惊人的成就。在2014年率队问鼎足总杯之前，温格已经9年无缘冠军，这是批评者们津津乐道的谈资。然而，温格在北伦敦的影响远非奖杯所能衡量。

所有优秀教练都具备最大限度挖掘球员潜力的能力，但伟大的教练能够完全改变一家俱乐部，正如阿尔塞纳为“枪手”[①]所做的那样。过去20年中，他是阿森纳俱乐部一个关键的恒量，他改变了球员们备战比赛的方式，引领俱乐部搬入了新球场，他将“枪手”打造成了世界上最具观赏性的球队之一。

不要误会，温格有足够多的奖杯来支撑其史上最伟大教练之一的地位。但是，如果你忽略了他无穷的魅力、坚定的领导力和稳定航船搏浪前行的能力，那便远未充分认识到他对北伦敦的深刻影响。

从温格的发迹之路能看出，他是一个纯粹的足球人，并为此赢得了“教授”这一雅号。他的执教生涯从法国起步，南锡是他的第一站，后来转战摩纳

① 译者注：“枪手”是英超阿森纳队的绰号。The Gunners本义为炮手或者生产枪炮者。但是在中国，或许受到了温格和众多法国火枪手的影响，阿森纳的绰号约定俗成地被球迷称为了“枪手”。如无特殊说明，本书中的脚注均为译者注。

哥，赢得了法甲和法国杯冠军。温格在欧战也有不俗战绩，但马赛的假球丑闻玷污了阿尔塞纳在摩纳哥的时光，1994 年，俱乐部与他分道扬镳。

令很多人惊讶的是，温格随后受帅位空缺的名古屋鲸八之邀，前往日本 J 联赛执教。尽管开局磕磕绊绊，温格最终率队打出了俱乐部历史上最出色的赛季之一。在那个过程中，温格更好地了解了自己，也学到了很多新的执教技巧。

阿森纳的邀请，成为一份温格无法拒绝的邀约。初抵伦敦时的温格拥有一份体面的履历，但那些期待阿森纳请来更大牌教练的球迷还是对他有着很强的敌意。温格有太多需要证明的东西，但他没用多久便征服了“枪手”球迷的心，他在阿森纳取得的一系列成就也使他步入了世界级教练的行列。

温格在阿森纳的时光，分为反差强烈的两个时期。第一时期，阿森纳是争夺冠军的豪强；第二时期，阿森纳是引人注目的争冠看客。然而，不论在哪一时期，阿尔塞纳始终坚守着自己的足球原则。

温格上任时，接手的是一支已经在英超掉队的阿森纳，但第二个赛季，他便带队获得了英超和足总杯双料冠军，在与亚历克斯·弗格森爵士①的斗法中笑到了最后。温格在转会市场中异常精明，以极其低廉的价格签入了帕特里克·维埃拉、埃马纽埃尔·珀蒂和尼古拉·阿内尔卡这样的球员。

七年三夺联赛冠军，使温格跻身精英教练之列，整个英超时代只有弗格森拥有更为出色的记录。而 2003—2004 赛季的联赛全程不败，则是很多年之内都难以被复制的壮举，这充分展现了温格鼓动球员并挖掘出他们最大潜力的能力。

温格的这支阿森纳球队，是欧洲最具观赏性的球队之一，他们清脆的一脚传递和充满创意的无球跑动让千万球迷陶醉。2006 年，“枪手”令人意外地闯入欧冠决赛，再次体现出温格的战术造诣。可惜，“枪手”最终惜败于巴塞罗那，那个夜晚将在未来很多年萦绕在温格心头。

---

① Sir Alex Ferguson，苏格兰人，前曼联传奇主教练。

俱乐部搬迁至酋长球场基本成了温格时代的分水岭，尽管在他的下半段任期中，阿森纳仍经常踢出同样激动人心的足球，但球队已不可与辉煌年代同日而语。

曼联依旧强势；切尔西被穆里尼奥打造为英超一极，每年都参与冠军争夺；更晚一些，曼城又成为强有力的冠军挑战者。阿森纳没有对手那么多的资金，渐渐在俱乐部整体实力上也处于下风。几乎眨眼之间，温格的球队就不得不面对新的现实：争夺前四名，为欧冠资格而战。这，成了他们的首要目标。

这样的局面，是那些没有耐心等候冠军的球员无法接受的。包括埃马纽埃尔·阿德巴约、盖尔·克利希和萨米尔·纳斯里在内的一批球员，转而投身曼城大革命去了；塞斯克·法布雷加斯回到了巴塞罗那；罗宾·范佩西则在一笔充满争议的交易中加盟了曼联。

温格拒绝在转会市场上进行恐慌性投资，有时，他理性到了让球迷灰心的地步。在阿森纳期间，温格在大牌球星离开后，总是靠自己培养出才华横溢（但很多时候尚未成器）的替代者，他为自己执教生涯进入这一新的阶段感到自豪。比如，在锋线上，伊恩·赖特的接班人是阿内尔卡，后者又被蒂埃里·亨利取代，再往后则是阿德巴约和范佩西。在边路，马克·奥维马斯之后，涌现出罗贝尔·皮雷和弗雷迪·永贝里，最近这些年则又有西奥·沃尔科特、梅苏特·厄齐尔以及亚历克斯·奥克斯莱德－张伯伦来到队中。

然而，在联赛冠军的争夺中，这个模式已经一次次辜负温格。在那 8 年时间里，阿森纳每次看上去都颇有夺冠机会，但每次都因为几名球员的受伤或某个灾难性的月份而前功尽弃。2007—2008 赛季是最典型的例子，眼见“枪手”就要夺取温格朝思暮盼的第四座英超奖杯，他们却后劲不足，曼联凭借完美冲刺后来居上。

2009—2010 赛季以及 2013—2014 赛季的故事也大同小异。阿森纳球迷无缘为冠军欢呼，只能接受第四名的结局以及接下来在转会市场上有限的投入了。球迷的失望情绪越发严重，少部分“枪手”球迷开始进行抗议，打出了“阿尔塞纳滚蛋”的标语，这样的事情在几年前是不可想象的。

然而，温格拒绝认输。他仍在培养球员，仍在坚守着自己的足球原则。2013—2014 赛季，阿森纳的奖杯饥荒终告结束，他们逆转赫尔城捧起足总杯，这是温格继 1998 年、2002 年、2003 年和 2005 年 4 次夺取锦标后的第五次。

也许，更多的奖杯正在向阿森纳走来。2014 年夏天，温格与阿森纳续约 3 年，合同签至 2017 年。温格承认，他还没准备结束在酋长球场的事业："我们正在进入一个激动人心的时期。我们拥有强大的阵容、稳定的财政和全世界范围内雄厚的球迷基础。我们立下决心，要为这家俱乐部带来更多荣誉。"

足总杯冠军卸下了温格肩头的千斤重担，但他对奖杯的渴求依然如故，对于英超奖杯和欧冠奖杯尤其如此。温格期待着为辉煌的执教生涯画上一个强有力的句号，这两座奖杯是他的目标。

目　录
CONTENTS

序

001　第一章　从球员到教练

023　第二章　初抵阿森纳

041　第三章　双冠王及活在三冠王阴影之下

075　第四章　紧追弗格森爵士

105　第五章　重临王座，再失王冠

135　第六章　无敌舰队和特殊的一个

165　第七章　重建

195　第八章　后亨利时代

225　第九章　掉队

249 第十章　回到争冠行列
265 第十一章　局外人
279 第十二章　从大逃亡中反弹

291 第十三章　继续无冠
303 第十四章　阿森纳是冠军！
319 第十五章　未来计划

325 附　录　温格时代的阿森纳最佳 11 人阵容
329 致　谢

第一章　从球员到教练

FROM PLAYER TO MANAGER

阿尔塞纳·温格于1949年10月22日出生于法国斯特拉斯堡，他的父亲叫阿方斯，母亲叫路易丝。他们一家人生活在与德国毗邻的达特伦海姆小镇，阿尔塞纳和哥哥居伊生于斯，长于斯。达特伦海姆小镇上只有2500位居民，这给了温格一段宁静闲适、远离大城市喧嚣的童年。斯特拉斯堡所属的阿尔萨斯地区给少年时代的温格提供了幸福愉快的家庭生活环境，也给他未来的职业生涯奠定了坚实的基础。

单单看温格如今在世界足坛的显赫地位，很难相信他生长于这个寂静的村庄，而非其他熙熙攘攘的大都市，但是，如此出身恰恰对他有利。温格必须比别人更努力地工作，必须毫无选择地瞄准更高目标，这赋予了他探索其他领域和开阔人生阅历的冲动。去达特伦海姆游玩的旅客往往会乘兴而来败兴而归，因为这里全是麦田，与今天职业球员令人着迷的生活环境相比，似乎完全是另一个世界。这或许更容易让人理解年轻的阿尔塞纳为何没有受到富人和名人圈子的过多影响。

温格的父亲阿方斯经营着一家名为“东方商行”的汽车零配件公司，同时还经营一家叫“金色十字架”的餐馆兼酒吧。虽然父亲希望儿子长大后能够接自己的班，经营汽车零配件生意，但是，小阿尔塞纳却有自己的理想。阿尔塞纳渐渐对足球产生了兴趣，并且随着年龄的增长有增无减。受限于村子的规模，当地明显缺乏有组织的足球运动，因此温格不得不等待第一次亲身体验这一团队运动的机会。12岁时，他加入了镇上的球队，开启了通向足球之巅的道路。

足球对阿尔萨斯地区的人而言举足轻重。由于地处法德边境——并一度被吞并为德国的一个省份——这一地区的人对两个国家的联赛都有着浓厚的兴趣。相比之下，德甲俱乐部拥有着更高的声望，像拜仁慕尼黑和多特蒙德这些德甲俱乐部比法国俱乐部更能吸引温格的注意。阿尔塞纳孩提时代最喜爱的球队是门兴格拉德巴赫，他很欣赏德国联赛推进速度与整体移动都如此快的风格。即便如此年轻，他已经注意到了这些事情。温格最初的偶像是伟大的德国球员弗朗茨·贝肯鲍尔和巴西的传奇球星贝利。

随着足球知识的日渐丰富，温格在足球战术问题上倾注了比大多数年轻人更多的兴趣。好奇心使温格成了一个严肃的年轻人，而不是一个“合群的孩子”，他的生活方式远离华而不实。他会研究球队的优点和缺点，他的头脑会像海绵一样去吸收足球数据和信息。在这一阶段，阿尔塞纳仍然梦想着漫长而又杰出的职业球员生涯，继续代表当地球队出场，寻求着发展，希望有朝一日能够为一家职业俱乐部效力。

他的确具有足球天赋。马克斯·希尔德——一位受人尊敬的教练——至今仍是温格的密友，他在第一次去看附近几个村落的比赛时，发现了阿尔塞纳的足球能力。温格所在的达特伦海姆对阵穆特齐格正好由马克斯·希尔德执教，阿尔塞纳在中场位置上闪闪发光。就像希尔德告诉贾斯珀·里斯①那样：“温格当时18岁，代表他的村庄比赛，那是我第一次注意到他，他是一名中场，踢得非常不错。他的足球能力如此惊艳，我马上联系了他，接下来的一年时间，他来到我这里代表穆特齐格出场。”在之后的那些年里，希尔德将成为影响温格足球道路的重要人物，正是他的帮助，塑造了以翩翩风度征服英超的阿尔塞纳·温格。

在阿尔萨斯地区流行的宗教信仰——天主教——对温格的足球活动不断产

① 贾斯珀·里斯是一位自由记者，为《泰晤士报》《星期日泰晤士报》《独立报》《GQ》《Vogue》等报纸、杂志撰写关于艺术、文学、文化和体育等文章。2003年出版了温格传记《温格：一个传奇的诞生》。

生着影响。正如阿尔塞纳自己所解释的："我所成长的地区笃信宗教，在那些日子里，你必须得到牧师的许可才能去踢球，因为那意味着要错过晚祷。"即便是比这更麻烦的要求，也无法阻止阿尔塞纳去球场，正像他所承认的，足球总是他最优先考虑的事情。

阿尔塞纳作为球员的名声逐渐扩大，但是他的忠诚却被分散在足球和学业之间，从这个意义上来说，他远不是一名典型的足球运动员。他并没有将全部精力投入到足球中，因为他需要考虑自己的教育问题，这并不是说他对足球缺乏投入。童年的小伙伴曾回忆道，阿尔塞纳倾向于让自己远离一切杂念，集中精力实现目标。有一个小伙伴甚至表示，如果他现在给阿尔塞纳打个电话，必须通过一番闲谈才能让温格不再沉默。法国人肯定乐意为足球做出必要的牺牲。

一开始，温格签约了米卢斯①——一家拥有漫长的、引以为豪的历史的半职业俱乐部。他将在俱乐部待上 3 年，以继续接受足球教育。当时他差不多有 50 英镑的周薪，他很享受更衣室里的友情。不过球队举步维艰，他们不断地参与法乙联赛保级的混战。

与此同时，温格在斯特拉斯堡大学学习，获得了经济学学位，成功地将两条不同的职业道路融合在了一起。这在以后给他带来不少的好处。在所有成就中，阿尔塞纳曾经代表法国大学生代表队的出场记录往往被人们忽略了。这支球队四处出游，高光时刻是在 1976 年前往乌拉圭参加的一项锦标赛中获得第三名。虽然受伤让温格在整个赛事期间都只能作壁上观，但是，入选这一球队也证明了温格是一名拥有足球天赋的年轻球员。

在学业和足球之间找到平衡可不容易，不过，阿尔塞纳并没有过上正常的学生生活，他发现自己总是将时间分割在足球与学业之间。虽然很让人崩溃，但是这也教会了他如何在压力之下高效工作。为了足球，他必须牺牲掉自己的

---

① 米卢斯市位于法国阿尔萨斯大区，是法国东部的一个重要工业城市，也被称作法国的曼彻斯特。当时的米卢斯俱乐部属于半职业俱乐部。

社交生活，为了他所追逐的目标，他过上了避世隐居般的生活。

然而，格扎维埃·里瓦尔[①]曾经在温格传记中谈到了温格在代表队的一段时光，他引用了来自温格的朋友以及最亲密的队友让-吕克·阿里巴尔的一个故事，展现了温格性格中不同寻常的一面："他所做的就是用无尽的笑话逗乐所有人。当旅途结束时，阿尔塞纳几乎将助理教练和球队开心果的角色合而为一了，只要有他在，随时随地都有恶作剧等待着你。"这令阿尔塞纳成了球队中非常受欢迎的一员，同事们都很欣赏他无私的本性。

当温格决定要在足球中找到新的挑战时，他找到了马克斯·希尔德，后者如今在沃邦当教练。希尔德的担保足以说服阿尔塞纳进行这次转会，温格期待着从恩师的智慧中受益更多。这是个很有趣的决定，因为沃邦是一家正在努力攀升到更高级别联赛的新俱乐部，所以名气不大。但是好的一面是，转会意味着阿尔塞纳离他在斯特拉斯堡的家更近了。从成绩来说，沃邦或许还没有达到任何高度，但是对于未来的愿景可期，温格希望自己能够成为其中的一部分。

在沃邦，温格甚至没有一个固定的场上位置，这对他很不利。温格已经证明了自己有能力在防线或者中场上表现强劲，他从未因此抱怨过，也没有巩固自己在球队中的一席之地。俱乐部对他技术特点的普遍共识是，虽然阿尔塞纳阅读比赛的能力不俗，但是他的速度很有限，左脚处理球的能力几乎为零。

温格在沃邦没有待太久，但他很享受在球队的发展。俱乐部在联赛中的地位不断上升，温格很自豪能够成为帮助球队成功的一分子。无论如何，希尔德是阿尔塞纳转会到沃邦俱乐部的关键因素，当斯特拉斯堡俱乐部相中了沃邦主教练时，事情变得更加复杂了。希尔德当然无法拒绝加入斯特拉斯堡俱乐部的邀约，但却让温格面临着棘手的问题——他留在沃邦的动力突然之间消失了。

---

① 格扎维埃·里瓦尔是《法国足球》杂志的主要足球作者，也是英国、法国电视台和电台的定期撰稿人，担任法国《队报》（*L'Équipe*）驻伦敦记者10年。他出版过数本专著，其中包括阿尔塞纳·温格官方授权自传《阿尔塞纳·温格传记》（*Arsene Wenger：The Biography*）和阿森纳法国中场罗贝尔·皮雷的畅销传记《职业球员》（*Profession Footballeur*）。

碰巧的是，斯特拉斯堡随后找上了阿尔塞纳。希尔德被任命为斯特拉斯堡的预备队主教练，但是他的专业知识往往被用到了一队上。预备队需要一位教练，温格的名字在俱乐部的内部谈话中被提及，特别是被希尔德提出来，他知道阿尔塞纳有能力，并希望自己和温格的紧密关系对温格接受这份提议能起到决定性作用。温格清楚地意识到了和斯特拉斯堡预备队一起工作的机会，但也不得不面临着两难选择：究竟是继续球员生涯，还是开始探索他在足球中的其他路径。

尽管温格就此事咨询过其他人的意见，但最终转会加盟斯特拉斯堡主要还是他自己的抉择。毕竟，他仍然是一名半职业足球运动员，他并没有看到自己成为职业球员的明显路径，当教练从另一方面将给他带来全新的挑战。在这次转会中，很有说服力的一点是，温格对斯特拉斯堡——那是他的家乡，也是他孩提时代最喜爱的法国俱乐部——的热爱，有谁会认为他将拒绝这份合同呢？

不过，出人意料的是，温格去斯特拉斯堡后的教练责任来得并不直接，他的球员生涯并未就此结束。阿尔塞纳会时不时地被招入斯特拉斯堡的成年队，他是预备队的主力球员，尽管在很大程度上还参与了球队阵容的遴选与组织工作。这也给他带来了与其他顶级教练进行战术切磋的机会。

从他准备训练和比赛时一丝不苟的态度来看，温格很适合进行人员管理工作。他的时间安排得井井有条，不会浪费一分一秒。或许他和预备队阵容——基本都是些年轻球员组成——很少有共同的兴趣，但是他很快就因为不容置疑的权威性和专业性受到所有人的尊重。和此前在足球事业和学业之间争取平衡相比，阿尔塞纳如今已经将足球当成自己的工作重点，不过，此时他已经在踢球的同时进行管理工作。他仍然只有少量时间进行社交或者放松，但是他很快乐。

总的来说，在俱乐部的时光令温格非常难忘，他在斯特拉斯堡的成就也给了他巨大的自豪感。希尔德让温格在一队中担任清道夫的角色（sweeper，或者自由人 libero），尽管受到了媒体和不少球队支持者们的质疑，但是，当主力球员伤停无法出场时，温格倒是个合适的替补球员。他只是不具备在主力阵容中长期占据一席之地的能力。

阿尔塞纳是1979年斯特拉斯堡夺得法甲冠军阵中的一员，虽然他更多地发挥着幕后作用。他也跟随俱乐部一起体验了欧战足球——斯特拉斯堡参加了欧洲联盟杯的竞争。不过，这次杀进欧洲精英赛事，对温格而言却是希望遗忘的经历。在错过主场0：0战平德甲杜伊斯堡的比赛后，阿尔塞纳入选了做客德国的客场比赛阵容，他担任首发中后卫，却遭遇了一场0：4的惨痛失利——这是他截至当时的短暂球员生涯中最大的耻辱。斯特拉斯堡时任主教练吉尔伯特·格雷斯回忆起那场比赛时，将其形容为“一次彻头彻尾的灾难”。但温格并没有失去对欧战荣耀的渴望，他发誓定要重返欧战大舞台。

对温格来说，最大的问题是他从未真正适应斯特拉斯堡的体系。他的个性与性格对某些队友来说就像外星人一样，尽管他在队内很受欢迎，但和其他队员有着显著的区别，一次特别的事件可以说明斯特拉斯堡队内的文化和知识存在着鲜明的差异。在迈尔斯·帕尔梅[①]所著的《教授阿尔塞纳·温格》传记中，法国人解释道：“如果你是个职业足球运动员，你的假期会在地中海俱乐部[②]度过。至于我，我买了一张去伦敦的机票。一位朋友建议我去剑桥，在那里我租了一辆自行车，报名参加了一个为期三周的英语课程。队友们都认为我疯了。”

温格在斯特拉斯堡参加比赛的机会依然寥寥无几，他开始思考自己在这项运动中的未来。尽管他具备多面手的价值，但外界普遍的共识是，温格的能力不足以让他成为一名职业球员。他对足球的热情仍然很强烈，但是对于缺少一队出场机会越来越失望。

温格很享受在斯特拉斯堡预备队的工作，成为一名全职教练的主意开始渐渐成型。其实像他这样从乏善可陈的球员生涯转向执教领域的例子不在少

① 迈尔斯·帕尔梅，常驻伦敦的作家。1982年开始担任《苏格兰人报》的足球记者。2008年出版温格非官方授权传记《教授阿尔塞纳·温格》。

② Club Med，是法文Club Méditerranée的缩写，中文名为“地中海俱乐部”，地中海俱乐部成立于1950年，是目前全球最大的度假连锁集团。

数。亚历克斯·弗格森爵士和何塞·穆里尼奥等人的球员生涯同样不出彩，但作为教练却取得了巨大的成功。也许这就是秘密。温格在接受《442》[①]杂志采访时表示勉强同意："你的职业生涯中会有太多的失望，那能够给你带来动力。作为球员，我并未得到完全的承认，也许我认为这可以被忘却了。"

多年来，阿尔塞纳总是希望在打理家族生意和成为一名职业球员之间做出选择，然而，温格最终两样都没选，反而投身于教练的职业生涯，他在斯特拉斯堡的角色表明他已经做好了准备。温格最后一次代表斯特拉斯堡成年队出场是在1979年，之后，他开始走向了执教岗位的漫长旅程。

这是温格留在足球圈的一个机会，跟随斯特拉斯堡预备队工作渐渐地吊起了他当真正教练的胃口，他去巴黎学习，目的是争取拿到教练证书。这一进程开始于大众体育教育区域中心，最终，温格拿到了开启教练生涯所必需的资格。和温格同期的申请人对于他投入课程的强度和专注感到惊讶。他带着很多新的想法结束了这次学习，甚至对完美的赛前准备方案产生了更加浓厚的兴趣，足球比赛的心理层面因素和对等长收缩锻炼的研究都让温格着迷。正如里瓦尔所揭示的："他迷上了研究等长收缩肌肉锻炼法——一种加强肌肉力量、调整身体状态，但是不需要改变球员体格的锻炼体系。"

正如温格后来透露的，他对于肌肉增强训练也有着极大关注——这是一种跳跃训练，目的是加强球员力量和机动性。正如他所透露的："这个想法旨在增强肌肉的爆发力，会帮助球员们变得更强壮、更有力量、更敏捷。它包括各种各样的跳跃：一条腿、两条腿、跳远、跳高。我尝试以接近比赛的强度让球员们进行训练。"这样的技术在当时的足坛中还没有被投入使用，当温格后来在英格兰使用时，无疑是革命性的举措。他和精神科医生、营养学家的合作，也会在未来的多年里让球队获益良多。

拥有了教练资格后，阿尔塞纳在斯特拉斯堡的表现继续给人深刻印象，他

①《442》，英国非常著名的足球杂志。杂志的名字来自足球阵型中的4-4-2阵型。

不仅在青年队发挥了核心角色的作用，还执教和代表预备队出场。到这一阶段，温格已经具备了很多关键的执教能力。他在压力之下处变不惊的能力将被证明非常有用，而且，他的足球专业知识十分出色——无论是对战术还是对球员的了解。他是个彻头彻尾的足球人，日复一日地运营俱乐部很符合他的工作作风。他的语言艺术——阿尔塞纳能够说一口流利的德语、法语和英语，也能用西班牙语和葡萄牙语交谈——也让他成了俱乐部离不开的人，并得到了各路媒体的好感。鉴于这一点，温格的形象越来越深入人心并不奇怪。

温格的知识和人员管理艺术给很多人留下了深刻印象，此后，温格便离开了斯特拉斯堡，加盟了另一家法国俱乐部——戛纳——的教练团队。与希尔德告别对温格而言是个悲伤的时刻，温格就此结束了他在斯特拉斯堡的冒险，对未来满怀憧憬。当时，戛纳队的一队主教练是让－马克·吉尤——一位阿尔塞纳熟识并且尊重的教练，这一转会对他而言非常有吸引力。

吉尤和当时的戛纳俱乐部总经理理查德·康特花了不少工夫来说服温格加盟戛纳，在尼斯的一个夜晚，经历了长时间的磋商之后，他们终于得到了想要的人才。就像理查德·康特在格扎维埃·里瓦尔的温格传记中所说的："我记得那次会面相当亲切，而且有建设性。即便如此，直到凌晨一两点，温格看上去有些疲倦了，准备走时，我们才终于敲定了合同。事实上，正是我们三个人所共同拥有的在一起工作的决心为最终达成一致扫清了障碍。"理查德·康特也承认："当然，不可避免的是，我们之中没有一个人是完全满意的。阿尔塞纳接受了比他期望值更低的待遇，而我们则付出了比我们预计要多的报酬。当然，条件还是比较适中。"

戛纳给温格支付了300英镑周薪的体面工资，可以负担他的生活成本。这远不是一份报酬丰厚的合同，但它给阿尔塞纳提供了一个开始执教生涯的机会。当时，金钱尚未如潮水般涌入足坛，因此他不得不满足于戛纳所给予的。多年后，当他在阿森纳已经拥有一份不错的薪水时，他承认："我从未有过关于钱的附加条款，这方面问题从来不是我真正关注的。如今我得到的回报，是在这项被金融爆炸影响的运动中找到自己的位置，但是，即便我没有挣到这么多钱，我仍然会是一名教练。"

温格距离"一举成名天下知"并不遥远了。作为一位菜鸟教练，他渴望实现他的想法，在追求完美的道路上以身作则。他给球队灌输了纪律要求，并鼓励大家为了球队利益全力以赴。作为教练，他会花大量时间去研究对手的弱点，总是着迷于通过创造型的体能训练，给球员在比赛中创造优势。就温格完美无瑕的计划来看，他已经遥遥领先于自己的时代了。

在阿尔塞纳的指挥下，戛纳球员们得到了很有价值的教育，特别是年轻球员。那些最了解他的人们，知道关于他所付出的不懈努力、他近乎痴迷的行为有着最好的故事。就像吉尤告诉里瓦尔的，温格留给生活中其他事情的时间十分有限："他没有任何家具，只有对他所需要的东西才会特别严格，他也没有感觉到任何不适，他所需要的唯一重要的家具就是一张不错的床。在他眼中，如果你必须花上一些时间去寻找漂亮的家具，那可能会浪费掉你本可以用来研究比赛视频的时间。"

事后来看，球员们很可能被温格强迫着过于努力地工作，备战甚至会出现超负荷的情况。戛纳该赛季的头号目标是赢得从法乙升入法甲的机会，但是，最终理想破灭了。杯赛的出色表现给温格带来了一些安慰，球队打进了法国杯1/4决赛，但这仍然是一个令人失望的赛季。不过温格的投入似乎提升了球队的水准。

看来，阿尔塞纳吸引一大堆的追求者只是时间的问题，事实证明，这是温格在戛纳的唯一赛季。法国人注定将成为一名顶级联赛主教练，凭借着他投入这份工作的全部活力，赢得外界的认可。

考验温格作为一队主教练能力的机会在1984年出现了。一份执教南锡的工作机会摆在了阿尔塞纳面前，让-克劳德·科洛埃将温格作为推动俱乐部前进的人选推荐给了南锡俱乐部主席。阿尔塞纳的任命并未获得一致支持，但他仍然成为南锡队的新任主教练。不久，那些批评者们就不得不闭上嘴巴了。南锡俱乐部足球总监阿尔多·普拉蒂尼是伟大的米歇尔·普拉蒂尼的父亲，和温格会面后，给了他一份三年的合同。

这对一位初来乍到的主教练来说是个巨大的挑战，温格的球队并不真正具备法甲的实力。他获得了有限的转会资金，因此被迫最大限度利用现有资源来引进球员。温格倒是很喜欢在转会市场上寻找便宜货，因为这可以让他用更多的时间来观看比赛视频！他的新援们参差不齐，有些人大有前途，其他人则毫无希望。而熟悉的面孔阿里巴尔——温格在法国大学生队的朋友——如今也是新援之一。

带南锡队的第一个赛季是温格永远不会遗忘的经历：准备比赛时他给自己施加的极大压力；当事情进展不顺利时的痛苦；当然也少不了胜利的喜悦。那个阿里巴尔所认识的同学，如今变成了一个更加严肃、坚定的人。在里瓦尔的温格传记中，阿里巴尔透露过一个关于温格的极有吸引力的故事，他说："我们在做客朗斯时输掉了一场比赛，丢掉了 3 球或者 4 球，当时，这对他打击很大。从没见过他那么生气、失望过。在比赛结束后的归途上，球队大巴刚刚离开球场几百米，就不得不停靠在路边，那场失利把他的胃搅得翻天覆地，让他觉得很不舒服，在沟里呕吐。"

如今，阿尔塞纳已经完全掌控了球队，他终于可以尝试将执教生涯所学到的理论和战略付诸实践。温格的视野投向了更长远的执教生涯，因此，在南锡的那段经历，帮助他培养出了他的胜利方程式。也许任何一位法国联赛主教练在幕后所做的努力都无法与温格相提并论，他了解俱乐部任何球员的一切信息。即便是在冬歇期——欧洲大多数联赛在圣诞节期间被暂停——阿尔塞纳也不会有丝毫放松。

温格执教的第一个赛季——1984—1985 赛季法甲联赛——就令人觉得南锡队前途无量，他带领球队将不可能变成了可能，拿到了联赛第十二名。因为球队缺乏资金，连派上一套像样的阵容都很困难，所以，对温格来说，这已经是相当了不起的成就。球员们总是发现他们不得不去踢非本职的场上位置，但是他们仍然接受了挑战。他们的确付出了巨大的努力，但仍然无法掩盖球队破旧不堪的事实，当球队中富有天赋的球员一个个地被顶级俱乐部掠走，温格越来越觉得捉襟见肘了。巧妇难为无米之炊，即便是温格也无法帮助球队避免陷入保级大战。

第一个赛季的成功只是昙花一现。俱乐部没有任何转会投入，球队在接下来的两个赛季日趋艰难。1984—1985 赛季，积分榜中游的排名看上去是个不错的成就，因为每过一周，球队的情况都会更加糟糕。当俱乐部在 1985—1986 赛季排名第十八位时，温格和他的球员们面临着降级附加赛的问题，这场比赛将决定他们的命运。冥冥之中自有安排，比赛对手是温格的老东家米卢斯队。幸运的是，阿尔塞纳的球队以 3 ： 2 的总比分涉险过关，保住了他们的法甲席位。尽管如此，这次胜利只是将他们不可避免的事件推迟了一些而已，降级迫在眉睫了。

执教南锡的第三个赛季，温格依然没有得到任何资金，温格已经无力阻止这支在 1985—1986 赛季中表现十分糟糕的球队滑入降级区。最终，球队在 1986—1987 赛季降入法乙联赛，这对法国人来说是个特别沮丧的时刻。但事实上，不论是他还是他的弟子们，都已经全力以赴了，而他也已经失去了对南锡俱乐部的耐心。

阿尔塞纳非常失望，实际上他已经开始寻找新的挑战了。在幕后，与摩纳哥的谈判正在紧锣密鼓地展开，温格对加盟如此著名的俱乐部感到无比兴奋。他的老熟人——戛纳俱乐部总经理理查德 · 康特——已经来到了摩纳哥，毫无疑问，他在温格的签约中发挥了作用。好事多磨，这笔合同还需要等待，因为南锡拒绝提前结束与温格的合同，摩纳哥也不愿意为此付违约金。

因此，正当温格在试图拯救南锡于法乙联赛边缘时，他知道摩纳哥的工作在等待着他。当时，关于这一情况没有任何媒体报道，温格将底牌牢牢地贴在自己胸前。如果换了其他主教练，也许会有关于他场下的分心影响了球队保级希望的指控，但是阿尔塞纳不可能面临如此局面，没有人会比他付出更多的努力来试图扭转乾坤。

尽管南锡俱乐部过去两个赛季仅仅排名法甲第十八位和第十九位，阿尔塞纳 · 温格已经在法国确立了自己颇受尊重的教练声誉，球队较低的联赛排名于他没有任何责任。温格冷静达观的态度和丰富的战术知识令他受到了球员们和教练团队的喜爱。当他终于迎来在俱乐部任期的终点时，他已经可以确保收到其他工作邀约的可能性。

加盟摩纳哥很快就成了官方消息，阿尔塞纳必须开始为他的新环境做准备了。当他启程前往法国公国[①]的那一刻，心里十分激动，这是可以理解的，毕竟他即将执教的是一家期待着获得巨大成功的大俱乐部。在南锡，他的优势是俱乐部期待较低，这意味着他可以远离各种批评。而在摩纳哥，事情绝非如此。

温格的新球队大部分由法国球员组成，但是也有一些外援，包括两位英格兰人——格伦·霍德尔和马克·哈特利。利比里亚前锋乔治·威赫[②]是温格执教摩纳哥第一个赛季的另一位新面孔，球队的攻击线看上去十分强大。看来温格也在幕后操作着几笔签约。这是一次全新的、令人激动的挑战，温格迅速开始施加他对球队的影响，他很快就认识到俱乐部已经蓄势待发，开始竞争国内和欧洲最高荣誉。但是法国顶级联赛中，还有其他实力强劲的球队，包括马赛，他们将是摩纳哥接下来数年的最大竞争对手。这是一组令温格津津乐道的对决。

尽管身处一些顶级球员的怀抱，温格永远不可能接受名人的生活方式。他继续驾驶着自己小小的雷诺车前往俱乐部的训练基地，而在停车场一排排顶级豪车之中，突然停上一辆雷诺看上去就很可笑，但在当时，温格不会有其他选择，他太忙了，所有精力都放在了勤奋的规划中。他最新的兴趣是监控球员们的饮食，他经常和俱乐部营养师扬·鲁吉耶聊天，用他推荐的食谱，强制所有球员必须在比赛前严格按照饮食标准执行。

所有阿尔塞纳的积极调整都获得了回报，他很快就将奖杯带回到摩纳哥的奖杯陈列室。在温格执教俱乐部的第一个赛季——1987—1988 赛季——他和球员们获得了法甲联赛冠军——那也是阿尔塞纳最骄傲的日子之一。这是摩

① 摩纳哥大公国实为主权国家，并非法国公国。

② 乔治·威赫，中国球迷更喜欢称他乔治·维阿。

纳哥 6 年来的第一项冠军荣誉，当温格将奖杯捧在手中、沐浴荣耀的那一刻，之前所付出的所有辛劳和那些不眠之夜看上去都是值得的。球队准备得很充分，阿尔塞纳和球队之间相互信任与尊重。温格很快就喜欢上了胜利的感觉。

过了几年“四大皆空”的日子，摩纳哥在 1990—1991 赛季末又有了值得庆祝的理由，温格和他的弟子们高高举起了法国杯。但是在联赛中，马赛一直死死压住阿尔塞纳的球队，温格很难复制 1988 年联赛夺冠的荣耀，这对他打击很大。

在欧洲优胜者杯中的狂飙突进，将温格的球队带到了 1992 年的决赛赛场上，但是，在里斯本的心碎之夜，他们输给了德甲俱乐部云达不来梅。决赛前一天，在法国的科西嘉岛发生了一场可怕的灾难，法国杯半决赛比赛现场的两个看台坍塌，导致 18 名观众丧生，这让摩纳哥阵营——包括温格在内——陷入迷茫。欧洲优胜者杯决赛被允许继续举行，但是，没人有心思踢这场决赛了。温格的球队已经晋级了法国杯决赛，但出于对逝者的尊重，比赛被取消了。

正如里瓦尔所指出的，温格在摩纳哥获得的成功越多，他就越容易注意到摩纳哥公国与法国大陆之间的隔阂。很多法国人完全忽视这一地区，因此，当摩纳哥开始夺得冠军时，他们会表现出不快。这个国家的一些地区有着一种明确的意识：先有法国，后有摩纳哥——他们被视为两个分离的实体。

1993 年，马赛假球案丑闻爆发。摩纳哥主教练温格曾经长期怀疑过马赛不断夺得冠军有着什么见不得人的方式，因此，当真相出炉之后，他很难接受。马赛俱乐部主席贝尔纳·塔皮是这桩丑闻的幕后人物，正是他的行为彻底摧毁了法国联赛的良好信誉。自然而然地，温格回想起那些摩纳哥在法甲联赛中屈居马赛之后的赛季，他认为自己的球员们本可以赢得更多的奖杯。而这整个事件都是彻底的耻辱。

阿尔塞纳之前并没有足够的证据来指控他最大的对手，因此只能明智地等待时间来证明一切。

当他真正开始对此次事件发表评论时，摩纳哥主教练表示：“如果马赛存在欺骗行为，那么，他们被剥夺参赛资格是符合逻辑的，但还不够严厉。如果腐败被证明是存在的，马赛应该被剥夺法甲冠军头衔。如果像我这样的人不去捍卫足球的信誉，还不如卷铺盖走人。我们必须严厉地处理欺骗行为，不论他们是马赛、摩纳哥，还是巴黎圣日耳曼或者南特。”

作为处罚的一部分，马赛被剥夺了法甲冠军，但他们却被允许保留了1993年欧洲冠军杯的荣誉。奇怪的是，在所有这些争议发生后，欧足联居然没有剥夺塔皮的球队的欧冠奖杯。而阿尔塞纳和他的弟子们也从马赛被禁止参加欧洲冠军杯一事上获利，在巴黎圣日耳曼拒绝了顶替马赛的名额后，摩纳哥得以代表法国参加欧洲冠军杯，给温格带来了对俱乐部足球最高水平赛事的初体验。

那个赛季（1993—1994赛季），温格将摩纳哥带进了欧洲冠军杯半决赛。阿尔塞纳的球队输给了冠军AC米兰，但是他激发出球员们最大潜力的能力得到了广泛认可。拥有像乔治·维阿和于尔根·克林斯曼这样的巨星对球队自然是巨大的提升，但是，摩纳哥的成功却是扎根于团队协作。球队的进攻是通过传球和跑动的简单动作来实现，但关键是执行的速度和节奏。即便早在执教法国联赛时期，通过踢观赏性足球来实现对胜利的渴望，已经是阿尔塞纳足球哲学的一部分了。

他本来应该赢得不止一次的法甲联赛冠军。尽管如此，阿尔塞纳在摩纳哥已经成功了，他凭借艰苦的努力赢得了冠军荣誉。有报道称，他在摩纳哥的公寓和在斯特拉斯堡的家一样乱，而且没什么家具，他的大部分时间都是在训练基地的办公室里，而不是其他地方度过的。看上去，温格最害怕的就是放慢脚步，因为他根本不知道如何去放松。有些人担心，对细节的过分关注和过长时间的工作会影响他的健康状况。

在欧洲冠军杯初体验之后的一年，阿尔塞纳在俱乐部的任职结束了。拜仁慕尼黑接触过他，但是摩纳哥拒绝了拜仁的横刀夺爱，这一事件给温格与俱乐部董事会业已紧张的关系带来了更大的伤害。1994年，俱乐部只拿到法甲第九名，低于球队的平均水准，在1994—1995赛季的失望开局后，阿尔塞纳被摩纳哥解雇了。对温格来说，离开这样一家他享受过一些魔法瞬间的俱乐部是个沉重的打击，但是董事会发话了，温格必须离开。

尽管如此，温格在法国已经做到了极致，他需要新的挑战。摩纳哥冒险的糟糕结局让他的内心在燃烧，他花了一些时间来重新关注自己的未来。他在这项运动中的地位已经到达了一定高度，如今，他可以从摆在办公桌上的一些邀请中进行选择。

转移到另外一项欧洲顶级联赛似乎是最自然的选择，但温格却是个你很难做出准确预测的人。令足坛惊讶的是，阿尔塞纳选择了来自日本J联赛球队名古屋鲸八的报价。名古屋鲸八的拥有者是丰田公司，他们的猎头一眼相中了阿尔塞纳，提供了一份温格不可能拒绝的报价。在经过了塔皮事件的争议和媒体狂热之后，日本看上去是一个能够让温格做回他最擅长做的事情——让手下的球员得到最大限度发挥并且赢得奖杯——的完美地点。

不出所料，在同意名古屋鲸八的合同之前，阿尔塞纳花了一些时间来权衡自己的选择。他和一些联系人了解了情况，做决定之前思虑再三。他考虑了数月，而日本人都想知道他是否会成为新的主教练。签下合同时，温格百分之百确定自己的选择是正确的。

然而，这个决定还是让各大媒体摸不着头脑。温格如今已经被承认是一位顶级主教练，那么，究竟名古屋的工作有怎样的吸引力？J联赛球队为阿尔塞纳开出多大的价码？对很多人来说，温格的选择很难理解。但是，温格永远不会失去他的专注。名古屋鲸八在J联赛中不是顶级球队，如果温格要彻底改变球队的命运，摆在他面前的将是堆积如山的工作。

温格在他的新工作中可以得到7500万日元（约合33万英镑）的年薪，但最让他感兴趣的并不是金钱。选择到日本完全是为了体验另一种文化，并将他的国际足球的知识发扬光大，给他的简历添上独特的一笔。抵达名古屋之后，观光旅游并不是他首先考虑的，温格迅速开始了他的工作——提前熟悉他将要面对的新球队和球员们。

当时，J联赛在日本受到了民众的狂热支持，人们绝不会缺少对名古屋鲸八新任主教练的兴趣。温格继承的球员班底是由英格兰籍前任主教练戈登·米尔恩组建起来的，前一个赛季，这支球队还在J联赛中垫底——正是这导致了米尔恩的离开和名古屋鲸八对温格的追求。阿尔塞纳回顾起这段人生时非常满足，他告诉《独立报》:“法国人认为我逃离那个国家时疯了，但是日本让我找回了对这项运动的热爱。球员们贡献了比我预期多得多的努力。”

新赛季开始时，阿尔塞纳带来了一位他绝对信任的助理教练——博罗·普里莫拉茨。普里莫拉茨在马赛假球风波中是一位证人。在提供了对塔皮不利的证词之后，普里莫拉茨很可能对阿尔塞纳提供的邀请感兴趣。他们俩会在一起花上数个小时研究比赛的视频并讨论战术。他们因为对完美足球的激情而团结到一起，两人接下来将共同奋斗很多年。

去往日本后最初的过渡阶段，温格不可能为一切都做好充分准备。他一开始就感受到了巨大的文化冲击，他需要时间去适应。最初的3个月时间特别考验他，温格遭遇了孤独和思乡症的困扰，他开始问自己是否做出了正确的决定。他在名古屋鲸八所面临的任务已经足够棘手，更不要说适应周遭新环境所需要的心态调整。

日语是一门很难掌握的语言，尽管阿尔塞纳具备语言学的背景，这让他指导球队时更加困难，他没办法像自己希望的那样有效地组织球员。而日本文化的其他方面也让温格很不适应——他从未预料到初期的困难会如此之大。但是他坚持下来了，克服了这些困难。

他在日本定居所遇到的困难只是问题的一部分。温格时代的开始是灾难性的，球队在前10场比赛中输掉了8场，这让阿尔塞纳的表现受到了密切关注。新教练和他的球员们完全没有融合，球队士气低迷。连战连败的结果反映了俱乐部需要更好的沟通，但是语言的障碍继续制约着温格的工作计划。

正像法国人解释的，他在日本的糟糕开局引起了很多人的怀疑:“他们认为我什么都不懂。1个月之内我就失去了所有的信誉，之后我意识到，球员们需要明确的命令，一旦他们有信心去采取行动，球队就能取得突破性的进步。”

事实上，这是有所保留的一番陈述，阿尔塞纳令名古屋鲸八转型的方式引发了轰动。在前几个月，名古屋鲸八的球员们被认为缺乏天赋，甚至有些人预言他们的联赛排名会很糟糕。虽然过程缓慢，温格却开始取得非凡的成就，将自己的足球哲学植入到球队中。这带来了相当壮观的结果，在阿尔塞纳执教日本足球的第一个赛季，名古屋鲸八在积分榜上一路飙升，温格很快就受到了狂热的崇拜。

阿尔塞纳将南斯拉夫球星德拉甘・斯托伊科维奇变成了自己的火花，他是个真正特别的球员。温格很快就意识到斯托伊科维奇是天赐的礼物，在他的指挥下绽放光芒。新老板签下了一堆法国中场，热拉尔德・帕西和弗兰克・迪里——两人分别是 30 岁和 29 岁——将给球队带来欧洲风情，他们会比日本本土球员更容易领会温格的指导，因此，他们在比赛中对组织球队发挥了至关重要的作用。

经过了糟糕的开局，名古屋鲸八赢得了接下来 9 场比赛中的 7 场，温格的足球风格开始获得回报。他给球员们注入自信，他的饮食调理的方式帮助队员在身体上达到了极佳状态。如今，没有人再提出质疑。

球员们对他佩服得五体投地，崇拜他将每一个人的能力都充分调动出来的能力。日本球员对温格准备工作的细节，以及他根据各人条件帮助球员所付出的努力感到惊讶。温格总是知道帮助球员振作的最佳方式，这让他成了一名父亲式的教练。

阿尔塞纳在场边指挥比赛时总是显得很活跃，他的热情具有很强的感染力。有趣的是，他因为被判定骚扰一位助理裁判而被停赛两场。温格在赛后应对媒体的提问时显得有些后悔："我当时太全神贯注了，根本没有发现我已经跑出了技术区。但这是个小事件，这是我作为教练第三次被罚出场。"

在他执掌名古屋鲸八的 20 个月里，他那混合本土球员和欧洲天才球员的阵容给俱乐部带来了三大成功。首先，阿尔塞纳将俱乐部带到了 1995 赛季不曾预料的高度，最终在 J 联赛中排名第二位，这是个令人印象深刻的成就，但是温格想要冠军，他并没有等待太长时间。

在天皇杯半决赛中 5 ：1 横扫鹿岛鹿角后，1996 年 1 月 1 日，名古屋鲸八在一场精彩绝伦的决赛中遭遇广岛。虽然半决赛击败了拥有世界杯冠军巴西人莱昂纳多和尤尔金霍[1]的鹿岛鹿角已经很棒了，但是，阿尔塞纳的球队更上一层楼。在众多球迷面前，温格注视着他的球员们以 3 ：0 击败广岛，捧起了天皇杯冠军奖杯。球迷们陷入了疯狂的庆祝，阿尔塞纳知道，在帮助俱乐部拿到第一座重要的冠军荣誉后，他永远不会被名古屋遗忘。温格在日本时代的最初灾难性开局后，很少有人能够预料到随之而来的是如此巨大的成功。

阿尔塞纳第三项成就是率领名古屋鲸八再次击败了广岛，这一次，他们夺得了日本超级杯冠军。这些荣誉真正地让俱乐部支持者们振奋了精神，在温格接手之前，他们已经习惯了失败。在球迷的眼中，温格就是传奇。

值得一提的是，当阿尔塞纳来到日本时，尽管日本已经出现在世界杯上，但在当时并不是一个足球强国。温格所带来的影响令人印象深刻，而且，在日本参加 1998 年、2002 年（和韩国一起作为东道主联合主办）和 2006 年世界杯的过程中发挥了不小的作用。温格似乎将他对足球的爱转换成了对日本民众的爱。可以肯定的是，如果没有阿尔塞纳参与 J 联赛的发展，很难想象 2002 年那种狂热情绪会席卷日本。

温格在日本取得的成绩吸引了不少追求者。据传，两家英超俱乐部——阿森纳和托特纳姆热刺——都有兴趣签下法国人，阿尔塞纳的老东家斯特拉斯堡也是一样。不过，对温格而言，阿森纳俱乐部副主席大卫・戴恩的影响力让他下了最终的决定。温格和大卫・戴恩有一种似曾相识的感觉，戴恩后来承认："从第一天和他会面，我就确信阿尔塞纳将成为我们的主教练。他不但富有魅力，相当睿智，而且适应能力也很强。"戴恩和温格将建立一种强有力的伙伴关系。最近，戴恩告诉 BBC 电台："我称呼阿尔塞纳・温格为'奇迹缔造者'，因为他不断创造奇迹。他得到了一份终生的工作，就是那么简单。"

阿尔塞纳和名古屋鲸八和平分手，为他生命中一段重要而成功的经历拉下了帷幕，他也答应会在未来的某个时刻回来。名古屋鲸八俱乐部提前 4 个月

---

① 尤尔金霍，中国球迷习惯称他为尤尔金霍，但按照新华社标准译名应该叫若日尼奥。

解除了与温格的合同，让他可以开始对即将和自己产生联系的阿森纳球员们进行习惯性的深入研究。经过了一些令人沮丧的拖延之后，温格与阿森纳的合同终于在 1996 年 9 月完成了。

“枪手”赢得了“温格争夺战”。开启北伦敦的人生新时代之际，温格迎来了巨大的期待，此外，他还需要赢得众多持怀疑态度的球迷的心。但是，阿尔塞纳在日本的经验让他可以为即将面对的任何挑战做好准备。

第二章　初抵阿森纳

ARRIVING AT ARSENAL

在日本的日子已经成为过去了，温格的注意力转移到了阿森纳上，温格当时已没有和新的队伍一起进行赛季前备战的时间了，因为新赛季联赛已经开战了。当他决定结束名古屋鲸八生涯时，他并不缺少选择，但执教兵工厂是个很难拒绝的好机会。阿尔塞纳颇为欣赏英格兰足球，英超的成功极大地提升了英格兰足球的形象。对法国人来说，这符合他执教生涯的规划。

尽管温格在名古屋鲸八取得了成功，但是，他对于英格兰足坛大多数人而言都是个未知数。温格也会发现，阿森纳球迷对即将上任的新主帅的期待是一个名气比自己大得多的教练。和其他与海布里[①]帅位有关的教练相比，温格在欧洲执教的经验寥寥，冠军头衔也不多。

有一个人非常清楚温格的能力，那就是格伦·霍德尔。霍德尔曾经在摩纳哥为温格效力过，当时，英格兰队主教练还给温格提供过一份教练组的幕僚工作。1996 年 8 月 8 日的《每日镜报》报道称，霍德尔在温格执教名古屋鲸八时就接洽过他，温格告诉这家报纸："格伦当时直接找到了我，但是我必须好好考虑。"最终，他拒绝了和霍德尔再次携手搭档的机会，但阿尔塞纳受到了那些了解他的人的高度尊敬，这也是一种积极的迹象。他只需要赢得那些从未听说过自己的人的心！

---

① 海布里球场自 1913 年起，直至 2006 年一直是阿森纳的主场。2000 年，阿森纳为了增加收入，着手筹划搬迁到新主场酋长球场，而海布里球场则于 2006 年结束了其长达 93 年的服务生涯，被阿森纳改造成为海布里公寓对外出售。

新赛季刚开始不久，布鲁斯·里奥克①便辞去②了阿森纳主教练的职位。据报道称，阿森纳董事会准备邀请荷兰传奇球星约翰·克鲁伊夫来执教球队。他是那种球迷们翘首以盼的名帅，大家都希望他能够在里奥克失败的地方获得成功。当克鲁伊夫宣布他对阿森纳帅位没有兴趣后，阿森纳认为温格是接替里奥克的完美人选，但阿森纳球迷们却对这一任命十分困惑。温格陷入了一种奇怪的气氛中。俱乐部主席彼得·希尔－伍德看上去对温格的能力很有信心，他告诉《每日镜报》："如果对格伦·霍德尔而言他足够出色，那对我们而言也是如此。我根本不关心那些为了批评而批评的人们所发出的咆哮声。"

在阿尔塞纳被正式任命为阿森纳主教练之前，谣言四起。阿森纳俱乐部主席希尔－伍德对此局面的缓解没有带来任何帮助，反而在媒体面前犯了一个尴尬的错误。希尔－伍德拒绝透露新教练的身份，当记者询问他向谁承诺了要保守秘密时，主席大人脱口而出："向阿尔塞纳·温格和他的俱乐部。"这令在座的媒体大惊失色，而一不小心说漏嘴的希尔－伍德则满脸通红，他刚刚确认了温格将是里奥克的替代者。

对阿森纳而言，任命一位外籍主教练自然会引来一些怀疑。俱乐部支持者们质疑为何是温格而不是一位英格兰人执教，质疑温格是否能够跨越文化差异的沟壑。在当时，英格兰并没有涌入大批的海外教练，当温格接受这份工作时，他也面临着额外的压力，有不少人是希望他失败的。欧洲博彩商威廉·希尔肯定没有展现出对温格太多的信心，因为阿森纳新任主教练在赛季结束之前丢掉工作的受注赔率是 1 赔 5。

也有支持温格的，比如他的法国同胞、当时效力纽卡斯尔的中场大卫·吉诺拉。他坚持认为新教练的智慧会令"枪手"受益，阿森纳俱乐部选择一名外籍主教练没有任何问题："他是个不错的人，也许更重要的是，他对足球有着非常不错的感觉，他的任命应该给海布里所有人带来振奋。将一些外籍主教练

---

① 布鲁斯·里奥克，英格兰前球员和教练。

② 实为被解雇。

带到英格兰是相当重要的，海外球员们在英超很成功，海外教练来到英超执教也没有不成功的理由。”这可是一份相当积极的担保。

不过阿尔塞纳并未受到所有人的欢迎，德国前锋于尔根·克林斯曼曾经在温格的摩纳哥帐下效命，当时，他对法国人的带队方式越来越失望。克林斯曼转会到托特纳姆之后变得如此高产，而他在摩纳哥的第二个赛季——也是最后一个赛季——30 场比赛里只打进了 10 粒球。这位前锋声称："我在那里的时光并没有我希望的那么愉快，我发现战术很令人失望，都是消极和保守的，你不可能指望我在场上到处搏斗之后还有进球的新鲜感。”而根据《星期天镜报》的报道，克林斯曼的一位朋友承认："他非常希望说服温格改变战术体系，好让他可以在前锋线上获得更多支持，但是温格拒绝了他。”公平地说，克林斯曼是为数不多的否认温格战术的球员。

温格——作为一位美丽足球的学生——刚抵达英格兰便意识到了阿森纳的悠久历史和俱乐部的极大期待。其实温格已经很熟悉球员们了，之前他数次专程来到海布里观看比赛。阿森纳球迷或许没听过太多关于温格的事情，但是法国人已经完全了解了他们以及这家北伦敦俱乐部。怀疑者们很快会意识到新主帅相当认真，并且准备好了带领“枪手”回归荣耀。不过，仍然没有人能够猜到温格在 18 年后依然留在这里。

讽刺的是，温格对英格兰足球并不总是充满赞美的。追溯到摩纳哥时代，他批评过英超的模式，他告诉媒体："那里（英格兰）训练最落后，进化得太少。球队每 3 天踢一场比赛，在比赛之间教练会选择让球员们休息，而不是激发他们去工作。”可以肯定地说，阿尔塞纳绝不会容忍他的球员在训练场上消极怠工。

曼联在英超的统治力提高了英格兰足坛的门槛。温格接手的是一支近年来已经失去了夺冠习惯的球队，队中有不少经验丰富的老球员在俱乐部享受过成功，但过去几年却收获寥寥。

阿尔塞纳并没有太多时间来让球队为 1996—1997 赛季磨合成型，但是，他做出了一些将影响球队未来的重要决定。其中最重要的一个无疑是他将帕特里克·维埃拉带到海布里——据说温格是这桩转会的促成者，即便当时他尚未开始主教练的任期。维埃拉和另一位法国人雷米·加尔德的转会在欧足联转会截止期之前仓促搞定，似乎都是源自于温格的力荐。维埃拉的转会费不过区区350万英镑，看上去是过去10年来最划算的买卖。

没有人会替阿尔塞纳的前任里奥克感到遗憾。在1994—1995赛季末，乔治·格拉汉姆[①]的球队分崩离析后，里奥克继承了一支平庸的球队，指望他迅速带领这支球队回到胜利轨道上是不切实际的。另外有报道称，他对俱乐部转会的影响十分有限，并不总是能得到洽谈转会的机会。这个位置对里奥克其实是不适合的。

但是，阿尔塞纳却绝不容忍得不到完全的掌控。就像他解释的："对我来说，工作的基础就是拥有以我自己的方式运作俱乐部的自由——对俱乐部内部所发生的事情做出重要决定，购买球员，出售球员，决定各种合同，甚至是一座新的训练中心。我很难认同与这有任何差异的事情。"

当温格签下他在海布里的合同时，他在如此短暂的时间里需要做的事情却是如此之多。首先，他需要找个落脚的住所，刚开始，他选择住在酒店。伦敦的交通让他很吃惊，他承认为了节省时间，他会乘坐地铁。就像他所解释的，在英格兰生活的开始阶段堪称疯狂："我必须看看能否找到新的球员，必须适应新的环境，必须看看能否找个地方安顿下来，必须适应这里的媒体和电视记者们，我完全没有时间干其他事。"

温格很快就取缔了俱乐部内一些无节制的行为。在温格来到伦敦之前，英格兰中场保罗·默森承认了自己的酗酒问题，而这也是温格迎头痛击的问题，他明确表示不容许自己的队员有夜晚过度饮酒的行为。

尽管这样的酗酒之夜已经成为英格兰一些顶级球员生活的一部分，但还是给初来乍到的温格带来了极大震惊。在经历了带名古屋鲸八时球员们全身心投

---

① 乔治·格拉汉姆，前苏格兰足球员和主教练。曾执教阿森纳队。1995年格拉汉姆被揭发收受了一位来自挪威的足球经纪人的贿款，牵涉金额为42.5万英镑，最终被俱乐部解雇。

入工作之后，温格带队的阿森纳文化不可能有更多不同。他继承了一帮有着纵欲过度名声的球员，保罗·默森、托尼·亚当斯和雷·帕洛尔——只需举这三个例子——在之前几年已经惹上了官司，而酒精就是大多数问题的根源。

没过多久，阿尔塞纳便清楚了形势的严重性。新任主教练在看到自己的球员被逮捕、起诉的名单后，心情想必不太美妙，至少他清楚地知道了自己所面临的问题。这是个烂摊子，酗酒严重影响了球队的整体表现。凭借球队所拥有的实力，阿森纳本可以挑战高高在上的曼联。然而，违纪的阿森纳球员们并没有受到内部的纪律处分，这似乎得到了董事会的宽大处理。因此，问题持续发酵。其他俱乐部也有着类似问题，但是温格的球员们看上去则是最为危险的。

新主帅很快就通过制定禁止类似行为的规定，令人眼前一亮。不久，温格就面临了默森和妻子离婚的问题，法国人表现得很有同情心，尽管他明确表示，如果默森希望得到俱乐部的新合同，就必须赢得和酒瘾的斗争。阿尔塞纳告诉媒体："我认为保罗对眼下的处境十分忧虑。我们对保罗能够解决他的个人问题很有信心，如果俱乐部可以提供帮助，我们肯定会去做的。他会继续留在阿森纳，我不认为他希望离开俱乐部。"

在温格看来，酗酒是个相当严重的问题。温格是在"金色十字架"——他的父母开的旅店式小酒馆——的环境中长大的，对顾客们醉酒到完全失控的情况屡见不鲜，这给了他很有价值的教训。他深知酒精会将安宁的生活撕成碎片，他的信条很简单：足球和酒精绝不能混合在一起。他将这一信息传达给这些目瞪口呆的属下，队员们意识到海布里真的要变天了。

酒吧的童年生活经验让阿尔塞纳铭记终生。正如贾斯珀·里斯在他的《温格：一个传奇的诞生》中所评论的："对于一个不喝酒的人来说，要在这样一个以啤酒为中心的地方待上这么长时间真是挺困难的。如果你的父母每天晚上都在酒吧里工作，你会看到很多沉迷其中的人，难免自己也沦入其中。除非你有强大的自律性，才能够抵挡住诱惑。"这在大多数人看来都是巨大的牺牲，但如今，温格希望他的阿森纳球员们以自己为榜样。

在海布里，过去的 18 个月简直是一场噩梦。自从前任主教练乔治·格拉汉姆含恨离开——他牵涉一场转会受贿风波——这几乎没有什么值得纪念。温格被赋予了帮助俱乐部重振雄风的任务，俱乐部主席希尔－伍德对温格的能力十分确信。他告诉媒体："这对我们意味着新时代的到来，我相信阿尔塞纳·温格将带来巨大的成功，将这个国家的足球带入新世纪。我们需要追赶上大陆的对手，我们认为阿尔塞纳就是能够给我们带来帮助的人选。"

但是剧变并未在一夜之间发生。温格希望先对可用的球员进行评估，再去探索转会市场。他对阿森纳未来的阵容打法有着自己的想法，一切基于他在法国、日本执教的经验，他十分确定自己的足球哲学同样适用于英格兰联赛。

法国人在最初与英国媒体接触的过程中展现了他的精明与智慧，还有突如其来的幽默感，给人留下了积极的印象，你不由得会被他说话时表现出的坚定不移的决心和自信所折服。阿尔塞纳在剑桥所学的英语真是太超值了！因为这被证明非常有用。不过，温格也很清楚，只需要几场糟糕的比赛结果，媒体就会对他虎视眈眈。

而斯图尔特·休斯敦①的突然离去打乱了温格的计划，他原本计划任命休斯敦担任自己的助理教练，但休斯敦接受了女王公园巡游者提供的主教练职位，这让温格十分惊讶。法国人在《每日镜报》中曾回顾说："如果他留下了，斯图尔特本来是我的二号人物。在新闻出炉的前一天，我给他打电话时，他对此只字未提。也许这是个两难的处境，但是他没有告诉我，听到他要走我很惊讶。"因此，阿尔塞纳转向了帕特·赖斯②，俱乐部的推荐理由是：他是"一个热爱俱乐部的诚实的人"，帕特·赖斯将担任助理教练。温格对此的反应是："帕特帮助了我太多太多，如果没有他，我肯定待不下去。有一个好的助手很

① 斯图尔特·休斯敦，苏格兰前球员、教练。20世纪90年代担任乔治·格拉汉姆在阿森纳的助理教练，1996年9月中旬辞职接手女王公园巡游者。

② 北爱尔兰前球员、教练。球员时代踢右后卫，代表阿森纳出场500次以上。温格正式上任后，帕特·赖斯担任助理教练。2012年5月5日，因为个人身体原因，帕特·赖斯宣布结束与阿森纳长达44年的关系。

关键，帕特绝对是为红衣白袖而生的。”帕特·赖斯和其他的幕后工作人员，比如达米安·科莫利[①]在帮助阿尔塞纳在海布里建功立业中发挥了重要作用。

一开始，法国人只是静静观察，他并没有试图立刻将自己的影响力施加到球队中，而是由帕特·赖斯暂时负责球队，阿尔塞纳则越来越多地了解他的球员们的优势和缺点。法国人跟随球队一起前往客场参加欧洲联盟杯对阵门兴格拉德巴赫的比赛——门兴碰巧正是青少年时代的温格最崇拜的俱乐部。最终，“枪手”无法扭转首回合主场 2 ∶ 3 的失利而被淘汰出局，但是，赢得英超冠军才是球队的主要目标。

在帮助球队提升状态的同时，温格专注于引导球队遵循必要的行为规范。这完全是一种文化冲击，对于一部分球员来说，阿尔塞纳的执教技术和哲学是非比寻常的。在阿森纳守门员大卫·西曼的自传《安全之手》中，大卫·西曼解释称，当时整个球队都得到了详细的信息。前阿森纳和英格兰队门将写道：“阿尔塞纳明确表示将会带来颠覆性的改变，绝不是胡闹。他告诉我们：‘这是我的训练方式，是我期待你们如何饮食和照顾好自己的方式。’他说我们不能再继续吃我们习惯于填饱肚皮的东西，因为这对我们的职业运动生涯没有好处。”

不过球员们最初并不愿意去接受新的理念。温格希望下午进行训练，以补充上午的不足——但是这一想法被球员们驳回了。对饮食的严格限制引来了球员们的更多抱怨。一些资深球员发现阿尔塞纳的执教手法很难理解，前几周球员和教练之间的摩擦也频频发生。以西曼、亚当斯和李·迪克逊为例，他们已经深受乔治·格拉汉姆保守风格的熏陶，这些新的想法和他们所适应的那套方法发生了极大冲突。特别是亚当斯，公开表达了对温格执教方式的不赞同，并对他的一些外援表示了怀疑。阿尔塞纳和队长进行了长时间的商谈，在这个过程中，法国人认真听取了亚当斯的评论，将他的一些抱怨纳入了考虑的范围。

---

① 法国前球员、球探、教练和足球总监。1996 年加盟阿森纳连续 7 年担任欧洲球探，发掘了科洛·图雷、埃马纽埃尔·埃布埃和盖尔·克利希等球员。

但是有一些特定的问题，温格并没有妥协。比如，海布里的赛前餐必须彻底更改。炸土豆片、汉堡和其他一些不当饮食全部被禁止："辛苦工作了一周，结果因为比赛之前不认真准备而搞砸，这有多愚蠢。作为一名教练，你可以影响球员们的饮食，可以指出来他们什么地方错了。有些人错是因为他们没能强大到足够抵挡住诱惑，而有些人错则是因为他们根本不知道错了。"

温格不仅仅是将赛前餐改为鸡肉、鱼肉、土豆泥和蔬菜，连吃饭的时间都进行了调整，这意味着球员们会在比赛日当天上午 11 点进餐。

在温格执教阿森纳第一场联赛——做客布莱克本——战前，法国人再次震惊了球员们，作为赛前准备的一部分，他在酒店舞厅里安排了一次有氧运动。当这一消息公布之后，你可以想象到默森、亚当斯、伊恩·赖特和同伴们的反应。他们从未进行过这样的赛前备战，但是他们按照主教练的指令执行了，事实上他们发现了温格这套方法有着不少优点。正如伊恩·赖特所解释的，他很难相信自己的耳朵："我们都在想：'这他妈的到底是怎么了？'我们花了一些时间才适应，因为这就像是你习惯了直线之后突然来了个左转弯。"

事实上，法国人的方法在后来被证明是如此成功，也赢得了大多数队员的支持。球员们学会了不再质疑他们的主教练。迪克逊回想起一次季前训练时，他和亚当斯向温格表达了他们对球队体能的担忧。这位边后卫透露说："我们的感觉是我们没有进行足够多的跑动。主教练冷静地向我们解释，一切都是按照科学方法来进行的，球队不会有问题，保持信心，他说。果然，10 天之后我们迅速找到了新赛季的状态，体能充沛，跃跃欲试。那个男人知道他自己在说什么。"

阿尔塞纳给球队带来了其他英格兰俱乐部从未掌握过的创新技术。他组建了一个幕后团队来专心研究体能训练，并密切关注球员们的饮食。温格强调了每个球员生活中睡眠和放松的重要性，希望能够确保球员们在足球之外的时间能够像在训练场上一样得到有效的运用。门将西曼在自传中承认，新的制度带来了回报，球队在比赛的最后阶段总是感觉到比以前更加强大。更少的酒精摄入、精细的饮食调节给"枪手"带来了很大的优势。

法国人所引进的另一项有趣的新观念是对营养补充剂的使用。就像一位阿森纳内部人士透露的那样："最开始时，有过一些怀疑论者，但是药片和饮料看上去的确带来了影响。不久后，所有的球员都开始谈论受到的好处了。"

温格对球队的状况做了一些初步的判断，他告诉媒体："我们会购买新球员，但不是现在，也许是春天，那取决于我们的成绩，得看有哪些球员可供选择。对于我所继承的这批球员我很开心。他们拥有着强大的集体主义观念，但是我需要他们贡献更多。"温格也对英格兰足球的现状做出了诡异却很准确的预警："在法国，年轻球员的基础教育更好一些。这里（英格兰）的足球协会必须着眼于生产年轻球员的体系了。"

温格执教阿森纳的前四场比赛保持不败，但是接下来客场 0 ∶ 1 不敌曼联。在门将西曼失误之后，奈杰尔·温特伯恩攻入了一记令人失望的乌龙球，这也是两队比分的差异所在。因为需要对球员们进行详细分析，温格花了一些时间来全面了解他的球队。他仍然需要根据转会策略做出重大决定。球队的成绩一直不错，尽管在老特拉福德①遭遇了失利，但是"枪手"仍然位列积分榜第三位。

在他第一次品尝北伦敦德比滋味的那场比赛中，阿森纳 3 ∶ 1 击败了托特纳姆热刺。那场比赛所产生的热情深深吸引了温格，他很快意识到自己会很享受那样的对决。当时，温格可能还不太清楚未来面对近邻球队，他会有多么出色的记录。英格兰比赛的速度也让法国人着迷，令他确信英超就是让他实施自己的进攻计划的合适地点。快速的一脚传递将是对付对手最完美的方式。

在圣詹姆斯公园②以 2 ∶ 1 击败纽卡斯尔联队，让"枪手"取代了"喜鹊"③登顶积分榜。亚当斯在上半场就吃到红牌被罚下场，但是，温格的球队

---

① 曼联主场。

② 圣詹姆斯公园，纽卡斯尔联队主场。

③ 喜鹊，同桑德兰一样，因为自己球队的吉祥物而被确定了绰号。纽卡的吉祥物就是喜鹊。而且纽卡的传统队服也一直是黑白两色，这也是因为喜鹊的羽毛也正好是这两种颜色。

团结一致，迪克逊和伊恩·赖特的进球帮助球队获得了胜利。在客场有着如此斗志昂扬的表现，对阿尔塞纳而言是真正的进步迹象，球队要比他想象中更早地磨合成型了。

12月对温格的球队来说是相当困难的一个月。击败南安普敦之后，球队状态出现下滑，在一连串的比赛中，阿森纳的表现都低于平均水准。主场战平德比让“枪手”在保住积分榜榜首位置的同时得以喘息，但是，两周之后，阿尔塞纳的球队做客诺丁汉森林，令人意外地以1：2败北。维埃拉和亚当斯停赛，“枪手”实力严重受损，被众志成城的诺丁汉森林牢牢压制住。伊恩·赖特在比赛打成1：1时被罚下场，主队接下来一鼓作气夺得了胜利。更加令人失望的是，阿森纳0：0战平谢菲尔德星期三，而曼联开始找到了最佳状态。

维埃拉已经证明了自己是中场的主导力量，丹尼斯·博格坎普和伊恩·赖特已经在进攻中形成了良好的默契，但是阿森纳仍未能拿出出色的团队表现。1996年12月28日，2：2战平阿斯顿维拉说明了这一点，尽管温格的球队踢得不错，凭借着维埃拉和博格坎普的精妙配合，最终由伊恩·赖特打进了漂亮一球，但仍不足以拿走三分。

每打一场比赛，阿尔塞纳就越来越意识到，下一个赛季要向英超冠军发起更强有力的挑战需要进行怎样的人员补充。防线正在老化，但是亚当斯、迪克逊和其他人的经验是不可估量的。温格注意到了中场存在的不足，特别是球员们无法保持足够多的控球权，不能像他期望的那样尽可能快地将球传递起来。阿尔塞纳最青睐的足球风格需要熟练、快速的传球以及聪明的无球跑动，幸运的是，温格在来到伦敦时已经能够说流利的英语，尽管有时候他也会带着晦涩的口音，但他不需要费太多工夫便能让球员们领会自己的意图。

温格的新球队仍然在妥协、适应教练要求的过程中，但是，毫无疑问，他们尊敬阿尔塞纳。对很多人来说，温格给他们带回了足球的乐趣。温格的智慧令伊恩·赖特大受裨益，他向《每日镜报》承认：“最初他来到这里时，我们对他一无所知，有一两个家伙还问：‘这个法国人是谁？’但是阿尔塞纳教给了作为球员的我这么多，比如如何在球场之外照顾好自己，我感觉他已经把我的足球生命延长了两到三年的时间。”

凭借着冷静的举止和深度的思考，温格帮助俱乐部扭转了命运。他和队员之间发展了良好的关系，他知道如何充分地发挥每一个人的最高水准。他从不会冲着球队大喊大叫，或者公开批评一线队球员，他获得了对球队组织架构的控制权，比赛成绩能说明一切。观察他冷静的行为，我们很容易看出为什么温格得到了“教授”的绰号。

阿森纳在 1997 年 1 月从可能拿到的 12 分中得到了 9 分。一场对米德尔斯堡坚实的胜利极大地提升了球队的自信，温格很快就称赞了他的弟子们。伊恩・赖特和博格坎普都登上了记分牌。而在做客桑德兰的 0 ：1 失利中，博格坎普吃到红牌，亚当斯自摆乌龙——这对于阿尔塞纳绝不是最难忘的比赛。接下来两轮比赛取得胜利，阿森纳提醒所有的质疑者，他们仍然是冠军的有力争夺者。主场 3 ：1 击败埃弗顿是亚当斯代表俱乐部的第五百场比赛，温格对球队下半场的表现如痴如醉，他们打进了 3 粒高质量的进球，博格坎普、维埃拉和默森连下三城。博格坎普因为停赛错过客场对西汉姆联一战，但是保罗・默森连续两场占据了中心舞台，帕洛尔和伊恩・赖特各下一城，阿森纳 2 ：1 取胜。

然而，球队在 2 月的平庸表现，令夺冠征程受到了阻碍。客场对阵乔治・格拉汉姆的利兹联以及托特纳姆的两场 0 ：0 平局让温格大为失望，但是他对球队争冠仍有信心。尽管和托特纳姆战平后，他们错过了积分榜登顶的机会，温格却告诉媒体：“从数字上看，我们处在不错的位置。我们还剩下 12 轮比赛，7 场主场，5 场客场，因此这并不糟糕。”他发现足总杯第四轮输给利兹联才是更大的打击。

对阿尔塞纳来说，不幸的是，两场联赛平局之后是连续的主场失利，球队先后输给了争冠对手曼联和邻居温布尔登。对于输给曼联，温格感到特别失望，因为他原本希望海布里能够成为阿森纳的堡垒——让对手胆寒的地方。然而，曼联却大摇大摆地闯了进来，给了“枪手”一记闷棍。比赛最后阶段，阿森纳前锋伊恩·赖特疯狂地扑向曼联守门员彼得·舒梅切尔，两人进行了一场丑陋的对峙。冲突升级，伊恩·赖特指责舒梅切尔对他进行了种族主义攻击，警方也介入了调查。

阿尔塞纳试图在记者面前捍卫他的前锋："你们想让我给他安眠药？伊恩已经33岁了，你不能指望我去改变他的脾气。我认为他受到了刺激。如果你和他一样在得分上十分高效，后卫们就会拉扯你的球衣，用手肘对付你，为了阻挡你他们会不择手段。"这是阿尔塞纳多次保护弟子的情况之一，也有些人认为他本应该对球员实施处罚。

"枪手"对阵温布尔登的表现更加糟糕——即便阿尔塞纳缺了不少主力球员——维尼·琼斯为客队攻入了制胜球。温格在比赛之后明确表示，除非阿森纳解决好自己的问题，否则肯定会失去欧战参赛资格。"枪手"主教练同时抱怨，某些球队会比其他球队得到更多的时间来准备比赛。事实上，阿森纳也有不少休息时间。

3月，球队联赛成绩的提升令阿尔塞纳受到鼓舞。连续两个2：0击败了埃弗顿和诺丁汉森林，不仅拿到了6分，还一球未失。在客场2：0击败南安普敦一役中，斯蒂芬·休斯攻入了他的英超第一球，保罗·肖攻入了第二球。那个月以阿森纳主场1：2不敌利物浦告终。客队的第二球极不寻常，当主裁判杰拉尔德·阿什比判罚一个点球时，不论是阿森纳守门员西曼，还是利物浦前锋罗比·福勒都十分惊讶。福勒甚至试图告诉裁判[①]那不应该是一个点球。虽然利物浦前锋罚丢了这个点球，但是中场杰森·麦卡蒂尔补射将球打进。

温格的球队成功地在4月保持了联赛不败，2胜2平。出色地以3：0客场击败切尔西，提醒了人们处在最佳状态的阿森纳多么令人激动。博格坎普奉献了世界级的表现，助攻两球并攻入了第三球。这场胜利给了阿森纳球迷又一次面对邻居吹牛的权利。虽然曼联看上去将夺得英超冠军，阿森纳却并未放

① 西曼并未对自己犯规。

弃希望。温格的球员们继续保持着压力，1 周之后他们凭借亚当斯和大卫·普拉特的进球击败了莱斯特城，博格坎普又一次成为明星球员。

在各种事务中，温格和曼联主教练亚历克斯·弗格森陷入了激烈的争吵。弗格森采用了在争冠战役中惯用的心理战，因为他的球队要参加欧冠联赛，所以他呼吁将英超联赛延长。但是阿尔塞纳不同意，他说："如果你延长这个赛季会很荒谬，因为这会损害这个联赛的信用，人们会耻笑你的。"

已经习惯了支配这种心理战——特别是前一个赛季利用心理战击溃了纽卡斯尔联队主教练凯文·基冈——的弗格森愤怒地反驳道："他（温格）本赛季多次针对我们，一定是和我们过不去。他没有英格兰足球的任何经验，他来自日本，如今却告诉所有人如何组织我们的足球。除非他在这样的环境中待过，有过经验，否则他应该闭上嘴巴，紧紧闭上。"

争论并未结束，温格继续与曼联针锋相对。法国人表示弗格森应该停下找理由的行为，专注于自身："我拥有捍卫自己观点的权利，我仍然会说最出色的球队将夺得冠军，因为这是一场耐力测试，也是关于动力、实力以及在重要比赛中不犯愚蠢的错误的能力的测试。所有这些都是实力的测试。每一项运动都是如此。"

很难说这是个温暖的欢迎，但这只是温格—弗格森爆炸性对抗的开端。苏格兰人终于在不畏自己的阿尔塞纳身上找到了对手的感觉。即便是这些初期的对抗，法国人也没有后退一步，他表示："他（弗格森）不会干扰到我。也许最敏感的人会受到影响。我没有受到影响不代表我反应迟钝，我有更重要的事情要操心，而不是比赛之前考虑某人的话或者心理战。亚历克斯是一位出色的主教练，但是我理解他的热情，如果我让他生气了，那很不错。"

温格和此前弗格森所面对过的任何对手都不一样。他安详平静，不会被争吵或者心理战分散注意力，他的球队也保持着专注——受到了弗格森的球队的激励。此时此刻，"枪手"还没有做好全面颠覆曼联的准备，但是这个戴眼镜的男人盯上冠军只是时间早晚的问题。

战平布莱克本和考文垂之后，阿森纳彻底失去了追上积分榜榜首的曼联的最后一丝希望。在未来的日子里，如果阿森纳想要夺得英超冠军，必须赢下这样的比赛。输掉对布莱克本的比赛特别令人失望，因为这意味着在海布里丢掉了更多分数。

进入赛季最后几轮比赛，阿尔塞纳的球队已经确保了下赛季欧洲联盟杯的参赛资格，但是他们的目标定在了排名第二的欧冠联赛席位上。温格告诉媒体记者们："我当然很高兴，我们期待着下赛季的欧战。不过，我们的赛季并未结束。我不会休息，因为我的目标是欧冠联赛。"左后卫温特伯恩补充道："很高兴越过了一道栏架，但是我们真心希望收获更大的鱼。我们希望拿到第二名，那意味着我们必须在最后一个主场联赛中击败纽卡斯尔。"

但是他们没能如愿以偿。"枪手"主场 0 ：1 不敌纽卡斯尔，对于他们的欧冠联赛希望是个沉重的打击。最后一轮客场 3 ：1 击败德比郡，伊恩·赖特梅开二度，博格坎普打进一球，给本赛季联赛画上了句号。但是最终"喜鹊"获得第二名入围欧冠联赛，这对阿尔塞纳来说是个巨大的打击。做客德比的胜利让球队以高潮结束了这个赛季，但是温格在赛季结束之后还有很多事情需要做。

所以最终曼联成了英超冠军，领先第二名 7 分，但他们的积分是 15 年来冠军的最低积分。纽卡斯尔、阿森纳和利物浦分数相同，这三支球队最终按照净胜球的多少来排座次，这就意味着是纽卡斯尔，而不是阿森纳获得了第二名并入围欧冠联赛。不可思议的是，"喜鹊"的净胜球仅仅比阿森纳多 3 个，这让海布里所有人为错过的大把机会而后悔不迭。"枪手"只能接受在欧洲联盟杯征战的结局。特别值得一书的是降级的米德尔斯堡，他们经历了历史上最残酷的英超赛季。"伯勒"[①] 因为伤病未能参赛，使得米德尔斯堡在对阵布莱克本时，因为未能派出一支球队而被扣除了 3 分——而这 3 分原本可以帮助他们逃出降级区，他们还在足总杯和联赛杯决赛中双双失利。

排名第三并非温格执教英格兰足坛第一个赛季的预期成绩，因为他认为曼

① 伯勒，米德尔斯堡的绰号。由球队英文名称 Middlesbrough 里的 brough 缩写演变而来。

联的榜首位置是可以赶超的。阿尔塞纳在赛季的最后阶段做出反馈，认为是阿森纳和其他对手将冠军拱手让给了弗格森的球队，他告诉媒体："有一种说法称其实并不是曼联赢得了冠军，而是利物浦、纽卡斯尔和我们丢掉了冠军。我对此表示赞同。我很惊讶我们的分数这么接近，但就像其他为第二名而战的球队一样，我们表现的连续性不够。"

法国人在 5 月初补充道："当我思考我在英格兰足坛第一个赛季的成就时，也许最大的成就是我比不少人预想的那样多待了四五个月。我刚来时，最大的赌局就是我能否撑到圣诞节。"恰恰相反，温格证明了外籍教练同样能够在英格兰获得成功，而在这个过程中，他给未来的英超外籍主教练们铺平了道路。

对阵夺冠对手，输掉关键战役是阿尔塞纳决心处理的重点问题。"枪手"主客场都输给了曼联和利物浦，主场还输给了纽卡斯尔，这当然不够好。然而他还是对自己 9 月接手球队以来的进步感到高兴的。球队有着足够的潜力，加上一些重要的签约，接下来数个赛季阿森纳将大展宏图。

对于温格而言，接下来将是一个至关重要的夏天，他已经开始计划加强阵容了。在锋线上，虽然伊恩·赖特享受了一个高产的赛季，但是阿尔塞纳希望其他位置能贡献更多的进球。边路球员需要将赛季进球数增加到两位数，即便是博格坎普也有继续提高临门一脚的空间。过度依赖于伊恩·赖特，意味着当这位射手不在状态时，阿森纳很难找到其他方法赢得比赛。阿森纳的希望是小将尼古拉·阿内尔卡，他在当年 2 月以 50 万英镑加盟球队，在这里他将成长为一位实力超群的前锋。

阿森纳的球迷们曾经在温格被任命为俱乐部主教练时表现出不快，如今却早已经臣服于他们的法国老板脚下，享受着温格带来的华丽足球。当然，再不会有人问："阿尔塞纳是谁啊？"①

---

① 阿尔塞纳是谁啊？在温格刚来到阿森纳时，英国媒体对其一无所知，《伦敦旗帜晚报》体育版欢迎他上任的大标题就采用了这个问句。

第三章　双冠王及活在三冠王阴影之下

DOING THE DOUBLE AND LIVING IN THE SHADOW OF THE TREBLE WINNERS

在海布里执教的第一个赛季结束后，温格开始将注意力聚焦在对球队的改造计划上。他喜欢球员们迄今为止的表现，但还有某些区域的人员配置让他担心。在休赛期中，他需要处理好这些位置的问题，因为他希望取得比上赛季的联赛第三名更好的名次，能够真正挑战英超卫冕冠军曼联。对温格来说，这是一段忙碌的时间。除去阿森纳的工作之外，他还第一次当上了父亲。现在，他有了女儿莱亚，她只有几个月大。

温格利用夏季转会市场加强了球队阵容。令人难以置信的是，他没有花太多钱就做到了这一点。温格选择了荷兰人马克・奥维马斯和法国人埃马纽埃尔・珀蒂，两人的转会费分别为 550 万英镑和 350 万英镑。尤其是奥维马斯，温格将利用他的速度和内切能力，为前锋们提供出色的火力补给，伊恩・赖特会因为边路进攻的改善而受益匪浅。

就像温格对媒体解释的那样:“我们想要的球员，是那种习惯于胜利、习惯于大俱乐部的压力的球员，他们还应该是那种典型的赢家。我认为珀蒂和奥维马斯在转会前已经证明了这一点，他们证明了自己习惯于效力那种必须赢球的俱乐部，这一点对我们而言非常重要。他们所踢的位置，正是我们想要引援的位置。”“枪手”主帅还引进了葡萄牙攻击手路易斯・博阿－莫特、德国中场阿尔贝托・门德斯和法国后卫吉勒・格里曼迪。

珀蒂和格里曼迪在职业生涯中踢的是后卫，所以当他们的转会确定时，有些人感到担忧，因为温格似乎准备对阿森纳著名的后防四人组进行更新换代，要知道这批球员是如此享受并肩作战。但是此前在摩纳哥执教过这两位球员的温格，深知这两个人都具备多面手的特性，他尤其将珀蒂视作可以扮演中场角色的球员。

此时的珀蒂相对而言不太出名，奥维马斯则已家喻户晓了，他在阿贾克斯就成了明星。温格认定他就是帮助球队突破对手顽强防守的人选，不论主场或是客场——1996—1997 赛季中，他的球队有时候没办法做到这一点。温格提及荷兰人时，将他视为“一个能够突入空当的典型边锋”“一个优秀的运球者”，不过奥维马斯的速度才是最让人印象深刻的，他的到来，让所有的后卫们迎来了艰巨的防守任务。

不过要引进像奥维马斯这样的球员首先得筹集资金，温格不得不卖掉阵中的几名球员。最值得注意的是，中场保罗·默森出人意料地离开了俱乐部。在温格的调教下，他的复苏令人印象深刻，克服了酗酒、吸毒和赌博的问题。但是俱乐部的账簿必须保持平衡，而且老实说，默森并非温格心目中的新球队所需要的那种类型的球员。英超联赛中没有心仪默森的俱乐部，英甲俱乐部米德尔斯堡站了出来，满足了阿森纳约 500 万英镑的要价。对默森来说，这是悲伤的一天，他在效力海布里期间，经历了诸多大起大落。当他处于正常状态时，他的盘带堪称顶级，在他走后，俱乐部肯定会怀念热情奔放的他。

温格被媒体问及自己的转会政策，以及队内英格兰年轻天才的缺失问题，这不会是他最后一次被问及类似问题。他没有回避，而是给出了坦率、诚实的回应:“在这个年龄段，我们没有选择，只能去国外（物色人才）。20 岁到 28 岁之间最优秀的球员都集中在曼联、纽卡斯尔和利物浦。我们雄心万丈，当你拥有雄心的时候，你总会想要最优秀的球员。如果我们在英格兰也拥有同样水平的球员的话，我们不会去国外寻找。而如果我引进的外援拥有合适的精神和雄心，那你肯定不会说:‘我不要这些球员，因为他们不是英格兰人。’”当他可以在国外找到更优秀、更便宜的转会目标时，他为什么要引进昂贵的英格兰球员？

当阿森纳全员期待新赛季开始时，更衣室内可谓士气高涨。本赛季与上赛季的不同之处在于，受益于与球队一同进行季前备战，温格能够在夏训中完善自己细致入微的新赛季备战——这其中包括观看多得数不清的对手的比赛视频，研究大量的战术笔记。

季前热身中 6 ：2 击败诺维奇，令新版阿森纳的进攻威胁初露端倪。伊恩·赖特上演了帽子戏法，格里曼迪则梅开二度，不过他此后因脚踝受伤下场。温格在球员体能和饮食上的工作也产生了明显的成效。“枪手”看上去比上赛季开局阶段更加生机勃勃了。温格希望球队能够在多项赛事中参与竞争，因此他希望球队能够处于巅峰状态。

大多数专家都感觉，虽然法国前锋埃里克·坎通纳的退役带来了损失，曼联在国内赛场上仍然拥有优势地位。弗格森在夏天签下了英格兰前锋特迪·谢林汉姆，希望他能扮演坎通纳的角色，以此让球队延续同样的阵型。在 1995—1996 赛季初还被坊间质疑的那批年轻人，如今变得自信多了，成了球队的重要成员，弗格森紧紧护住了帐下的其他大牌球员，拒绝了来自海外的邀约。不过对中立者而言，这个赛季看上去至少会有一点儿争冠的味道了。

“枪手”的联赛赛季开始于做客利兹联。伊恩·赖特仍然在追逐克利夫·巴斯廷①保持的阿森纳俱乐部进球纪录，他很快为球队取得领先，但是荷兰前锋吉米·弗洛伊德·哈塞尔巴因克的进球为利兹联抢到平局。虽然只拿到 1 分，温格仍然对球队的比赛方式感到满意。奥维马斯和珀蒂都充分证明了自己将成为温格非常精明的引援手笔。

此后阿森纳接连击败考文垂和南安普敦，在积分榜上升到了高位。伊恩·赖特仍然是这个过程中的明星，他对考文垂梅开二度，距离追平巴斯廷的纪录只有一球之差。温格知道这位弟子将很快进入历史的记录簿，他在媒体前称赞了伊恩·赖特：“在我的职业生涯中，与很多前锋共事过，但是伊恩与我

---

① 克利夫·巴斯廷（1912 年 3 月 14 日—1991 年 12 月 4 日），阿森纳传奇前锋，代表阿森纳夺得 5 座英甲冠军和 2 座足总杯。

见过的别的前锋都不一样。他比任何球员都更疯狂一点。我知道他的进球总数将达到 200 球。正是他对这项运动的爱，使得他继续前进。他是个伟大的楷模。有时候人们将太多注意力集中在他做的坏事上，但是我们对他做过的积极的事说得不够多。”温格甚至承认，伊恩·赖特是一位比伟大的乔治·维阿还要优秀的射手——温格执教摩纳哥时曾经带过维阿。

对阵南安普敦时，则轮到了博格坎普登上舞台的中心，他打入两粒漂亮的进球，奥维马斯则打入了加盟后的处子球，阿森纳最终客场 3 ：1 大获全胜。媒体专家们留意到了阿森纳的良好开局，有些人认为温格的球队将成为英超冠军头衔的有力挑战者。温格要求中场球员打入更多进球，以缓解双前锋的压力，奥维马斯对此做出了回应。

博格坎普此后继续着自己的精彩发挥，在客场 3 ：3 战平莱斯特城的比赛中，他上演了帽子戏法。虽然对荷兰人的贡献非常满意，但温格对全队两次浪费领先优势非常愤怒，他们一度 2 ：0 领先，在博格坎普戴帽后又 3 ：2 领先对手，却在比赛只剩最后几秒时被扳平比分。防守如此脆弱，令温格很是担忧，虽然他更愿意将注意力聚焦在博格坎普完美无瑕的表演上。0 ：0 战平托特纳姆热刺，使得阿森纳的 8 月迎来了令人沮丧的结局，但是 5 场比赛拿到 9 分，其实并不是太糟糕的结果。

赛季最初几个月少有的令人失望的比赛之一，出现在 9 月对阵希腊球队萨洛尼卡的欧洲联盟杯比赛中。“枪手”首回合在希腊客场输了个 0 ：1，而在主场只能拿下 1 ：1 的平局，希腊球队凭借第八十六分钟的进球战平阿森纳，以两回合总比分 2 ：1 淘汰主队晋级。对俱乐部而言，这是个耻辱，但是温格有更优先的事情要考虑。除了欧战出局外，这对阿森纳来说是个势头强劲的月份，他们在国内赛场上仍然保持不败。

9 月 4 日，博尔顿在海布里被阿森纳 4 ：1 击溃，伊恩·赖特终于打破了巴斯廷保持的俱乐部进球纪录，他上演了帽子戏法，并得到了阿森纳球迷的热情祝贺。温格决定在终场前将伊恩·赖特换下，好让现场球迷起立，给他送上长时间的鼓掌祝贺。当“枪手”8 号结束自己的职业生涯时，他肯定不会被人们遗忘。

温特伯恩——这位最不可能进球的球员在斯坦福桥终场上演绝杀，帮助阿森纳在切尔西取得了一场 3 ： 2 的戏剧性胜利。温格很高兴，因为“蓝军”① 看上去也是潜在的冠军争夺者。其他两粒进球由博格坎普打入，帮助阿森纳保住了联赛不败的势头。切尔西后卫弗朗克·勒伯夫第六十七分钟的红牌是因为两次对神出鬼没的博格坎普恶意犯规先后被黄牌警告——对主队而言意味着昂贵的代价。在主场对阵西汉姆联的比赛中，则是奥维马斯参与了演出，他和博格坎普以及伊恩·赖特的组合再度被证明不可阻挡。奥维马斯的速度和博格坎普的视野，为伊恩·赖特提供了无限的进球机会。“铁锤帮”② 束手无策，最终以 0 ： 4 惨败。

这 4 粒进球均出现在半场哨响之前，这场胜利最终将阿森纳送上了积分榜榜首，“枪手”凭借净胜球优势力压曼联。赛后温格兴高采烈，不过他并不会忘乎所以，他对记者们说道：“联赛仅仅打了 8 轮而已，我们不能以现在的位置做出太多推断，不过看上去我们好像正在享受自己的比赛。当你一直在赢球时，这会给你带来信心，而没有信心你就不能有所表现。我们仍然还有很多工作要做，但是我们拥有比本赛季之前更棒的流畅性，我对此很满意。”而作为一个自始至终的完美主义者，温格批评了球队的定位球和进攻三区的传球，认为这是需要提高的关键区域。

9 月 27 日，埃弗顿在古迪逊公园球场 2 ： 2 战平“枪手”，但是他们没办法阻止伊恩·赖特和奥维马斯继续增加进球数。外援的天赋与球队形成了完美的融合，中立球迷开始注意到了这支面貌一新的阿森纳队。“无聊，无聊的阿森纳”和 1 ： 0 主义的日子已经过去了，温格时代预示着攻势足球的狂潮与大量的进球。

场上的纪律问题开始成为另一个话题。阿森纳很快得到了“太具有侵略

① the Blues，切尔西的绰号，来自于他们的球衣颜色。

② 西汉姆联队的昵称。

性”的名声，温格则感觉主裁判们在歧视他的球员们。一份报道指出，温格要求球队全场压迫对手的战术，是红黄牌突然暴涨的原因。这一战术导致了更多的铲球，因此造成了更多的犯规。

9 月早些时候，温格曾经在摩纳哥执教过的旧部马克·哈特利表示，坊间对阿森纳侵略性的关注，对“枪手”主帅而言将是尤其痛苦的事，“作为曾经在阿尔塞纳帐下效力过的人，我知道现在人们对场上纪律问题的关注会对他造成怎样的伤害。他绝不会派出一支带着踢人指令上场的球队。在摩纳哥，我们在一切事情上都表现得极具侵略性——跑动、铲断、射门——但是我们从来都不是一支注重身体对抗的球队。他继承的这支球队习惯于某种方式，他们毕竟在乔治·格拉汉姆帐下以同样的风格踢了五六年”。

10 月初，阿森纳的表现更加令人瞩目。温格的球队不满足于此前 4 ：0 和 4 ：1 的胜利，他们对不幸的巴恩斯利轰入了 5 球。8 月和 9 月连续获得月度最佳球员奖项的博格坎普梅开二度，其中包括一粒 25 码外射入球门上角的弧线球。温格对荷兰人的表现满是溢美之词，希望他能够延续这一状态。博格坎普和很多其他主力球员都没有参加联赛杯加时赛 4 ：1 击败伯明翰的比赛，此后他们集体复出，球队却迎来了两场令人失望的 0 ：0 平局，阿森纳的进球突然枯竭了。

在塞尔赫斯特公园球场 0 ：0 战平水晶宫的比赛中，5 名“枪手”球员领到黄牌，而主场 0 ：0 闷平阿斯顿维拉一役，珀蒂因为挑衅般将手放在主裁判保罗·德金身上而被红牌罚下。这绝不是温格想要的，珀蒂因此被停赛三场。珀蒂和因累积 5 张黄牌停赛的博格坎普，将双双缺席 11 月 9 日对阵曼联的重头戏。对温格的球队来说，这场比赛将是一场严峻的考验，其结果将向法国人说明，自他上任以来球队发生了多大的变化。温格意识到，阿森纳 1996—1997 赛季中衰落的一大原因是对阵其他豪强球队时落败，现在他想要看到球队的进步。

然而，在大战之前的 11 月 1 日，阿森纳的列车在德比的客场脱轨了，在缺少了停赛的博格坎普后，“枪手”在一场一反常态的糟糕比赛中，被德比郡

3 ：0 击败。温格对球队的表现非常不满，对球队遭遇赛季首场联赛失利的结果更是愤怒——球队根本没有展现出战斗的精神。下周末对阵卫冕冠军曼联，“枪手”必须奉献更加出色的表现，因为他们要对抗的，是一支将与他们为冠军展开竞争的强大球队。

在准备这场交锋时，温格试图增加弗格森及其部下的压力，他对媒体表示，自己对于围绕在曼联周围那些天花乱坠的宣传根本不买账，法国人解释道：“现在每个人似乎都认为曼联是这个国家唯一的球队，我对此深感愤怒。当然，曼联做得很棒，但是还有其他几支球队能够与他们相抗争，争夺联赛冠军头衔。我当然认为我们已经准备好了完成这项任务。最重要的是证明我们能够做到什么。周日我们就有机会做到。”

让温格高兴的是，他的球员们确实展现出了自己的能力，在德比中落败之后，很快就做出了良好的反应。曼联来到海布里时信心满满，走的时候却一分未得，因为大卫·普拉特的头球为“枪手”赢得了一场 3 ：2 的戏剧性胜利。普拉特终场前的制胜球，帮助阿森纳避免了浪费 2 ：0 领先优势的尴尬，也让温格的赛后讲话舒心了很多。阿内尔卡和维埃拉为阿森纳早早取得两球领先，但是曼联发起还击，谢林汉姆梅开二度，前热刺球员在半场前就让双方回到了同一起跑线上。不过普拉特打入制胜球后，海布里的狂喜氛围表明阿森纳球迷已经感觉到球队足够出色，可以赢得英超冠军。这一赛果导致曼联只领先阿森纳 1 分，“枪手”顺势升到了联赛第二位。

11 月中旬，最奇怪的事件发生在对曼联的比赛之前。虽然阿森纳迎来了强劲的赛季开局，却有传言宣称温格将离开俱乐部。“枪手”主帅对这一流言愤怒至极，他对媒体表示：“有三件事你们应该知道：第一，我在阿森纳过得非常开心；第二，我们现在表现得非常棒；第三，我没什么可害怕的。”不过这一猜测很快就消失了——对曼联的胜利很快成了人们关注的焦点。

不知道是击败曼联让球员们产生了不切实际的想法，还是其他原因，阿森纳的状态在这个月剩下的时间里出现了滑坡。11 月对俱乐部来说，是一段惨淡的时间，而且这将在未来的数年中成为一种令人失望的趋势。阿森纳在联赛杯中击败了考文垂，但在联赛中，他们连续两轮输给了谢菲尔德星期三和利物浦，而且两场比赛都没能进球。7 场赛事只进 4 球的成绩，表明了球队进攻存在问题，这也让温格头疼，他真希望博格坎普和珀蒂没有被停赛。对谢菲尔德星期三的失利，两人都无法出战，虽然 11 月 30 日主场对利物浦一役两人双双复出，球队赛季初那种流畅的传递配合却奇怪地消失了。

11 月中还有另一种流言在传播，那就是，温格可能从摩纳哥签下一位名叫蒂埃里・亨利的法国攻击手。亨利后来随法国国家队赢得 1998 年世界杯，但是他在那之前已经渴望着转会英超，他对媒体直言："阿森纳是我梦想中的俱乐部——他们的运作方式让我目瞪口呆。" 这几乎是 "来把我带走吧" 般的明确请求了，温格当然听到了亨利的呼唤。

其他报道则声称，温格确实在法国世界杯前就试图将亨利收归帐下，不过，法国前锋在这届大赛上的强劲表现大幅度提高了转会费。两人在温格执教摩纳哥时就是旧相识，亨利向媒体表达了他对阿森纳主帅的钦佩："温格是给我处子秀机会的主教练。我唯一一次提到别的俱乐部是 8 月，当时我说我想要加盟阿森纳，现在情况还是这样。" 温格对亨利的估价在 400 万英镑左右，但是摩纳哥索要的转会费是这个价格的两倍。

之后阿森纳的状态逐渐开始改善。凭借着伊恩・赖特的一粒进球，阿森纳客场击败了纽卡斯尔，伊恩・赖特在终结进球荒之后显得如释重负。但随后 "枪手" 又令人意外地在主场 1 ： 3 输给了布莱克本，亚当斯度过了一个噩梦般的下午——送给布莱克本两粒进球。接下来球队面临着繁忙的赛程，而且仍然在三项赛事中鏖战，温格必须尽快将 "枪手" 带回正轨。

由于球队的表现很不规律，很多人都在质疑他们的争冠资质。《伦敦旗帜晚报》记者迈克尔・哈特就在 12 月中旬写道："阿森纳仍然有可能赢得英超冠军，但本周希望变得更加渺茫了。最近 4 场比赛遭遇 3 场失利，将阿森纳从可靠的争冠球队降格为没什么希望的局外人。大家都知道，除非曼联自己扔掉了奖杯，否则他们没有争冠的希望。”

阿森纳迫切地需要在一段时间内收获佳绩，来让自己杀回联赛争冠的行列。在温格的安排下，阿森纳派出了一套完整而健康的阵容，以优秀的成绩做出了回应。阿森纳状态好转开始于节礼日[①]2 ：1 击败莱斯特城，球队表明自己拥有向英超冠军发起挑战的资格。普拉特的进球和莱斯特城队长史蒂夫・沃尔什的乌龙球帮助阿森纳全取 3 分。

客场 1 ：1 战平热刺，则展现了温格球队的精神。阿森纳的北伦敦德比死敌，在克里斯蒂安・格罗斯短暂而糟糕的任期结束后仍然感受到创痛，但是他们又因为于尔根・克林斯曼首发上阵而备受鼓舞。德国人曾经在摩纳哥效力于温格帐下，如今他重返热刺，试图帮助他们度过这段可怕的低谷。他的回归提升了球队的士气，但是“枪手”能够适应这种极具敌意的氛围，阿兰・尼尔森上半场破门领先后，帕洛尔下半场扳平了比分。虽然温格感觉球队还可以展现出更多，但他对球队所表现出的精神留下了深刻印象。不过，1 月 3 日足总杯第 3 轮，阿森纳没能突破韦尔港的阻拦，温格就没这么高兴了。

1 月初，温格发布了一份怪异的声明，他说:“我们是一支优秀的球队，我们会证明这一点。如果我们本赛季没能赢得什么的话，我会回家去！”这让很多球迷不解，温格已经考虑在争冠中认输了吗？与此同时媒体则声称，除非出现奇迹，不然曼联是不会放弃对阿森纳的 12 分领先优势的。

1 月 6 日 2 ：1 击败西汉姆联，意味着阿森纳拿下了一个联赛杯半决赛名额，伊恩・赖特和奥维马斯此役各建一功。这个晚上，“枪手”的进攻看上去再度混合成型了，这对阿森纳来说是个好兆头。当比赛变得越来越紧凑时，阿森纳开始找回犀利的进攻模式。1 月 10 日，阿森纳 2 ：1 击败了利兹联，两周之后，“枪手”又在足总杯中以同一比分淘汰了米德尔斯堡。之后他们又取得了一场 2 ：1 的胜利——这一次是对切尔西的联赛杯半决赛首回合——阿

① 节礼日，圣诞节次日，英格兰联赛历史上有节礼日比赛的传统。

森纳强劲的状态得到了延续。对“蓝军”的胜利要归功于奥维马斯和年轻的斯蒂芬·休斯的进球。不过前曼联前锋马克·休斯为切尔西扳回一城，这也为斯坦福桥的次回合比赛埋下了漂亮的伏笔。

温格在此期间一直保持沉着冷静，即便面临追逐奖杯的压力也不露声色。他告诉媒体：“这里（阿森纳）有着成功的历史，会让你不得不努力工作，取得成功。在足坛，不管你到哪里，都不可能避开俱乐部的历史。”当阿森纳强劲的势头得到延续时，可以看出温格对人们的期望所产生的重负处理得非常好。

1 月底，坊间流传的报道声称，温格拒绝了一家顶级豪门的邀请——据说是皇家马德里——以继续自己在海布里的工作。法国人承认：“本赛季确实有另一家俱乐部接触过我，不过他们请求我保守秘密。一直都有人来问，你愿不愿意去执教他们？但是我很干脆地拒绝了。我没想过更换俱乐部。”听到这样的保证，尤其是听到他最近的一些言论后，“枪手”球迷们如释重负。

法国人有很多理由留在海布里。亚当斯和希曼这些防守球员的经验使得“枪手”很难被击倒，球队在进攻端拥有一批时刻准备抓住机会前压的攻击手。奥维马斯的速度是很多进球的源泉，他在左边路提供了球队迫切需要的宽度。天生擅用右脚的荷兰人在左边路表现得非常惬意，在这里他可以内切，然后右脚射门。在另一条边路上，英格兰中场帕洛尔——他并未获得所有阿森纳球迷的好评——则是踏实苦干，给中场带来了平衡。

至于博格坎普，他的杰出状态则没有停止的迹象。温格给了他充分的自由，让他可以游弋在锋线搭档身后，事实证明，这是一着妙棋，因为荷兰人充分利用了自己不可思议的视野，为队友们提供了进球机会，他与奥维马斯和伊恩·赖特的协作尤其默契。博格坎普还贡献了大量进球，这是他最为高产的赛季之一。

温格脸上的笑容完全没有消退的迹象，因为阿森纳赢下了接下来的两场联赛，其间打入 5 球并保持了清白之身。阿森纳 3 ：0 击败南安普敦，靠的是比赛进行 1 小时后短时间内的连续 3 粒进球。切尔西遭遇的情况只是稍微好一点儿，他们 0 ：2 输掉了比赛，为阿森纳打入两球的是斯蒂芬·休斯。这一赛果使得阿森纳只落后排名第二的“蓝军”1 分，与领头羊曼联的分数也很接近。

温格最初来到阿森纳时，预计自己很快会彻底重建球队的防线，但是，看到亚当斯、迪克逊之类的球员克服年龄障碍继续稳定表现时，他有点儿“惊讶”。他对记者们说道：“我以为我不得不在防守区域进行调整，但是他们的表现如此出色，以至于我不得不忽视他们的年龄。即便是我们去年 11 月和 12 月表现糟糕，鲍尔德和温特伯恩的发挥都堪称伟大。作为主教练，我不能说仅仅因为某位球员年纪大了就不给他提供新合同。”温格的高龄防线的表现让人惊喜，他们限制了对手的机会，也让阿森纳在越来越多的场次保持了清白之身。接下来几个月里，这一点尤其显著。

但是阿森纳接下来遭遇了令人失望的一周，“枪手”在足总杯主场仅仅是战平了水晶宫。2 月 18 日，阿森纳又在联赛杯半决赛次回合中 1 ：3 败走斯坦福桥，这场失利意味着切尔西总比分 4 ：3 击败阿森纳，“蓝军”因此杀进了温布利决赛，温格则错失了首次以阿森纳主帅身份造访英格兰最著名球场的机会。

温格对切尔西球员比赛中缺乏体育道德的行为予以强烈批评。他拒绝对此役被罚下的维埃拉进行罚款，因为他认为对方前锋詹卢卡·维亚利的假摔导致了法国人的第一张黄牌，温格补充道：“他们（切尔西）有丰富的经验。他们有大量的假摔，很多球员在我们犯规时小题大做，这对比赛产生了影响。有人说帕特里克（维埃拉）在不断地跟主裁判找碴，但是你知道谁对裁判说的话最多吗？是丹尼斯·怀斯，怀斯一直在他耳边喋喋不休。”被淘汰出联赛杯似乎激怒了阿森纳，令他们有了更出色的发挥。“枪手”现在的焦点位置已经不可动摇了，他们在一周之内两度击败水晶宫（其中包括一场足总杯重赛），在接下来 3 场联赛的 9 分中拿下 7 分。不过联赛做客厄普顿公园球场与西汉姆联 0 ：0 战平后，阿森纳又在足总杯 1/4 决赛中与“铁锤帮”打成 1 ：1。由于接下来将面临一段艰苦的赛程，温格肯定不希望在日程表中增加一场重赛。

利比里亚前锋克里斯托弗·雷的进球足以帮助阿森纳客场1：0击败温布尔登，并将曼联在积分榜上的领先优势缩小到9分。此外，“枪手”还有3场补赛要打，而接下来的一场联赛，温格帐下众将的对手就是卫冕冠军了。这场在3月14日进行的比赛，是阿森纳改变联赛争冠结局的机会，并且在冲刺阶段到来时拿下一些心理上的“积分”。温格可以肯定，自己的球员已经为挑战做好了准备，他知道“枪手”是状态更为出色的一方。赛前发言中，温格还依据“儿童心理学”理论，让弗格森感受到了他的“医术”：“只有这一次，每个人都会支持我们。他们（曼联）内心当然在为争取赢得欧冠而烦恼。如果我们在老特拉福德拿下积极的赛果，我们将迎来成为英超联赛冠军的最佳机会。”

曼联正受困于关键球员受伤的局面，阿森纳抵达曼彻斯特时，可谓自信满满——他们不是为1分而战，他们的目标是掌控全局、全取3分。弗格森帐下缺少了中后卫加里·帕利斯特、中前卫罗伊·基恩和边锋瑞安·吉格斯，虽然他排出了一套强劲的阵容，但是温格的球队可不想向曼联表示同情。比赛形势胶着，但是“枪手”一直占据着优势，博格坎普和奥维马斯一直威胁着对手，维埃拉和珀蒂则压制住了曼联临时拼凑的中场。比赛的决定性瞬间出现在距常规赛还剩下11分钟结束时，奥维马斯接应阿内尔卡传球，将球送入彼得·舒梅切尔把守的城门。就在这一刻，英超联赛争冠的优势明显地转向了温格的球队，而法国人也明确地知道这一点。

温格对媒体表示：“我自始至终都认为我们能够追上他们，我想现在我的球员们也相信这一点。曼联处于最佳位置，但是现在一切取决于我们了，我们第一次掌控了局面。我们还有3场比赛要打——一切要看我们的表现如何。”弗格森赛后则选择将失利归咎于伤病危机，看到门将舒梅切尔因为腿筋受伤下场，他更是忧心忡忡。丹麦门神的缺席，对曼联来说会是一个重大打击。

不过等到周中，从失利的沮丧中恢复过来的曼联主帅变得更加乐观。他对媒体表示：“我们现在所处的境地，是我们一直以来非常习惯的，我们绝不会说不习惯这样的局面。在过去的6年中，我们一直为冠军头衔努力奋战。阿森纳此前没有感受到任何压力。经过这一段赛程后，他们处于一个关键阶段了，他们会为每一个错误付出代价。他们会发现这有多么艰苦。"

但是"枪手"拒绝放弃争冠主动权，也没有被弗格森的嘲讽搞得心烦意乱。温格的球队表现出色，没有以大比分击溃对手，而是斩获了一些珍贵的1 ：0 胜利，让人想起了那些旧日时光。在厄普顿公园球场点球大战获胜，杀入足总杯半决赛，让温格距离他的首次温布利决赛更近一步。1 ：0 击败谢菲尔德星期三和博尔顿的比赛，则要感谢博格坎普和克里斯托弗·雷的进球，这也让"枪手"的争冠道路保持在正确的方向上。

对博尔顿拿到 3 分，再一次表明了阿森纳更衣室里有着怎样惊人的士气，要知道，温格的球队在基翁染红下场后，不得不在最后 25 分钟内 10 人应战。3 月底，弗格森声称，状态强劲的阿森纳正处于"掌控地位"。温格选择忽视这一言论，他知道，弗格森的话很可能是扰乱"枪手"军心的最新尝试。

足总杯半决赛抽签将阿森纳与次级联赛的狼队抽到了一起，大多数专家都感觉"枪手"将轻松取胜。不过温格没有冒险，球员们也没有让他失望。博格坎普停赛，但是克里斯托弗·雷抓住了机会，在比赛中打入制胜球，帮助球队 1 ：0 获胜，给人留下了深刻的印象。阿森纳已经连续 7 场比赛只进 1 球了，但是由于守门员西曼对自家球门的保护如此出色，"枪手"在这 7 场比赛中取得了 5 胜 2 平的佳绩（其中联赛 4 战 4 胜）。温格赛后特别表扬了克里斯托弗·雷——这又是他从老东家摩纳哥挖角收获的猎物，"两个月前你还会认为雷是个无名之辈，现在他的表现向你证明了他有多么出色。这是一笔非常精明的买卖"。

在接下来的赛程中，温格实现了自己的愿望，那就是在伦敦科尔尼建设新训练基地的计划得到了披露。建成的科尔尼基地，将为球队提供所有欧洲俱乐部中最好的训练设施。尼克·卡洛在《卫报》中写道："阿森纳筹建的新训练中心，有望成为全国最先进的体育设施之一。按照日程，它将在 1999—2000 赛季开始前建好，这也将进一步凸显阿森纳在温格任内的整体哲学。"训练中心规划的室内设施包括水疗泳池、治疗区域和健身房，室外设施则包括 8 块训练场。一切设计都精确到了细节。

4 月 11 日，回到联赛战局中，做客海布里的纽卡斯尔希望能够终结“枪手”的不败战绩，但是，阿内尔卡的梅开二度和维埃拉的劲射破门，帮助“枪手”3 ：1 取胜。阿森纳在冲刺阶段没有显露出一点儿受阻的感觉，因此，曼联开始慌乱了。4 ：1 击败布莱克本，表明“枪手”在状态正佳时仍然有能力击溃对手。温格的球队此役开局非常精彩，在前 15 分钟就解决了战斗。博格坎普首开纪录，帕洛尔梅开二度让阿森纳 14 分钟后就以 3 ：0 领先。比赛最终以 4 ：1 结束，温格也可以在赛后开心地回顾球队的进攻能力。种种迹象表明，阿森纳的冲刺不过是个形式罢了。

但是阿森纳的表现远不止如此。他们接下来在海布里 5 ：0 击溃了温布尔登，似乎将自己的风格发扬光大了。这场比赛“枪手”有 5 名球员分别进球，他们如此通过“狂帮”① 考验的方式，近乎是在奚落曼联。同一轮比赛中曼联在主场出错，只是 1 ：1 战平了纽卡斯尔。阿森纳更衣室里的情绪变得至为高涨，球迷们感觉联赛冠军头衔已经唾手可得了。

赛季收官阶段还有一些非常棘手的比赛，但是，温格已经准备好了尽快完成夺冠任务。曼联变得越来越踉跄了，阿森纳则从中渔利。4 月 25 日做客巴恩斯利，阿森纳又奉献了稳定表现，博格坎普和奥维马斯的进球帮助“枪手”2 ：0 获胜，再度拿下 3 分。

冠军奖杯就在“枪手”的眼前，温格敦促球员们集中注意力。他说：“我们必须冷静、职业而且聚精会神。事情往往在临近结束时变得很困难，我们现在到了争冠赛跑的最后 100 码，我现在积极乐观，聚精会神，而且很放松。球员们也应该这样。”他从球员那里得到了自己想要的回应。周中主场补赛 1 ：0 击败德比郡，意味着阿森纳有机会在周末主场对阵埃弗顿的比赛中提前夺得冠军——虽然他们在比赛打了半小时后就失去了因伤下场的博格坎普。

自从在老特拉福德进行的曼联对阿森纳一役以来，温格的球队在联赛中拿

① 英国媒体形容温布尔登所用的绰号。比赛风格注重通过身体对抗来吓倒对手。

下了可能拿到的最多积分，弗格森的球队则打平了两场。这些被曼联丢掉的积分，反过来对他们造成了巨大的困扰。在联赛还剩 3 轮时，除非阿森纳失误，才会错失冠军头衔。温格要求帐下球员们保持沉着，别浪费了一整个赛季的努力。球队的反应是，以不容置疑的表现 4 ∶ 0 击败埃弗顿，正式拿下 1997—1998 赛季英超联赛冠军。此役取胜的方式——以及“枪手”没有丢球的事实——可以概括阿森纳的一整个赛季，尤其是圣诞节以来球队都在坚持的风格。队长亚当斯打入第四球，为此赛季画上圆满的句号。亚当斯整个赛季都扮演着对球队产生巨大影响的角色。

温格在比赛结束后与球队一同庆祝，接受了阿森纳球迷的掌声。他举起奖杯时的喜悦，表明他是一个全身心投入一项成功计划的人。他的球队打出了一些英超历史上最令人兴奋的风格，这种风格给温格带来的喜悦，几乎与奖杯一样多。“枪手”输掉了联赛中最后的两场比赛——客场 0 ∶ 4 不敌利物浦，0 ∶ 1 不敌阿斯顿维拉——但这已经不重要了。温格的球队已经是英超冠军了。

温格这个赛季的最后目标是足总杯决赛。在输给利物浦和维拉这两场无所谓的比赛中，温格抓住机会让球员们得到了轮休，因此，球员们已经准备好了完成一次不可思议的双冠伟业。博格坎普仍然因为对德比郡一役的腿筋伤病缺席，温格选择用克里斯托弗·雷而不是伊恩·赖特取代他的位置，这引发了一些争议。纽卡斯尔是温格在英格兰第一次杯赛决赛的对手，他们这个赛季已经两次输给“枪手”了，因此，对“喜鹊军团”而言，这并不是什么好的征兆。

纽卡斯尔最糟糕的担忧在比赛当天得到了验证，事实证明，阿森纳比他们强太多。奥维马斯和阿内尔卡的进球帮助阿森纳 2 ∶ 0 获胜，温格及其球队拿下了令人印象深刻的双冠王。多达 79183 名球迷现场见证了阿森纳以冷静的发挥完全压制了对手的攻势。而当阿内尔卡打入球队第二球时，平常是如此冷静的温格，也没办法抑制住感情的外露，他兴奋地庆祝了这粒让纽卡斯尔陷入巨大困境的进球。对每个与俱乐部有关的人来说，这都是个特殊的下午，温格绝对不会忘记这个下午。作为主帅，首次造访温布利就收获这样的结果，这显然令人高兴。

在庆祝之中，温格还专门抽出时间来表扬了奥维马斯，后者在决赛中的表现卓然超群。法国主帅表示："我知道当马克（奥维马斯）刚来的时候，有不少人批评他，但是他今天的表现证明了自己是个世界级球员。看看他的（荣誉）记录吧——简直就像一本电话簿那么厚，因为他赢得了如此多的东西。如果你不是个伟大球员，你没办法像他那样踢球。"奥维马斯自己也兴高采烈，他如此对媒体表态："这一切都如此不可思议，尤其是在我的第一年中就赢得如此多的东西。这是我生命中最好的一天吗？好吧，我希望未来还会多有几天这样的日子。"

曼联赢下了他们最后两场联赛，而弥漫在老特拉福德的自在情绪和海布里的欢庆情绪差不多。弗格森仍然将争冠失败归咎于伤病，他感觉伤病让他的球队在赛季最后几个月遭受了巨大损失。但是失败之后，他表现得很有礼貌，他祝贺温格取得如此成就，但是也誓言曼联会以更强的姿态回归。他也没有说错。

在足总杯决赛之前，温格这个杰出赛季的成就，已经在赛季末的颁奖夜得到了认可，他被选为英格兰年度最佳教练。考虑到阿森纳自从圣诞节以来对国内赛场的掌控方式是如此强有力，他完全配得上这个奖项。在获颁奖杯后，温格非常自豪地表态："在英格兰，每一场比赛都是如此艰难的战斗，所以取得联赛冠军非常困难。我的团队为我工作得如此努力，他们和球员们一样，表现得卓越超群。我们现在考虑的全都是足总杯决赛，只有到赛季真正结束之后，我们才会意识到我们取得了怎样的成就。"

博格坎普在阿森纳夺取双冠王的道路上奉献出了不可思议的表现，他也在赛季结束时获得了荣誉认可。荷兰人获得了职业球员同行和媒体评出的最佳球员奖项，将属于自己的"双冠"带回了家。他灵感四射的表现，对于"枪手"的联赛争冠胜利着实关键。

英超冠军奖杯现在安放在北伦敦，温格现在对此非常知足。在英格兰足坛的第一个完整赛季，他就拿下了两座奖杯。俱乐部已经重回光辉岁月，阿森纳球迷则被彻底征服，现在温格已经被枪迷们奉为天才了。

就像前英格兰国脚中场杰米·雷德克纳普后来在《每日邮报》说的那样，温格在英格兰足坛的影响最终被证明为巨大的成就。在2006年雷德克纳普这样写道："温格对于英格兰足球的影响，比其他任何外籍足球人士都要大。只有詹弗兰科·佐拉，这位球员时代影响巨大的足球人，可与之相提并论。切尔西球员们，尤其是约翰·特里，会告诉你佐拉改变了他们对足球的态度。而对温格来说（要想对球员们产生如此影响）就没这么容易了，他球员时代的'身世'很有限，这肯定不会给他的新球队留下好印象。"但是法国人最终超乎了所有人的预期。

由于俱乐部经历了一个如此精彩的赛季，董事会迫切地想要用一份新合同将温格继续留在队内。有传言称其中的薪水条款是5年大约500万英镑。阿森纳俱乐部副主席大卫·戴恩告诉媒体，董事会对温格的评价很高，他也想竭力摆脱其他欧洲顶级俱乐部对法国人的兴趣。不过温格坦承，他并没有打算离开，"现在我在阿森纳感觉很开心。金钱不是让我来到海布里的真正原因，金钱不是鼓舞我的东西，也不是我的奋斗目标，最重要的目标是赢得奖杯。我喜欢我做的事情，只要我拥有按照我想要的方式工作的自由，我就会签下一份新合同"。

大卫·戴恩很自然地谈及了温格对俱乐部的提高，他还想起了当初法国人被任命为布鲁斯·里奥克的继任者时坊间的公开反对，"当时我们面临的形势可谓剑拔弩张，我们需要改变方向。我们必须有勇气做出决断，引进新的方法。那是（任命温格）我们做出的一个勇敢决定，我们将他的任命形容为一个依据判断而做出的决定，而不是一场赌博，但是这一决定当然也可能导致另一种结果"。阿森纳主席彼得·希尔－伍德补充道："他会续约的，我敢肯定他会续约。他不想在（足总杯）决赛前谈论续约，但是我们本周会谈一谈。"在温格的合同只剩下一年的情况下，如果他不向每个人都确认自己留守的打算的话，赛季收官阶段肯定会出现紧张不安的局面。

对于“枪手”主帅来说，接下来本来应该是暑假的时间了，但是对温格而言，他的生活中却没有这样的时间。他根本没办法与足球彻底隔绝开来，而是很快开始了对下一个赛季的准备，他知道，挑战者们会迫切地想要在他的球队身上复仇。

1997—1998 赛季赢得英超联赛冠军后，温格知道卫冕之路会更加艰难。他的球员们上赛季末奉献了如此惊人的发挥，而曼联对此完全没有办法做出回应。但是要想复制这一成就，阿森纳无疑又需要特别的一年。不过虽然弗格森在 1997—1998 赛季两手空空后对球队阵容进行了可观的补充，温格仍然保持乐观。

珀蒂和维埃拉归队参加季前备战时，已经是世界杯冠军得主了，在一场堪称模板的世界杯决赛中，法国队以 3 ： 0 击败了巴西队，震惊足坛。珀蒂还将自己的名字写在了记分牌上，他打入了法国队 3 球中的最后一球。虽然为英格兰队过早出局感到悲哀，很多“枪手”球迷还是很高兴由阿森纳代表举起了大力神杯。不出所料，珀蒂和维埃拉在狂喜之中回到了海布里，尤其是在世界杯上能力发挥特别突出的前者。

温格带着浓厚的兴趣观看了这一届赛事，他喜欢每一场比赛带来的兴奋之情。看到帐下的球员们在世界杯上表现出色他更是高兴——毕竟世界杯是一切足球赛事中最终极的舞台。相比于那些他被迫放手下球员参加的毫无意义的国家队友谊赛，世界杯让他开心多了。

温格确保了上赛季双冠的英雄球员之中没有任何人在夏天离队，但是他在转会市场上也没有太大进展。俱乐部迎来了一张新面孔，瑞典中场弗雷迪・永贝里，他从瑞典哈尔姆斯塔德以 300 万英镑的转会费加盟而来。温格知道永贝里虽然是中场，却有着进球如麻的名声，他能够在对方防线身后进行聪明的跑动。

另一方面，弗格森则在转会市场上砸下重金，希望以此提振老特拉福德的士气。加盟的球员包括以 1260 万英镑从阿斯顿维拉来投的特立尼达和多巴哥前锋德怀特・约克、以 1050 万英镑从埃因霍温来投的荷兰中卫亚普・斯塔姆和身价 440 万镑的瑞典边锋耶斯佩・布洛姆奎斯特。这些引援足以让大多数人对曼联现在的实力心生恐惧，但是温格不会进行恐慌性抢购，他对自己组建的阵容足够满意。

英超开赛前一周慈善盾杯赛的结果，让人感觉温格坚持现有阵容可能是正确的选择。在这场阿森纳 3 ：0 大胜的比赛中，阿内尔卡和奥维马斯出现在舞台的中央，曼联则被轻松击败。1998 年世界杯，英格兰队对阿根廷队一役染红下场后第一次出场的曼联中场大卫・贝克汉姆，不出意外地成了这个下午球迷们嘘声与辱骂的对象，与此同时，曼联则臣服于强大而充满活力的阿森纳首发阵容脚下。虽然弗格森为自己的球队带来了那么多新面孔，温格的球队看上去仍然是英格兰最令人兴奋的球队。

法国前锋阿内尔卡给温格留下了足够深刻的印象，让“枪手”主帅相信他真的是引领锋线的最佳人选。他疾风一般的速度和冷静射门对于一支踢着犀利攻势足球的球队而言，可谓是理想的财富。尤其是在海布里之外的客场，温格希望阿内尔卡的速度能够在反击中被球队善加利用。对很多人来说，这位年轻的法国前锋并非一直都是阵中最令人愉快的成员，但是他在球场上的能力不容置疑。

当阿森纳以主场 2 ：1 击败诺丁汉森林迎来新赛季的开局时，俱乐部里的一切似乎都秩序井然。球队防线的表现仍然与其年龄不符，攻击手们在夏天的几周休息之后看上去生机勃勃。但是接下来阿森纳面临着一段令人担忧的赛果，温格也遭遇了一些紧张的时刻，因为“枪手”出现了一段很不正常的进球荒。

英超联赛中的连续 3 场 0 ：0，使得温格及其球员们都遭遇了舆论严格的审查。公平地说，这其中有两场 0 ：0 是在安菲尔德和斯坦福桥取得的，但是媒体已经开始拷问球队的状态了，并且质疑温格是否应该在夏季转会市场上表现得更加忙碌一点儿。而在海布里 0 ：0 闷平查尔顿，则没有这么轻易地被原谅了。

在另一条更令人愉快的战线上，温格即将首次尝到率领阿森纳征战欧冠联赛的经历。欧冠赛制的更改，意味着第一轮就是小组赛了，而非温格以前在摩纳哥所习惯的淘汰赛。“枪手”被分到了 E 组，与他们同组的是法国朗斯、希腊帕纳辛奈科斯和乌克兰基辅迪纳摩。

然而，接下来又拿到两场平局，让温格更感觉受挫。他帐下的球员们表现出色，但是却无法送上致命一击。1 ∶ 1 战平莱斯特城，可以说是有点走运，因为阿森纳是靠斯蒂芬·休斯在终场前扳平才拿下 1 分。此后，阿森纳在欧冠征程开始后的第一场比赛就又拿到一场 1 ∶ 1，这次是客场战平法国俱乐部朗斯。这场比赛温格的球队再度掌控了比赛，但是“枪手”为浪掷机会付出了代价，朗斯终场前扳平了比分。6 场比赛只进 4 球，温格有很多需要考虑的了，而上一个赛季的英雄——博格坎普——在进入 1998—1999 赛季后还没能斩获进球。

在这样的局面下，曼联造访海布里，空气中弥漫着复仇的感觉。阿森纳新赛季开始以来的水准远不及上一赛季，弗格森的球队希望借机在主队更衣室内挖掘出更多的不确定性。结果却是温格的球队奉献出赛季最佳表现，在激动的主场球迷面前 3 ∶ 0 获胜。亚当斯为“枪手”取得领先，阿内尔卡在半场前扩大比分。尼基·巴特因为对维埃拉犯规被罚下场，新援永贝里打入第三球，为蛋糕添上糖霜。

看到球队重回正轨，温格非常高兴，3 分更是来得正好。与此同时弗格森则一点儿都不高兴，他为巴特被罚下场而暴怒不止，似乎也有正当理由。曼联中场对维埃拉犯规时并非最后一名防守球员，然而当值主裁格拉汉姆·巴伯却掏出了红牌。这只是本赛季两队 4 次交锋中的第一场，阿森纳再度将自己确立为曼联最大的竞争对手。弗格森承认，他的球队被彻底击败了，“阿森纳远比我们出色，他们也远比我们想要赢下这场比赛，我不喜欢以曼联主帅的身份说出这些话”。

然而，在艰苦地击败曼联之后，客场输给谢菲尔德星期三对阿森纳而言无疑是极度令人失望的结果。李·布里斯科终场前的进球，足够帮助谢菲尔德星期三拿下一场 1 ∶ 0 的胜利。这是一场充斥着暴躁情绪的对决，基翁和保罗·迪卡尼奥在半场结束前就双双被罚下，维埃拉也参与了这场混战。迪卡尼奥下场时将气撒在了当值主裁保罗·阿尔科克身上，他推搡了这位黑衣法官。

舆论对这一事件的关注，再度使得坊间对阿森纳纪律问题的不满成为焦点。

维埃拉尤其成了媒体拷问纪律问题的对象，但他的主帅站出来为他辩解，温格对媒体解释道："我们不应该苛责帕特里克（维埃拉），他是个很注重身体（对抗）的球员，一旦你将这一特征从他身上剔除，他就不再是以往那个球员了。裁判在看到他之前就想到他的名声了，有时裁判们对他很差。"

这一议题迟迟没有消退。还有媒体报道称，在做客希尔斯堡球场对阵谢菲尔德星期三赛后，维埃拉对谢菲尔德星期三球迷突然做出了一个"V"字形手势，之后又在离场时与一名警察发生了争执。温格赶紧冲过去援助爱将，结果却让自己也陷入了麻烦。温格赛后简短地提到了这个话题："（主队）观众在比赛中对帕特里克很严厉，但是他也必须学会如何应付这样的局面。"对于媒体对阿森纳纪律问题的拷问，阿森纳主帅开始不耐烦了。

由于媒体的关注仍在继续，温格不得不两次坦率说出了自己的想法。9 月 28 日，温格想要澄清是非，他对媒体表示："好的足球都与身体（对抗）有关——要跑得快、跳得高、确保自己领先一步。对手与我们交锋时就像他们打曼联时一样，他们都想要击败强队，这就意味着我们被暴露在极具竞争性的对手面前。我们必须解决他们给我们制造的问题。你必须战斗，但是你也得尊重规则。我认为我们做到了这一点。"但是问题在于，温格不断地在球员们被罚下后用缺乏说服力的理由来为部下辩解，这使得很多人认为他对于球队不守纪律的局面缺乏掌控。相反地，温格似乎对主裁判和英足总非常愤怒，他为球队制造出了一种"他们与我们针锋相对"的氛围。对于一些重大爆点事件，他经常用这么一句台词来进行回应："我没看见。"

仅仅几天之后，他就又对媒体发表演讲："比红牌本身更让我担心的，是球队会因为几名球员同时停赛而受到惩罚。我认为我们不是一支糟糕的球队，我仍然不清楚我们到底哪里做错了。在竞争性和肮脏之间有一条分界线，但是这条分界线只对我们不适用。"温格还拒绝在另一件事上保持沉默，他认定维埃拉被裁判们不公平地挑选了出来，遭受了单独对待，他认为裁判们在场上看到维埃拉之前就想到他的名声了。温格花了很多时间帮助维埃拉处理媒体的负面报道，法国中场也一直对主帅的支持心存感激。

维埃拉后来透露："当我各方面都不如意的时候，他（温格）意识到我并不完美，和他谈话让我大受裨益。他的大门永远向我敞开。他让我意识到自己不应该在愤怒的时刻出去表态，意识到自己应该留在这里，而且能够取得成功。我意识到了他对我而言有多么重要，也意识到了这家俱乐部是多么了不起，我做出了正确的决定。"

"枪手"在欧冠赛场对阵帕纳辛奈科斯的晚上，希腊球队一度表现得很难应付，但最终还是 1 ：2 败下阵来，这场比赛阿森纳应该表扬的是两名中卫，亚当斯和基翁突然站了出来，为"枪手"各入一球。这也让"枪手"在正轨上前进，温格也终于能够享受第一场体面的欧冠比赛了。

10 月 4 日，纽卡斯尔成了最新一支没能在联赛中击败"枪手"的球队，温格的球队终于开始像冠军那样踢球了。博格坎普的梅开二度和一次助攻帮助"枪手"拿下了这场 3 ：0 的胜利。这只是荷兰人本赛季第一次进球，他以此回报了主教练对他的信任。温格对这位明星球员一直保持耐心，而如今博格坎普也终于找回了顶级状态。

然而，接下来"枪手"在主场连续战平南安普敦和基辅迪纳摩，结果令人失望，也让阿森纳更衣室内的氛围更沮丧了一点，但是此后的连续 3 场客场胜利，意味着"枪手"球员做出了最佳的回应。1 ：1 战平基辅迪纳摩，让温格很是愤怒，因为他的球队又一次在终场前丢球，也丢掉了 2 分。不过球员们在客场就没有再"做慈善"了。2 ：1 击败布莱克本，展现了球队冷静的锋线杀伤力，而由替补球员组成的阵容，也足以在联赛杯第三轮做客普莱德公园球场时 2 ：1 击败德比郡。10 月 31 日客场 1 ：0 击败考文垂，阿内尔卡打入制胜球，让阿森纳这体面的一周圆满结束。

11 月对"枪手"而言是令人心碎的一个月，他们遭遇了一次又一次的挫折。11 月 4 日欧冠客场 1 ：3 输给基辅迪纳摩，意味着温格的球队从小组头名滑落到垫底位置。不过小组 4 支球队之间分差不大，温格的球队仍然有可能杀回到可以出线的排名。赛后一天，温格以积极的观点面对媒体，"昨晚的赛果使得基辅迪纳摩获得了很好的小组名次。但是我仍然认为我们有机会晋级”。他补充道:“我并不担心，因为球员们的态度不错。他们能够扭转形势。球员们中间有着健康的氛围。我们仍然紧随小组头名之后。”对于这个晚上的表现，阿森纳还可以看到很多积极因素，基辅迪纳摩门将的惊艳发挥，证明“枪手”真正考验到了迪纳摩的防守。温格希望球队很快就能够迎来运气的好转。

在对基辅迪纳摩的比赛中，温格不得不排出一套亚当斯、博格坎普、奥维马斯加上阿内尔卡作壁上观的阵容。这种严峻的伤病问题，与此前一年阻碍曼联联赛夺冠的伤情如出一辙，现在温格也感受到失去明星球员的困难了。11月8日，阿内尔卡复出打入制胜球，帮助阿森纳联赛主场1：0击败埃弗顿。

然而，接下来的那个周中，一支实力更弱的阿森纳队在联赛杯第四轮主场对阵切尔西时，被“蓝军”5：0击溃，之后又在主场对阵死敌热刺时艰难地打成0：0。这场北伦敦德比对于前“枪手”主帅乔治·格拉汉姆而言意义重大，因为他是作为热刺主帅回归老东家的主场。

海布里球场嘘声大作。但是两支球队难分高下，温格担心的则是球队缺乏突破对方防守的能力。虽然还是无法使用博格坎普，阿森纳主帅至少在首发中迎回了亚当斯和奥维马斯。不过这一次，热刺防守很稳固。

此后一个周末下午做客塞尔赫斯特公园球场0：1输给温布尔登，无疑是阿森纳备战周中与朗斯的欧冠生死战的最糟糕方式。在与伦敦邻居的这场苦战中，阿森纳又遭遇了维埃拉和博格坎普受伤的打击，温格在场边为此担心不已。似乎是伤病还不够让温格烦恼，英格兰中锋埃凡·埃科库在比赛还剩13分钟结束时打入制胜球，帮助温布尔登全取3分。

虽然缺少了好几名大牌球员，温格在对朗斯赛前仍然保持着乐观，但是他也承认，要想保住晋级希望的话，球队必须拿下一场胜利。博格坎普、维埃拉和珀蒂无法出场，温格也就面临着改换球队核心的艰巨任务。当亚当斯半场也因伤被换下后，球队的中轴就真正被削弱了。朗斯奉献了一场稳定的发挥，一直在进攻三区颇具威胁，阿森纳则再一次难以找到突破对方稳固防线的办法。

当“枪手”大举压上，试图打入制胜球的时候，他们在防守端遭受了惩罚，朗斯打入了一粒价值连城的进球。温格和阿森纳球迷都对助理裁判愤怒不已，因为后者没能看出进球者米夏埃尔·德贝夫明显越位。0 ：1 的失利意味着阿森纳的欧冠冒险被过早地终结，这一结果让球队几近崩溃。帕洛尔在比赛最后时刻脚踢朗斯球员西里尔·罗尔被罚下，让温格更有理由愤怒。球队从欧冠中出局，让每个在温布利现场观战的人都倍感失落，温格肯定会为自己让球队在温布利而不是在海布里嘈杂的“大锅炉”里打欧冠比赛的决定后悔。有些人则感觉他已经为夏天没有增强球队实力付出了代价。

阿森纳的这个月，以在主场遭遇又一场令人沮丧的平局结束，又一支客队从海布里带走了 1 分。米德尔斯堡凭借布赖恩·迪恩的进球早早领先，他们看上去甚至必然要全取 3 分了，幸好阿内尔卡最后时刻为阿森纳扳平。此前一个赛季，“枪手”总能够以舒服的比分赢下这种比赛，然而伤病频仍，自信欠缺，让球队的卫冕之路变得极其艰难。战平米德尔斯堡一役，阿森纳球员们遭到了自家球迷的嘘声，温格感觉自己需要在赛后对批评者做出回应，“可能我们上赛季给了球迷太多。如果你每天都能吃到鱼子酱的话，让你回到只能吃香肠的时代肯定会很困难”。

12 月是个状态起伏的月份，但是当圣诞节临近时，阿森纳终于开始找回良好的状态。12 月 5 日客场 0 ：0 战平德比郡，意味着“枪手”再度无法破门，不过球队还是有更积极的方面，周中欧冠小组赛末轮客场 3 ：1 击败帕纳辛奈科斯，意味着阿森纳未来有能力在这项赛事上走得更远。在维拉公园球场 2 ：3 不敌维拉又是一次令人难以接受的打击，温格只能眼睁睁看着球队在下半场丢掉了 2 ：0 的领先优势。本来博格坎普的梅开二度让阿森纳在上半场很舒服地领先，结果防守上的孱弱，让维拉夺回了主动权，朱利安·乔基姆的进球和戴恩·达布林的梅开二度帮助主队完成了逆转。温格肯定希望亚当斯、维埃拉和珀蒂能够在场上保住领先优势。

12 月 20 日，标志着“枪手”一段佳绩的开始——这一段赛程中阿森纳的成绩，才反映了球队的真实能力。做客海布里的利兹联被 3 ：1 击败，博格坎普进球，复出的两位法国中场维埃拉和珀蒂也都有斩获。节礼日阿森纳拿下连胜，这一次是凭借奥维马斯开场不久的进球，主场 1 ： 0 击败西汉姆联。亚当斯仍然没能回归首发阵容，但是“枪手”的伤情忧虑现在小多了，这显然也对他们的稳定状态有所帮助。12 月 28 日，奥维马斯的进球再度帮助“枪手”1 ： 0 在山谷球场击败查尔顿，这一年结束的时候，阿森纳终于迎来火热的状态。

足总杯 4 ： 2 淘汰普雷斯顿之后，阿森纳回到联赛主场 0 ： 0 战平了利物浦，之后又在城市球场 1 ： 0 击败诺丁汉森林——打入制胜球的是基翁。对阿森纳而言至关重要的，是防线又开始紧密了起来，对手感觉难以创造机会。此后主场 1 ： 0 击败切尔西，就是最佳证据。博格坎普上半场就打入制胜球，这也让阿森纳在积分榜上只落后第二名“蓝军”1 分，后者的联赛 21 场不败则被终结。对温格来说幸运的是，当阿森纳状态奇差的时候，其他冠军挑战者也没有抓住机会。切尔西只是高出阿森纳 1 分，榜首球队曼联的领先优势也很小。很多媒体现在认为温格的球队在最佳时机找回了最佳状态，他们仍然能够成功卫冕。

2 月 6 日，“枪手”又在客场打出一场优秀的比赛，他们在厄普顿公园 4 ： 0 击溃了西汉姆联。博格坎普、奥维马斯、阿内尔卡和帕洛尔各进一球，帮助“枪手”拿下一场令人印象深刻的胜利。温格知道球队如今的状态给对手们传达出了一个信号，那就是他的球队已经回来了，而且迫切地想要再次举起英超冠军奖杯。一周之后，阿森纳又以 2 ： 1 轻取谢菲尔德联的足总杯胜利，得到了头条新闻的报道。但是这一次，温格还要处理一个相当棘手的情况，这情况与球队的新援恩万科 · 卡努有关。

在比分还是 1 ： 1 时，刚被阿森纳签下以增强卫冕实力的尼日利亚前锋卡努，截下了帕洛尔掷出的界外球，帕洛尔原意是将球权交还给谢菲尔德联，因为之前他们的一名球员受伤，导致比赛中断。然而卡努没有让皮球滚到谢菲尔德联门将脚下，而是截下皮球传中，奥维马斯将球射入网窝。“刀锋”主帅史蒂夫 · 布鲁斯及其球员全都愤怒不已，看上去布鲁斯甚至一度要带球队离场拒绝比赛。赛后温格面临着媒体对此事的提问，回答这个问题是个棘手的差事。卡努是故意不把球权交还给谢菲尔德联的吗？温格选择了维护自己的前锋，这一点都不让人意外，最终各方协定，比赛将会重赛。

接下来的周中，“枪手”迎来了状态复苏后的最严峻考验——做客老特拉福德挑战曼联。在漫天冷雨中，英格兰足坛的两家豪门演绎了一场迷人的对决。德怀特·约克在比赛进行到半小时后罚丢了一粒点球，没有让阿森纳出洋相，也正是在此之后“枪手”不断展开攻势。阿内尔卡下半场刚开始后的进球，给了温格获得一场著名胜利的希望，但是安迪·科尔在比赛进行到1小时时扳平比分，最终确保两队各得1分。在缺少了博格坎普、珀蒂和基翁的情况下，阿森纳能够打出这样的水平，温格深感自豪。这一赛果也让争冠前景非常好。

此后主场对阵莱斯特城的耀眼演出，则是阿森纳本赛季迄今最出色的发挥。阿内尔卡的帽子戏法和帕洛尔的梅开二度，让“枪手”在比赛仅仅进行了48分钟后就取得了5：0领先。虽然此后没能再进球，温格的球队仍然展现出了了不起的状态。博格坎普在场上操控攻势，他对于阿内尔卡的跑动的理解，让阿森纳将对手防线切成了碎片。俱乐部上下积极自信的情绪越发增长，不过温格还是尽力想要让球员们脚踏实地。足总杯第五轮重赛2：1击败谢菲尔德联，以及客场1：1战平纽卡斯尔，让阿森纳结束了2月的征程，对每个与阿森纳俱乐部相关的人来说，这都是个精彩的月份。

3月6日，阿森纳主场1：0击败了德比郡，确保了足总杯半决赛的一个席位。进球英雄是新援卡努，他的进球出现在终场之前。此前一轮足总杯对谢菲尔德联一役，尼日利亚人参与了那粒极富争议的进球，现在他仍然没有离开这项赛事的焦点。3月，此后的3场联赛中，阿森纳的胜率是百分之百。

阿森纳凭借着3粒很晚出现的进球，3：0击败了谢菲尔德星期三，这也使得他们冲到了联赛第二位，仍然在竞逐联赛冠军头衔。帕洛尔和博格坎普的进球此后帮助“枪手”客场2：0击败了埃弗顿，这场比赛中，主队中场唐·哈奇森第十八分钟就被罚下场，珀蒂则在下半场染红。很不幸，如此糟糕的场上纪律，意味着阿森纳极富侵略性这个话题，在温格面对媒体时永远不会远离讨论。2：0击败考文垂，则是阿森纳又一场自信的表演。

此后在小谷球场[1]0 ：0 战平南安普敦，意味着阿森纳丢掉了 2 个重要的积分，但是主场 1 ：0 击败布莱克本足以让温格开心，因为球队已经是连续 6 场比赛保住了清白之身。博格坎普打入了全场唯一进球，而基翁在比赛还剩 20 分钟时领到红牌，幸亏阿森纳坚持到了最后。足总杯半决赛抽签又提供了制造一场经典对决的契机，“枪手”和曼联又被抽到了一起，这场重磅对决的胜者，肯定会是决赛中击败另一支晋级球队纽卡斯尔或者热刺的热门。现在是赛季最为关键的时刻，也是最顶尖球员展现关键贡献的时机。

4 月 11 日在维拉公园进行的比赛，耗费了 120 分钟也无法让阿森纳和曼联分出高下。虽然阿根廷右后卫内尔松・维瓦斯成了阿森纳最新一位领到红牌的球员，温格的球队还是展现出了他想要的斗志和团结精神。阿森纳在比赛中有一些令人担忧的时刻，其中就包括罗伊・基恩的进球被过于严厉地判罚越位在先，但是最终两队握手言和，也导致 3 天后有了一场令人垂涎的重赛。两支球队都不希望在赛季进行到如此关键的阶段时额外增加比赛，尤其是曼联还在征战欧冠联赛。但是对中立球迷来说，这是一场令人热切期待的比赛。

最终这场比赛也没有让人失望，两队奉献出了一场可以竞争 10 年最佳比赛的演出。这场在中立场地维拉公园进行的比赛，拥有成就经典比赛所需要的一切因素。贝克汉姆机敏的射门，让阿森纳门将大卫・西曼判断失误，曼联在上半场取得了领先，但是博格坎普在下半场开始后，射门击中斯塔姆产生折射，扳平了比分。一切迹象都表明，爆炸性的比赛尾声即将到来。曼联队长罗伊・基恩 5 分钟后被罚下场，优势摆向了阿森纳一方。阿内尔卡有一粒进球被判无效，曼联则被迫绝望地防守。伤停补时阶段，比赛的巨大压力终于对形势产生了影响，帕洛尔越过菲尔・内维尔的防守后被曼联后卫绊倒。当值主裁判大卫・埃勒雷指向了点球点。阿森纳过去两个赛季中的灵魂人物博格坎普站上点球点，将球射向了球门右上角。但是曼联门神舒梅切尔判断对了方向，将球扑到了安全区域。随后舒梅切尔和曼联队友们展开了兴高采烈的庆祝，比赛被

① 1898—2001 年间是南安普敦的主场，仅可容纳 15242 名观众，一度是英超时期最小的球场。

拖进了加时赛。

场边的温格难以相信比赛没有就此结束。他的球队在尾声阶段将曼联打到遍体鳞伤，如今却面临着半小时的加时赛战斗。温格敦促球员们充分利用人数上的优势，但是现在，比赛与技术的关系更小，与勇气的关系则更大了，因为现在球场上到处都是拖着疲惫的躯体在战斗的球员。“枪手”再度大举压上，但是皮球却又一次被舒梅切尔魁梧的身躯拒之门外。之后，那个让阿森纳心碎的瞬间就出现了。第六十一分钟替补上场的吉格斯，是场上体能较为充沛的球员之一，当他得球之后——加时赛下半场时——他没有得到队友太多的支援。于是他开始自己带球，将维埃拉甩在身后，然后突然加速过掉迪克逊和亚当斯，冲入禁区，打出一记强劲的射门，将球送入球门上角。温格被惊呆了。吉格斯则狂奔庆祝，然后被曼联队友们团团围住。之后“枪手”重新积蓄能量，也得到了几次扳平机会，但是最终他们还是没能拿下平局。

两队球员的情绪形成了鲜明的对比。曼联球迷闯入了球场之中，“红魔”①球员们被狂喜的拥趸们高高举起。阿森纳球员们则只能缓缓地走入球员通道。温格筋疲力尽，伤心欲绝，这一点可以理解，但是他不能归咎于球员们不努力。法国人在比赛结束后的发言与平常差不多，他似乎在表扬对手，却也在暗示他的球队受到了不公正的待遇。他对天空体育台表示：“两支球队实力非常接近，这是一场精彩的比赛，最终最幸运的一方赢球了。我们本来也有机会取胜。”很多人认为，虽然这是一场杯赛比赛，却是英超争冠的最关键时刻，这也将在冲刺阶段给曼联带来巨大的心理优势。

当曼联在备战对尤文图斯的欧冠半决赛次回合时，温格则专注于阿森纳的联赛冲刺，他承诺自己的球员们会做好准备。当弗格森的球队击败谢菲尔德星期三后，“红魔”将榜首的领先优势扩大到了 4 分，随后阿森纳在一场从始至终掌控局面的主场比赛中 5 ∶ 1 击溃温布尔登，将分差缩小到了 1 分（虽然曼联手上还有一场补赛）。温格的球员们将足总杯半决赛出局的沮丧全部发泄

① 曼联队的绰号。

在可怜的温布尔登身上，后者在比赛还没进行到1小时就0：5落后。这一幕展现出了阿森纳极其出色的品质，在痛苦的杯赛失利后，“枪手”恢复原状的方式实在令人难忘，这也提醒大家，温格其实是一位能让球员们调整到最佳心态的专家。

此后一个周末的形势对阿森纳更好，他们在河畔球场6：1击溃米德尔斯堡，升到了联赛积分榜头名。这场胜利使阿森纳对曼联拥有了2分优势——“红魔”少打了2场——给弗格森的球队增添了巨大的压力。对米堡，比赛又是在进行到1小时的时候就失去了悬念，卡努这天下午的第一粒进球让阿森纳在还剩30分钟时就4：0领先。这正是温格一直鼓吹的那种足球风格，如果曼联正在看比赛的话，他们肯定会有一点动摇，因为阿森纳摆脱对手的方式实在是过于轻松了。之后一天，弗格森的球队在利兹联客场表现糟糕，最终只是凭借队长罗伊·基恩的非凡表现才拿下1：1的平局。这一轮的结果也让温格的球队在多赛一场的情况下领先曼联1分。联赛争冠到最后关头了。

温格完成了一项不可思议的工作，让球员们从足总杯输给曼联后的痛苦之中振作起来。他没有让球队为自己的表现感到难过，他要求球员们对这场失利做出反应。从维拉公园那晚之后，“枪手”拿下了两场比赛的全部6个积分，其间打进了11球。5月的第一个周末，阿森纳和曼联都赢下了主场比赛，这样的局面根本没有缓解两队球迷的紧张情绪。

但是当曼联只在安菲尔德球场拿到一场平局的时候，冠军争夺就变得更加有意思了。弗格森的球队一度2：0领先，但是却浪费了这一优势，后卫丹尼斯·欧文被罚下场后，比分最终变成了2：2。而在同一天，温格的阿森纳则在客场凭借珀蒂、阿内尔卡和卡努的进球3：1击败了热刺。“枪手”现在领先曼联3分了，不过后者如果补赛击败米德尔斯堡的话，又将登顶。

弗格森的球队确实击败了米堡，这样积分榜上前两名球队在还剩最后两轮的时候积分齐平。两支球队的净胜球也相当接近，看上去曼联更多的进球数可能会决定冠军归属。阿森纳所剩的两场比赛分别是客场对利兹联和主场对阿斯顿维拉，曼联则是先做客埃伍德公园挑战布莱克本，随后主场对阵热刺。令人难以置信的是，这一次“枪手”陷入了希望北伦敦死敌帮自己忙的境地，而热刺的主帅正是阿森纳的前主帅乔治·格拉汉姆。

但是温格自己的球队先在压力面前崩溃了，他们客场 0 ： 1 输给了利兹联。对阿森纳的冠军希望来说，这是个致命的打击。哈塞尔巴因克终场前的进球，让曼联成了捧杯的头号热门，也让阿森纳球员们在拖着沉重的步伐离开埃兰路球场时心烦意乱，他们都知道，自己可能已经浪费掉了夺冠的机会。“枪手”没能在这场比赛中复制此前三场比赛中的上佳状态，如果利兹联左后卫伊恩·哈特上半场没有错失点球的话，阿森纳的情况可能会更糟糕。温格知道自己的球队已经给了弗格森的球队喘息的空间，曼联做客布莱克本时已经没有了必须赢球的压力。

温格对媒体表示：“我们现在将夺冠的机会交给曼联了。我不会指望他们对阵布莱克本时输球。如果曼联赢球，我们就不得不依赖热刺了，我认为他们去到那里（老特拉福德）的时候不会赢球。”争冠先机已经彻底不在阿森纳手中了。

但是正在为避免降级而绝望地战斗的布莱克本，确实让曼联在埃伍德公园经历了一个紧张的夜晚。比赛最终以 0 ： 0 结束，布莱克本降级，温格及其球员则在赛季最后一周到来时还留有微弱的希望。阿森纳必须主场赢下阿斯顿维拉，然后祈求曼联在老特拉福德对阵热刺时没有全取 3 分。

机会虽然在偏向于曼联的一方，但是温格仍然坚称自己的球队只会专心于击败阿斯顿维拉。只有在确保胜利之后，他才有兴趣关注其他比赛的结果。温格有集体健康的班底可以挑选，“枪手”也在对阿斯顿维拉的比赛中打出了强势的开局。与此同时在老特拉福德，英格兰前锋莱斯·费迪南德帮助热刺领先了曼联。贝克汉姆在半场前扳平比分，“枪手”和曼联在半场时都是平局。当下半场温格的球队还是平局的时候，曼联凭借安迪·科尔的进球 2 ： 1 领先，也拿下了主动权。而在海布里，卡努第六十六分钟进球，让“枪手”仍然在追逐冠军。

两场比赛的走势都难以预料，球迷们几乎要紧张到看不下去了。热刺再进一球可能就能够帮助阿森纳保住冠军头衔，维拉破门得分就可能让“枪手”功败垂成。热刺努力想要扳平，但是曼联防守非常稳固，终场哨响的时候，大肆庆祝的最终是弗格森的球队。温格及其部下战斗得如此艰苦，他们击败了维拉，完成了自己的任务，但是最终他们还是交出了英超联赛冠军奖杯。

不管结果如何，阿森纳球迷还是在球员们垂头丧气地绕场一周的时候，继续为球员们鼓掌。球员们已经为冠军付出了一切，他们重新杀回联赛冠军争夺的方式，也很难让人不称赞。如果阿森纳在埃兰路球场赢球的话，形势肯定会发生巨变。当然，温格还可以列出数不清的场次，如果球队在这些比赛中拿下关键的额外积分的话，他们都将超过曼联。

“枪手”自圣诞节以来的状态异常出色，但是他们赛季最初 3 个月的不稳定状态，最终让他们付出了昂贵的代价。两手空空地结束了 1998—1999 赛季，对于 1 年前享受过英超和足总杯双冠王的狂喜的温格而言，是个重大打击。不仅如此，曼联还在阿森纳身上撒了一把盐，他们在夺得英超王冠的基础上又拿下了足总杯和欧冠联赛，最终以罕见的三冠王伟业结束了这个非凡的赛季。很多人都在羡慕曼联的成就，这也让与阿森纳相关的每一个人更加觉得错过英超联赛冠军是巨大的伤痛。温格将这比作“以一码的差距输掉赛跑”，而胜负也真的就是那么接近。

但是就像曼联在阿森纳夺得双冠后强势反弹夺得三冠一样，温格也许诺，自己的球队也会明确地做出反应。他和他的球队会在下赛季杀回来，带着复仇的渴望。

第四章　紧追弗格森爵士

CHASING SIR ALEX'S COAT-TAILS

曼联完成三冠王伟业之后，弗格森及其帐下球员成为媒体头条新闻的报道对象也就不奇怪了。这无疑是一个非凡的赛季。在从四面八方纷至沓来的赞誉声中，阿森纳则一定程度上被遗忘了。在联赛争冠中输给曼联让温格很不开心，但是他也知道球队之所以未能卫冕，只是因为赛季开局太差劲。所以当曼联在国内外都被誉为征服者的时候，温格也有理由感觉有点被人刻意回避了。毕竟，“枪手”最终只比冠军少 1 分。

这个夏天，海布里最大的故事是，阿内尔卡在一片争议中离开了球队。被皇家马德里追逐的他明确表示，除非阿森纳向他提供一份薪资待遇有大幅提升的新合同，否则他将加盟西班牙豪门。温格在很大程度上改进了阿内尔卡的发挥，因此这样的结果让温格有苦说不出，也让阿森纳在这个夏天头顶布满乌云。

当阿内尔卡看上去必将离开海布里的时候，另一位速度飞快的法国人选择了加盟。温格和亨利以前就曾经在摩纳哥有过交集，现在他终于在休赛期花费 1050 万英镑从尤文图斯将这位旧部签下。在法国时，亨利大多数时候踢的是边锋，这个潜力非凡的年轻人，是 1998 年世界杯冠军队成员。在亨利之后，另一位在 1998 年世界杯上闪耀过的前锋也来到了海布里，他就是克罗地亚射手达沃尔·苏克。与此同时，曼联则在为后舒梅切尔时代做准备，丹麦门神在加冕三冠王后急流勇退。

阿森纳在季前热身中的稳定表现，让温格有理由相信球队已经准备好了为英超联赛冠军而战。8 月 1 日，阿森纳在温布利进行的慈善盾杯比赛中对上了曼联，虽然一度因贝克汉姆的任意球破门而落后，但温格的球队最终以 2 ：1 逆转捧杯。虽然这样的比赛根本无法帮人洞察赛季中即将发生的事情，但是这样的胜利还是让温格开心。已经不在阵容中的阿内尔卡，不再是阿森纳球迷关注的对象了。

尼日利亚前锋卡努看上去是最有可能在锋线上填补阿内尔卡留下的空缺的人，不过温格也可以将亨利放入首发阵容。毕竟不管是卡努还是博格坎普，都无法像阿内尔卡那样展现出风驰电掣的速度和冲入对方防线身后的能力。可能亨利可以被改造成中锋。在其他位置上，巴西左后卫西尔维尼奥也来到了海布里，他很快给人留下了不错的印象。

“枪手”以主场对阵莱斯特城迎来了赛季的开局，而这个开局差点儿令他们难堪。“狐狸”[1]凭借前锋托尼·科蒂下半场的进球取得领先，但是博格坎普很快扳平比分。当比赛看上去要以平局结束时，替补上场的亨利扣回皮球送出传中，莱斯特后卫弗兰克·辛克莱将球顶入了自家大门。辛克莱在职业生涯中已经成了个“乌龙专家”，“枪手”自然非常感激他这最新的一次出丑。终场时海布里上下如释重负般呼出一口气，但是温格没有被这一结果糊弄。阿森纳这场比赛走运了。

半场前后在普莱德公园球场发生的事件，则让“枪手”2 ：1 击败了德比郡，这次是珀蒂和博格坎普进球，帮助阿森纳赢下了又一场艰苦的比赛。虽然阿森纳不断拿下胜利，但是他们的表现尚未让人信服。亨利在左边路有所发挥，展现了自己与双前锋配合的默契。客场 0 ：0 战平桑德兰的结果令人失望，但是并不令人吃惊，这也意味着温格的球队将在 3 场并不稳定的联赛后，迎来与卫冕冠军曼联的重磅对决。

当这两家过去数年间笑傲英格兰足坛的豪门在海布里列阵对决时，空气中弥漫的感觉让人意识到这会是个多事的下午。这场比赛也确实配得上赛前的宣

①莱斯特郡的地图看起来像一个狐狸头，当地还有狩猎狐狸的传统，因此莱斯特城也有“狐狸”的绰号。

传，两支球队互相尊重，但也没有展现出对对方的友善，他们很快就互相展开攻击。这场比赛尤其值得铭记的地方，在于维埃拉和基恩在中场展开的争斗，他们真的是头顶头了，这一画面令人难以忘怀。维埃拉在开场后掌控着比赛，半场前永贝里接到博格坎普的助攻为阿森纳首开纪录，温格心情不错。弗格森中场休息时显然怒斥了部下，结果下半场他对球队的要求就得到了满足，基恩尤其做出了积极的回应。曼联队长在比赛进行到一小时的时候扳平了比分，他与安迪·科尔干脆利落地二过一后破门，将两队拉回到同一起跑线上。比分一直到最后时刻都还是1：1，然后吉格斯带球冲入禁区——让人重新忆起了他在足总杯上的独舞——他射出的皮球被挡出后刚好落在基恩脚下，后者射穿了亚历克斯·曼宁格的十指关。比赛就此结束。

温格发现这场失利真的很难承受。他的球队踢得和曼联不相上下，但是却因为错失进球机会和犯下粗心的失误而受到惩罚。这也是成为冠军和失败者之间最关键的区别。温格手下最优秀的首发 11 人还悬而未决，尤其是谁应该踢前锋让人心生疑问。

下一场联赛是 8 月 25 日主场对阵布拉德福德，维埃拉和卡努早早进球确保阿森纳拿下比赛。在输给曼联之后，这场 2：0 的胜利来得正好，缓解了“枪手”的痛苦，温格对球队的表现印象深刻。

但是，8 月 28 日在安菲尔德 0：2 输给利物浦，意味着“枪手”在英超联赛中已经丢掉了 8 个积分——很难说这是冠军挑战者的状态。替补出场的苏克在伤停补时阶段错失了一粒点球，温格不得不接受“枪手”再次成了比赛中第二出色的球队。奥维马斯伤愈复出后，温格在进攻端有了幸福的烦恼，但是他却很难找到最合拍的进攻搭配。输给争冠对手更加让他受刺激，但是他也没办法说利物浦的获胜只是因为运气。

很奇怪的是——可能是因为最近几场比赛成绩不佳——温格在阿森纳年度股东大会上受到了拷问，股东们在很多议题上都想要得到答案，问题之一就是出售阿内尔卡。温格成了质询的对象，似乎非常不公平，但是和平常一样，他不卑不亢地应付了这一切。至少他有过在这类会议上应付类似议题的经验。

1997年的时候，阿森纳年度股东大会就突然陷入混乱，因为股东们纷纷质询温格为何送走了另一名前锋伊恩·赖特。

会议结束后，温格重新将注意力转移到自己的工作上来，他对此肯定很高兴。接下来他满意地看着球队主场3：1击败了阿斯顿维拉。这显然意味着进步，苏克在第一次首发上场的比赛中梅开二度，但是“枪手”又选择了更难走的道路，他们一度让维拉取得领先，然后才逆转取胜。

当阿森纳为欧冠赛季进行备战的时候，俱乐部上下弥漫着兴奋的情绪。在上赛季令人失望的小组出局之后，温格期待球员们能够有更多表现。但是“枪手”被分入了一个非常难打的小组，其中有西班牙豪门巴塞罗那、意大利名旅佛罗伦萨和微不足道的瑞典球队索尔纳。小组出线任务艰巨。

温格及其球队小组赛第一轮是做客佛罗伦萨，他们希望能够征服的佛罗伦萨队，有着阿根廷的进球机器加夫列尔·巴蒂斯图塔、中场组织大师鲁伊·科斯塔这样的名将。虽然温格在赛前就做了些战术准备工作，但是最终没能收到效果，阿森纳只是堪堪能够跟上对手的步伐，最终他们在意大利的土地上拿下了一场0：0的平局。不过如果卡努没有在比赛还剩12分钟结束时射丢点球的话，“枪手”本来可以收获更好的结果。尽管如此，1分也代表着良好的开局，也给了球员们能够在客场拿分的信心。

阿森纳将从佛罗伦萨得到的轻松心态带到了接下来的3场比赛中，他们赢下了全部三战。亨利加盟后的处子球，足以帮助“枪手”在客场击败南安普敦。亨利整场比赛都表现得极具威胁，最终的射门非常出彩。接下来“枪手”将自己在欧冠小组赛中的积分增加到了4分，他们在首场主场比赛中3：1击败了索尔纳。

此前阿森纳就决定再次将欧战主场比赛放到温布利打，这可以让更多人来到现场观战。此前一年，“枪手”在欧冠赛场上苦苦挣扎，但是，新赛季意味着新的开始。改换主场的主意挺有意思，不过这没办法让每个人都高兴，也让球队失去了海布里——一座相对而言更小的球场——提供的喧闹氛围。对阵索尔纳的比赛中，阿森纳等到很晚才拿下3分，亨利和苏克在伤停补时阶段才进球，让最终的比分牌看上去舒心一点儿。此后回到联赛主场 1 ：0 击败沃特福德，让阿森纳这精彩的一周得以圆满，不过这一次“枪手”又是很晚破门，卡努第八十六分钟才打入制胜球。

接下来，温格面临的是这个赛季最为艰巨的挑战，他需要带领球队去到诺坎普球场对阵巴塞罗那。加泰罗尼亚球队阵中有着巴西攻击手里瓦尔多、葡萄牙边锋路易斯·菲戈和西班牙中场路易斯·恩里克这样的大牌球星。但是温格认为自己的球队里也有大牌。比赛开局对阿森纳不利，恩里克开场仅仅 16 分钟后就破门得分，不过虽然巴萨上半场全面掌控了局面，他们也只打进了一球。格里曼迪在比赛还剩 10 分钟时领到红牌下场，看上去“枪手”面临着艰苦的战斗，但是他们很快就进球了。苏克射门被扑出，卡努补射命中。阿森纳的整体表现在平常的水准之下，但是高昂的士气和永不言败的态度最终让球队拿到了宝贵的一分。由于佛罗伦萨和索尔纳在同一轮打平，温格的球队在前三轮打完之后名次不错。

在巴塞罗那拿到一分导致的过度兴奋，以及比赛带来的体能消耗，使得“枪手”在回归英超赛事后遭遇“宿醉”也显得没那么奇怪了。10 月 3 日客场 1 ：2 不敌西汉姆联对阿森纳而言是个重大打击，迪卡尼奥的梅开二度令“枪手”两手空空地离开。苏克扳回一城，但是“铁锤帮”坚守到了最后。维埃拉被挫折冲昏了头脑，他拿到第二张黄牌后被驱逐，然后又参与了一次声名狼藉的事件，他朝西汉姆联后卫尼尔·拉多克吐了口水。愤怒的法国人此后收到了代价高昂的 8 场停赛追惩。之后阿森纳在联赛杯中 2 ：1 淘汰普雷斯顿，接下来他们在联赛中的表现就好得多了——坐镇海布里 4 ：1 击溃埃弗顿。苏克再次进球，而且是梅开二度。

接下来主场对阵巴塞罗那，让温布利终于迎来了一场配得上其名声的比赛。这是一场每个人都迫切期待的比赛。阿森纳小组赛开局打得不错，但是温格知道球队必须在接下来的主场比赛中取分——他们还要在温布利对阵巴萨和佛罗伦萨。温格的锋线选择令人难以预料，他选择了卡努与博格坎普搭档，而将苏克和亨利放上了替补席。西班牙巨人排出的首发阵容充溢着天才，他们的进攻三人组是菲戈、里瓦尔多和帕特里克·克鲁伊维特，这三人无疑意味着诸多的麻烦。阿森纳可能迎来了最差的开局，开场仅仅15分钟就已经0 ：2落后。队长亚当斯送出了一粒值得质疑的点球（里瓦尔多主罚命中），之后很快又送给路易斯·恩里克一粒进球。博格坎普扳回一城，但是巴萨在比赛还剩20分钟的时候将优势扩大为4 ：1。4 ：2的最终比分，反映出阿森纳被一个更强大的对手完全超越。由于佛罗伦萨同轮击败索尔纳，阿森纳跌到了小组第三。接下来的阿森纳对佛罗伦萨一役，对温格的球队来说将是必须赢下来的比赛。

之后的周末，"枪手"展开了反击，在斯坦福桥3 ：2击败了切尔西。温格重新鼓起了球队的士气，收到的回报就是卡努上演了帽子戏法，"枪手"拿下意料之外的3分。他们在下半场开始不久后就以0 ：2落后，很少有人会认为他们还有机会。温格在比赛刚过一个小时的时候派上亨利，以增强球队的突破能力，结果卡努就成了人们注意力集中的焦点。在湿滑的草皮上的两次冷静射门，展现了尼日利亚人精妙的球感，也让阿森纳在比赛还剩7分钟时扳平比分。很多"枪手"球迷都会满足于这一个积分，但是主教练从不会这么想。他鼓动球员们继续向对手施压，结果卡努再度进球。这绝对是个不一般的进球。卡努在靠近底线的区域骗过了切尔西门将埃德·德胡耶，将球从一个看上去不可能破门的角度旋入球门上角。温格显然非常高兴，他在潮湿的天气中大肆庆祝。这场胜利让阿森纳在对阵佛罗伦萨的关键大战之前重新找回了自信。

4场欧冠小组赛只赢下一场，阿森纳在佛罗伦萨造访温布利时迫切地需要拿下一场胜利。温格派出了一支带着主动进攻比赛策略的球队，但是这就意味着"枪手"在面对对方的突然防守反击时显得非常脆弱。巴蒂斯图塔潜伏在阿森纳腹地的时候，"枪手"防线根本不敢怠慢。这是一场胶着的对决，阿森纳拥有控球率和机会上的优势，但最终收获战利品的是佛罗伦萨。巴蒂斯图塔在比赛还剩15分钟时送出致命一击，也让温格面临着再度折戟欧冠的败局。"枪手"浪费了大把的机会，甚至在最后几分钟还无限接近于扳平比分。但这终究不是一个属于他们的晚上。温布利本赛季再也见不到欧冠比赛了。小组出线的将是佛罗伦萨和巴塞罗那，阿森纳和索尔纳则只能为第三名以及降格打欧洲联盟杯的资格而战。

在温格执教阿森纳的生涯中，这是最让人情绪激动、最大起大落的几周时间。欧洲赛场上的两次失利对他是沉重打击，但是击败切尔西则带来了令人颤抖的感觉。可以理解，球队在出局后心烦意乱，他们花了好一段时间才治疗好了伤口。在接下来主场 0 ： 0 战平防守至上的纽卡斯尔时，这种失望的心情似乎仍然在球员们的心头盘旋。温格本来打算让博格坎普和奥维马斯休息，但最后还是不得不把两人都投入战场，因为博比・罗布森帐下的“喜鹊军团”防守实在是太牢固了。当阿森纳做客瑞典对阵索尔纳时，温格才得到了球员们的积极回应。“枪手”凭借奥维马斯的梅开二度 3 ： 2 取胜，拿下了一个联盟杯席位——这也就让他们有机会继续欧战的冒险。这好歹算是一点安慰，但还是完全没办法比得上欧冠的诱惑力。

11 月 7 日，一场激烈的北伦敦德比中，阿森纳在对阵死敌时遭遇了一场罕见的失利。温格向来对他在对阵热刺时的战绩很是自豪，但是这一天绝对不值得骄傲。永贝里和基翁都领到了红牌，而“枪手”完全没能从糟糕的开局中恢复过来。开场 20 分钟就 0 ： 2 落后，这一幕让温格难以置信。维埃拉扳回了一球，但是当比赛变成极具侵略性的对抗时，阿森纳连拿一分的机会都逐渐消失了。温格向自己许下诺言，他会竭尽全力，避免未来再输给俱乐部的死敌。

在繁忙的赛程之外，俱乐部还是迎来了一些更加令人兴奋的消息。俱乐部已经决定在几年后搬离海布里，他们宣布了新球场地址已经选好的消息——新球场将建在阿什伯顿丛林地区。1999 年 11 月，温格得到了一份特别的嘉奖，赫特福德大学给法国人颁发了荣誉博士学位。当球场上的成绩不那么好的时候，至少还有一些场下成就值得珍惜。

在对阵皇马这场迪克逊告别赛的动情之夜后，温格及其部下将对热刺的败局彻底抛诸脑后，他们在海布里 5 ： 1 击溃了米德尔斯堡。荷兰双雄奥维马斯和博格坎普分享了 5 粒进球，其中奥维马斯上演帽子戏法。当奥维马斯状态正热的时候，世界上没有任何后卫能够控制住他的表现。他带球时的直线跑动，让后卫们只能努力地回撤，徒劳地试图跟上他的步伐。米德尔斯堡对阵

“枪手”时似乎从来就没有过好运气，这场比赛中他们倒霉的防线太多次暴露在“枪手”的火力之下了。

温格对球员们非常满意，赛后他对媒体表示：“他们踢得很棒，总体来说这场比赛团队表现非常出色。我们今天打出了一场非常有创造力的比赛——几乎在 90 分钟内做到了传球出色与注意力集中。现在我们的挑战就是重复这样的表现。”欧洲联盟杯第三轮（1/16 决赛）首回合主场 3 ：0 击败法甲南特一役，奥维马斯和博格坎普又进球了，另一个少见的进球者是温特伯恩。虽然明显低于欧冠的水准，联盟杯还是有一些顶级球队参赛，包括尤文图斯、罗马和拉科鲁尼亚。如果“枪手”能够最终举起奖杯的话，这也会是一项特别的成就。

11 月 28 日，阿森纳延续了他们的状态，在海布里 2 ：1 惊险地击败了德比郡。温格给了亨利在锋线上证明自己的机会，后者也没有让主教练失望，他包办了阿森纳的两粒进球。温格一直都拥有在最合适的时机解放年轻球员的诀窍，这场比赛就被证明是最适合亨利的完美舞台。亨利效力摩纳哥时大部分时间都是踢边锋，但是温格认为亨利其实更适合扮演中锋角色，在那个位置上他风驰电掣的速度将会给对手带去持续不断的威胁。在接受了温格这样的指导后，亨利再也没有倒退回边锋的位置上去。

联赛杯 1/8 决赛点球大战输给米德尔斯堡，对于温格很难说是个重大打击，他有理由在 12 月 4 日感到满意，因为他的球队在榛树街球场 3 ：0 彻底击倒了莱斯特城。之后在法国客场 3 ：3 战平南特，确保了“枪手”在联盟杯上继续晋级。温格的球队非常希望能够杀进决赛，而他们对于繁忙赛程的应付似乎也得心应手。不过足总杯第三轮 3 ：1 击败布莱克浦之后，阿森纳迎来了状态有些起伏的圣诞赛程。这一段赛程开始于 12 月 18 日主场 1 ：1 战平温布尔登，后者很快成了让温格忌惮的球队。亨利再次取得进球，在卡尔·科特首开纪录后扳平了比分。

节礼日“枪手”客场 2 ：3 不敌考文垂，在联赛争冠中进一步落后，天“蓝军”团奉献了本赛季最为出色的表现之一，彻底击败了“枪手”，爱尔兰小将罗比·基恩在主队锋线上的发挥，令每个人都印象深刻。永贝里和苏克的进球不足以挽救球队于水火之中，阿森纳在此时已经落后联赛领头羊利兹联 8 分之多。大卫・奥利莱的青年军这段时间的状态令人惊叹，但是温格希望他们缺乏争冠经验，可以给其他球队提供加以利用的机会。毕竟，联赛争冠还有很长一段路要走。

温格没有等太久时间，就扰乱了利兹联的领跑状态。12 月 28 日，奥利莱的球队做客海布里，迎来一场关键对决，但是温格的球队状态火热，根本没有给客队安定下来的机会。在一场身体对抗激烈的比赛中，像哈里・科威尔和李・鲍耶这样的中场球员都无法像平常一样施展威力，永贝里和亨利的进球帮助温格的球队 2 ：0 拿下一场重要胜利。这场胜利也提醒其他上游球队：阿森纳还没有放弃争冠。

在这场比赛后，温格带着复苏的希望迎来了新年。2000 年 1 月 3 日客场 1 ：1 战平谢菲尔德星期三远非理想结果，足总杯第四轮客场 0 ：0 战平莱斯特城同样如此，何况这还给阿森纳漫长的赛程增加了一场重赛。曼联因为在巴西参加世界俱乐部锦标赛[①]而没有参加足总杯，他们的退出让很多人愤怒，其中就包括温格。

桑德兰在 1 月 15 日感受到了阿森纳受挫后反弹的力量，他们被揍了个 1 ：4。亨利继续用他的速度和跑动给人留下深刻印象，而苏克的捕猎本能也像往常一样犀利。他们各自梅开二度，让“枪手”回归正轨。

足总杯重赛点球大战输给莱斯特城，对温格的球队是个打击，因为在足总杯上的晋级，是温格优先考虑的事情之一。但是紧接着球队就有一场做客老特拉福德的比赛，这就使得他们没有时间再想足总杯本来可以打成怎样，因为弗格森的球队绝不会表现出任何一点儿同情。就像之前一年做的那样，阿森纳在老特拉福德踢得很棒。永贝里为球队取得领先，但是曼联替补前锋谢林汉姆在下半场扳平了比分。这场平局让曼联和阿森纳积分仍然相同，但是弗格森的球

① 世界俱乐部锦标赛，2000 年 1 月在巴西举办，由来自各大洲的 8 支洲际冠军球队参赛，巴西球队科林蒂安夺冠。2005 年该锦标赛与洲际杯、丰田杯合并，演变为世俱杯。

队相比于“枪手”和领头羊利兹联还有个优势，那就是他们手中还握有补赛。

2月初的两连败，对于温格的英超冠军希望产生了重大打击。第一场比赛是客场1：2不敌布拉德福德，此役阿森纳踢得尤其糟糕。面对着嘈杂的主场球迷和团结一心的布拉德福德班底，“枪手”近乎崩溃。迪安·温达斯首开纪录，亨利很快扳平，但是布拉德福德老前锋迪安·桑德斯在比赛打到一小时前的进球，最终成了制胜球。温格对于球队死气沉沉的表现震怒不已，不过他也强调，亨利再次对比赛施加了重大影响。

之后的周末主场输给利物浦，则没那么令人惊讶了，因为这段时间默西塞德球队联赛打得非常出色，但是这场失利让温格不舒服的程度，和输给布拉德福德一样。蒂蒂·卡马拉第十八分钟的进球足以为利物浦拿下3分，温格则再次观察到球队的表现根本不具有反败为胜的实力。“枪手”在终场前对客队城门发动围攻，但是热拉尔·霍利尔部下的防守固若金汤。

赛后，温格表示这是一场“糟糕的比赛”，但是他的球队“配得上1分，因为我们至少试图好好比赛，试图击倒利物浦”。不过更让人担心的，可能是法国人透露他觉得现在冠军头衔只是曼联和利兹联之间争夺的东西了。确实，经历过这么多失利之后，阿森纳看上去更可能名列联赛第四，因为利物浦、利兹联和曼联都在阿森纳身前冲劲十足。但是赛季还有很长一段时间才会结束。

每个人都预测温格的球员们会迎来反弹，但是这没有成为现实。当然，一开始确实有一点反弹的迹象，阿森纳获得了几场胜利，先是联赛主场3：1击败南安普敦，之后是在3月2日的欧洲联盟杯1/8决赛首回合主场5：1击溃拉科鲁尼亚。这场大胜几乎让温格的球队一战晋级。迪克逊的头槌给了阿森纳完美的开局，亨利紧接着扩大了领先优势。拉科鲁尼亚扳回了一球，但是他们试图从比赛中抢救点什么的希望，因为进球者德贾明哈被罚下而终于落空。然后阿森纳的进球就像开闸的洪水一样到来，亨利梅开二度，卡努和博格坎普锦上添花。这是俱乐部最近的历史上最令人兴奋的欧战夜晚之一，欧战主场重新回到海布里，似乎也改变了一些事情，因为球迷们创造的那种白热化的氛围，是坐镇温布利对阵巴塞罗那和佛罗伦萨时所没有的。温布利在欧冠小组赛期间对“枪手”而言并非福地。

接下来阿森纳客场战平阿斯顿维拉，然后在一场低调而又没有意义的欧洲联盟杯次回合比赛中输给了拉科鲁尼亚。“枪手”在西班牙客场 1 ： 2 输球，但是两回合总比分 6 ： 3 晋级，已经足够让温格开心。他带着兴奋之情期待着 1/4 决赛。球队这两场比赛状态不太稳定，接下来他们就在米德尔斯堡客场因为表现糟糕 1 ： 2 输球，此役“枪手”防线是临时拼凑而成，完全没办法提振球队的信心。温格在这个时间点对阵容进行轮换，似乎是个奇怪的选择。对他来说，球队的表现才是更让人沮丧的地方，他知道球队本可以有出色得多的发挥。

输给米德尔斯堡，赛后温格的讲话似乎终于起到了效果。球员们更加努力了——尤其是在客场——这也让球队迎来了稳定的成绩。3 月 16 日，阿森纳在欧洲联盟杯 1/4 决赛首回合主场迎来了德国球队云达不来梅，温格希望球队能够复制此前一轮摧毁拉科鲁尼亚的演出，由此获得在交锋中的喘息空间，以及在德国客场完成晋级任务的机会。凭借亨利和永贝里的进球 2 ： 0 取胜后，温格表扬了状态正佳的亚当斯的发挥，他终于可以为球队的表现感到自豪。不过不来梅有几次危险的瞬间，这也表明次回合并不好打。更加美妙的胜利，来自周末坐镇海布里 2 ： 1 击败热刺的北伦敦德比，这也是对 11 月做客白鹿巷失利的复仇。

对阵不来梅的次回合，阿森纳迎来了三连胜，帕洛尔的帽子戏法帮助球队在德国的土地上拿下了一场 4 ： 2 的胜利，温格非常享受球队展现出的风格。这天晚上唯一的负面因素，是亨利备受争议的红牌下场。不过即便是红牌也无法让温格的情绪陷入沮丧。在杯赛中的状态，让球队前进的速度加快，很快他们就迎来了连续第四和第五场胜利。考文垂和温布尔登先后倒在了近乎失控的“枪手”脚下。对温布尔登的比赛，虽然乌克兰后卫奥列格 · 卢日内上半场结束前就被罚下，阿森纳却仍然拿下了一场 3 ： 1 的胜利。卡努梅开二度，亨利用点球终结了比赛。

温格状态正佳的部下们下一场比赛是欧洲联盟杯半决赛首回合对阵法国球队朗斯。首回合又一次在海布里进行，温格迫切地希望球队能够取得佳绩，以在次回合做客时能够轻松一点儿。理想状态下，阿森纳可以在海布里自由驰骋，首回合就完成晋级任务。但是朗斯最终被证明是个顽强的对手，他们很好地应付了博格坎普、奥维马斯和卡努的进攻威胁。“枪手”这时非常想念因为红牌停赛的亨利。

当博格坎普开场2分钟就打破僵局时，很多人都期待着一场大比分的胜利，但是朗斯收紧了防线，最终带着0 ：1的比分满意地回到了法国。他们希望次回合能够在主场逆转这一很有限的分差。温格本来希望球队能够打进更多球，但是保住清白之身还是给了阿森纳掌控局面的机会。赛后，温格承认他为球队没有用一场比赛就敲定晋级感到失望：“我们现在不太安全，因为他们封杀了我们（的进攻）。他们打出了高水平，我们无法有更多表现，在禁区内也缺乏人手。”在次回合之前，他仍然非常担心。

不过接下来则是利兹联在自家球迷面前被不可阻挡的阿森纳4 ：0击溃，温格肯定质疑过为什么他的球员们花了这么长的时间才终于奉献出让人无法抗拒的表演。之前起伏不定的一个月让人伤脑筋，但是温格一直都知道，自己的球队拥有挑战英超联赛冠军的才华。利兹联这个赛季表现出色，但是0 ：1落后时，伊恩·哈特被罚下场，“枪手”抓住机会，在最后20分钟连入3球。主队派出了鲍耶和乔纳森·伍德盖特，但是两人在场下的冲突，与球队近期的状态下滑正好一致。这也就让温格的球队对利兹联完成了联赛双杀。

阿森纳全队前往法国的时候，温格肯定希望球员们带上了之前那个周末穿的射门靴。对于俱乐部来说，这是一个非常重大的时刻，毕竟距离欧战决赛只有90分钟了。温格要求球队保持冷静，他已经准备好了如何击败朗斯。

上半场比赛确实完美地按照他的方案进行。“枪手”在防守端做得非常严密，亨利在半场结束前打入了一粒宝贵的客场进球，为球队换来了喘息的空间。在这样的情况下，朗斯需要打入3球才能打进决赛，他们在比赛还剩17分钟结束时扳平比分，但是他们还要做的实在太多了。当朗斯把人员投入前场的时候，他们在防守端也留下了空间，阿森纳抓住机会惩罚了他们，卡努之后的进球帮助“枪手”确保了两回合3 ：1的胜局。温格及其球队兴高采烈，法国主帅对媒体表示："将阿森纳带入欧洲联盟杯决赛，对我个人而言意味良多，但这是一场奇怪的比赛。我从未感到太多压力，因为我感觉我们控制住了比赛。"

如今对阵加拉塔萨雷的欧洲联盟杯决赛正等着"枪手"，这意味着他们有机会举起奖杯，否则这就将是个不完美的赛季。在冲击决赛的路上，阿森纳看上去不可战胜，土耳其对手要想阻止温格的球队，必须展现出最佳的状态。而在英超联赛中，阿森纳的自信仍然高昂。4 月 23 日，沃特福德虽然在维卡拉奇路球场奋勇抵抗，最终还是 2 ：3 输给了"枪手"。亨利的梅开二度和帕洛尔的第三球让阿森纳以 3 ：0 领先，但是此后球队注意力不集中，差点为此付出了巨大的代价，沃特福德下半场发起反攻扳回两球，最终功败垂成。这一次，温格又要感谢亨利带领球队获得险胜。胜利的结果备受欢迎，但是球队赛后也非常疲倦。

有传言称奥维马斯想要在赛季结束后转投他队，但是他的进球还是在接下来的周末帮助阿森纳在古迪逊公园球场 1 ：0 击败埃弗顿，将"枪手"推到了积分榜第二位。温格的球队状态令人惊讶，但是曼联早就确保了将联赛冠军奖杯收入囊中，他们 19 分领跑，阿森纳在积分上也已经没有夺冠的可能了。阿森纳肯定希望球队没有拖到这么晚才找到状态——这场比赛的 3 分，意味着他们在联赛中已经取得了六连胜。

5 月 2 日，"枪手"将连胜增加到了 7 场，他们在海布里 2 ：1 击败了西汉姆联。90 分钟的比赛非常紧张，温格及其球员感觉非常吃力，"铁锤帮"凭借意大利人迪卡尼奥半场结束前 5 分钟的进球取得领先，但是阿森纳决心延续近期连胜的状态，在下半场发动了强势的反击。奥维马斯在比赛还剩 20 分钟时扳平，珀蒂第八十九分钟破门完成了绝杀，不过这球让西汉姆联暴怒——他们认为法国中场在射门之前用手触球了。阿森纳在各项赛事中已经取得了十一连胜。温格非常高兴，也鼓励球员们将这一势头延续下去。球员们的回应则是又一场胜利——这一次是主场击败切尔西。不出所料，亨利又是明星球员，他的梅开二度帮助球队 2 ：1 胜出。每过一周，他在欧洲的名气就增加一分，他在海布里无疑前途似锦。对于他的速度，“蓝军”无能为力。

阿森纳连胜的势头最终在主场 3 ： 3 战平谢菲尔德星期三的比赛中被终止。阿森纳一度 1 ： 3 落后，最终追平比分，也导致“猫头鹰”① 降级。球队粗心的防守让温格失望，但是进攻端的表现则让他有理由笑逐颜开。左后卫西尔维尼奥的漂亮进球让“枪手”将比分扳成 2 ： 3，亨利则再次突然杀出，在 1 分钟后扳平。这已经是法国人 10 场比赛中的第十二粒进球了。他冷静的射门，提醒人们温格花费仅仅 1050 万英镑将他收归帐下，是多么精明的引援操作——在接下来的这些年里，这笔转会将成为一桩超级划算的买卖。周中还有让阿森纳未来感到乐观的理由，因为阿森纳青年队两回合 5 ： 1 击败了考文垂，举起了青年足总杯。阿森纳青训营在培养下一代“枪手”球星方面做得明显不错。

由于心中想着欧洲联盟杯决赛，温格决定在联赛收官轮客场对纽卡斯尔的比赛中轮休几名一队主力。对纽卡斯尔的英格兰射手阿兰 · 希勒来说这是值得铭记的一天，他攻入了职业生涯第三百粒进球，而这场纽卡斯尔 4 ： 2 取胜的比赛，对温格来说却是应该遗忘的。公平地说，这场比赛除了让一些年轻球员有了给主帅留下印象的机会，没有太大的意义。温格已经将目光投向了欧洲联盟杯决赛，他想要率队击败加拉塔萨雷。

当阿森纳队踏上欧洲联盟杯决赛场地——哥本哈根的帕肯球场时，温格知道，他已经做了一切可以做的事，帮助球员们为这场比赛做好准备。温格有幸能够从一套全员健康的阵容中挑选首发，主力中轴看上去让加拉塔萨雷难以应付。防线双中卫是亚当斯和基翁，中场双后腰是维埃拉和珀蒂，双前锋是博格坎普和亨利，所以阿森纳球迷完全有理由感到自信。但是实战很快证明，土耳其人绝不是容易被击败的对手。罗马尼亚籍“中场阴谋家”格奥尔基 · 哈吉给防守顽强的加拉塔萨雷带来了无与伦比的技巧和视野。

①这个绰号来自于谢菲尔德星期三的主场希尔斯堡球场所在的地区奥莱顿（Owlerton），其缩写就是 Owl，英语中的猫头鹰；另一种说法是当地的确有很多猫头鹰。

不过这也不是说阿森纳就没有机会了。当“枪手”不断浪费机会，加拉塔萨雷的巴西门将克劳迪奥·塔法雷尔做出多次关键扑救的时候，温格感觉越发受挫。在 90 分钟常规时间结束后，比分仍然是 0 ：0，比赛被拖进了加时赛，加时赛上半时优势很快到了阿森纳一方，因为哈吉攻击亚当斯，被红牌罚下。温格要求球员们抓住对手 10 人应战的机会，但是对于已经人困马乏的球队来说，这是个过于困难的任务，比赛最终要靠点球来决出胜负。

但是对阿森纳来说，一切再次以泪水洗面结束。英格兰球队又一次在大赛中输掉了点球大战。加拉塔萨雷令人印象深刻地绷住神经，4 ：1 赢下了点球大战，导致温格只能安慰他那群悲痛欲绝的部下们。在 120 分钟的所有努力之后这样输球，无疑是最残忍的方式。帕洛尔射出的点球命中目标，但是苏克和维埃拉先后射中横梁，这就给了前热刺后卫格奥尔基·波佩斯库打入制胜点球的机会。温格的心碎了。加拉塔萨雷举起了冠军奖杯，阿森纳只得到了亚军奖牌。这绝不是温格想要的赛季收官战，但是从积极的方面看，球队在杀进决赛的路上表现非常出色，他们也配得上高度的赞誉。在欧冠惨遭淘汰的失意之后，球员们和教练组漂亮地逆转了赛季走势。

温格再度两手空空地结束了赛季，但是他有更多理由来为未来感到兴奋。他帐下那些更年轻的球员们发展势头正盛，并且得到了亚当斯、基翁和博格坎普这样经验丰富的球员的帮助。亨利尤其突出，他证明了自己是一笔美妙的买卖，温格因为将亨利作为中锋而非边锋引进，而获得了诸多赞誉。“枪手”主帅需要在夏季转会市场上进一步考量自己的阵容，考虑如何改进帐下的人选。曼联这一年轻轻松松就赢下了英超冠军（坐拥 18 分优势），但是阿森纳无疑希望能够在 2000—2001 赛季向曼联发起更为强劲的挑战。可能新千年将成为阿森纳时代的开始。

这个夏天对于英格兰足坛来说挺有意思。曼联上一个赛季让所有挑战者都远远地落在身后，但是争冠球队们在转会市场上“加注”完全是可以预料到的局面。弗格森的球队看上去仍然非常致命，大多数专家都认为曼联可以完成联赛三连冠。不过温格有望比“红魔”主帅——被授勋后成了“亚历克斯爵士”——坚持更长的时间，也有望将奖杯带回伦敦。

法国主帅利用夏季转会市场来对阵容进行重大调整。在诸多流言传播之后，巴塞罗那正式向奥维马斯和珀蒂开出了报价，加泰罗尼亚巨人想要对自己的中场进行彻底的改组。两人打包价 2800 万英镑引发了温格的关注，法国人接受了这一送走两位大将的机会，换来了丰厚的转会储备金。两人对“枪手”来说都是超级顶尖的球员，但是自从 1998 年赢得冠军后，他们的状态都有所下滑。

得到了资金的武装之后，温格又展开了精明的投资。他没有砸下重金求购一位球员，而是选择了低价收购一批球员。喀麦隆国脚、后防多面手劳伦以 720 万英镑的转会费从西甲球队马洛卡加盟，法国边锋罗贝尔・皮雷则是从法甲俱乐部梅斯以 600 万英镑来投，皮雷也被视为填补奥维马斯左路空当的人选。拉脱维亚后卫伊戈尔斯・斯捷潘诺夫加盟，则是为了给后防线更多的备选。

当这些转会轻松完成的时候，另两桩交易则带来了更多的问题。首先，巴西中场左脚将埃杜因为护照事宜被海关阻止入境。温格认定巴西人是珀蒂的天然接班人，但是却不得不等待他解决文件问题。与之相似的是，温格求购西尔万・维尔托德也陷入了不断停止—开始的局面。温格承诺转会会在欧足联规定的截止日前达成，但他却被维尔托德的东家波尔多搞得越来越泄气。

温格已经将阿森纳从联赛前 5 俱乐部带回了冠军争夺者的行列。他毫不费力地就完成了这个任务，而且不缺格调和气派。虽然曼联是英格兰足坛过去两年中的统治力量，温格仍然觉得他的部下已经准备好了夺回王冠。在曼联三冠王的赛季中，“枪手”追“红魔”追得很紧——将争冠拖到了赛季最后一个周末——不过上赛季弗格森的球队几乎是旅游一般轻松拿到了冠军，领跑的分差达到 18 分之多。看到球队如此落在曼联身后，温格很是不安，他誓言要在 2000—2001 赛季中更努力地向曼联施压。他手下拥有亨利、维埃拉和博格坎普，拥有为冠军荣誉而战的资源，但是球队的稳定性将是关键。曼联夏天的采购很有限，唯一的重大引援是法国门将法比安・巴特斯，他是弗格森填补舒梅切尔留下的巨大空缺的最新尝试。

“枪手”的新赛季开局感觉有些五味杂陈，根本没有让曼彻斯特的霸主产生恐慌。赛季揭幕日阿森纳就在客场输给了桑德兰，尼尔·奎因头球为“黑猫”锁定了1：0的胜利。当维埃拉在比赛尾声被过于苛刻地罚下场时，温格这一天就更难过了。接下来一轮主场2：0击败利物浦让球队恢复秩序，但是这场比赛令人不快之处在于，维埃拉又一次被罚下。法国中场感觉判罚不公，温格对当值主裁格拉汉姆·波尔的判罚非常愤怒。

查尔顿则在之后感受到了阿森纳不断增长的信心，“枪手”在海布里5：3击败伦敦邻居，获得两连胜。亨利的状态尤其抢眼，他和维埃拉各进两球。不过这并非一场简单直接就取得的胜利，客队曾经取得过2：1、3：2领先，最后温格的球队才反攻逆转。温格对于球员们的表现非常自豪，他也抓住机会表扬了维埃拉，他觉得维埃拉最近又遭受了比赛官员们的不公正对待，“在如此争议重重的一周过后，能够赢下这场比赛让我非常高兴，我也为维埃拉今天的表现高兴，因为他极其出色。不仅仅因为他是个伟大的球员，也因为他在精神上的反应也非常棒”。

同一天，维尔托德终于成了一名阿森纳球员，他以1250万英镑的转会费正式加盟。这个价钱比温格原本指望支付的转会费高多了，但是刚刚随法国国家队赢得2000年欧洲杯的维尔托德，毕竟是一位获得了高度评价的前锋。

接下来两场比赛的平局，远非理想状态，温格对于球队反复地以更艰难的方式比赛感到恼火。在斯坦福桥对阵切尔西，阿森纳给自己造了一座山一般的麻烦，最后只是在终场前14分钟连入两球，才抢下1分。西尔维尼奥的火箭炮远射破门无疑是个特别的时刻，2：2的平局也意味着不错的结果。但是9月9日在布拉德福德身上也只拿到1分，就被视为错失在积分榜上爬升的良机了。温格知道，如果球队要想保持对冠军的挑战的话，就必须拿下一波胜利。

此后“枪手”在联赛中一直到11月18日都没有输球，表明球员们对主帅关于稳定性的要求做出了积极回应。欧冠小组赛中，阿森纳与意大利球队拉齐奥、乌克兰球队顿涅茨克矿工和捷克球队布拉格斯巴达分到了一起。从纸面上而言，温格的球队和拉齐奥似乎更可能晋级，但是一切都难说。阿森纳的欧冠赛季于9月12日迎来前途似锦的开局，他们在布拉格客场凭借西尔维尼奥制胜一击，1∶0带走3分。

之后对考文垂和顿涅茨克矿工的胜利，让温格信心复苏。他看到球队越来越成熟，感觉到奖杯是有可能到手的。不过对阵矿工一役看上去就像是阿森纳又会在欧战赛场上失意，因为他们浪费了数不清的机会，以至于要靠中后卫基翁站出来挽救大局，基翁最后5分钟内梅开二度，“枪手”才以3∶2获胜。胜利让温格如释重负，因为如果只拿到一场平局，阿森纳小组晋级的希望将受到严重的危害。在海布里获得欧战的胜利，尤其价值不菲。

客场战平伊普斯维奇后，阿森纳欧冠主场击败拉齐奥，成了他们9月份的高光时刻，他们展现出了自己作为这项赛事精英俱乐部之一的血统。意大利球队9月27日信心满满地来到了海布里，派出了一大批家喻户晓的球员，包括胡安·塞巴斯蒂安·贝隆、帕维尔·内德维德和亚历山德罗·内斯塔。但是温格已经在赛前对拉齐奥做过了研究，比赛中“枪手”表现得过于强大。永贝里是这个晚上的英雄，他包办了这场2∶0胜利中的两粒进球。

周末，温格还可以继续庆祝，因为球队在海布里1∶0击败了卫冕冠军曼联。亨利打入制胜球，这粒精妙绝伦的进球直接决定了比赛的胜负。他在禁区边缘接球时背对球门，但是他转身凌空抽射，皮球越过巴特斯的头顶飞入网窝。这粒出其不意的进球给了“枪手”占据比赛制高点的机会，虽然曼联试图抢回主动权，却发现阿森纳后卫们表现神勇，根本不可逾越。阿森纳现在在积分上追平了曼联，后者赛季开局状态起伏不定。

赛后，温格在惯常的赛后讲话中表扬了球队的“品格”。他经常提及的东西包括性格、智慧和精神，却很少提及有关他的技战术和球队布阵的重要细节。感觉他好像是躲在含混不清的地方，用对球员们的表扬，来保守他在比赛策略上的秘密。很明显，像温格这样获得大量关注的体育人，必须采用一种对媒体透露很少细节的应答手法。他进一步完善了这一风格，执教阿森纳期间他一直都这么做。

连续 3 场不失球出现在 10 月 14 日主场对阿斯顿维拉一役，这也让温格很高兴。争冠球队往往需要建构于稳固的防守之上，因此“枪手”收紧防线非常重要。在罗马奥林匹克球场对拉齐奥拿下值得称赞的 1 分，延续了阿森纳的不败状态。这也是球队进步的证明，在温格的调教下，阿森纳如今已经无惧欧战客场。凭借皮雷的进球拿下的 1 ：1 平局，有望帮助阿森纳晋级下一轮。

接下来阿森纳又拿下 3 场胜利，势头变得更加迅猛。在厄普顿公园球场 2 ：1 击败西汉姆联又是“枪手”一次英勇的团队表现，表明“枪手”不仅在进攻端才华卓著，全队抗压能力同样关键。“铁锤帮”球迷为客队制造了极不友善的氛围，但是温格的球队用自信的表现让主队球迷陷入了沉默。10 月 25 日主场 4 ：2 击败布拉格斯巴达，让阿森纳正式晋级第二阶段小组赛，也给了温格在最后一轮对阵顿涅茨克矿工时轮休球员的余裕。

10 月 28 日，曼城造访海布里，在一场 0 ：5 的惨败中感受到了阿森纳进攻火力全开是怎样的效果。阿什利 · 科尔、博格坎普和维尔托德将比分改写为 3 ：0，最后亨利又梅开二度。当阿森纳打出这样的水平的时候，他们能够击败任何球队，这种假设对曼城来说也很难算是安慰。在这种状态下，温格知道自己的球队可以在联赛积分榜榜首与曼联保持步调一致。

温格很高兴看到球队打出如此行云流水的比赛。他执教向来以力挺创造性风格、强调流畅传接和快速跑动而著称。温格希望自己的球员能够得到更多表扬，尤其是锋线上那些爱将。

11 月 1 日联赛杯 1/16 决赛主场 1 ：2 不敌伊普斯维奇，让温格少了一项需要分心的赛事。联赛杯并非温格觊觎的奖杯，老实说，他还有更重要的奖杯可以争取。接下来，亨利的进球帮助“枪手”在联赛中客场 1 ：0 击败米德尔斯堡，阿森纳想要延续自己的好状态。保住清白之身的结果尤其受欢迎。欧冠输给矿工没有太大关系，因为“枪手”已经确定晋级了，但是看到球队被乌克兰球队 3 ：0 击败，温格还是有点不高兴。

输给矿工可能对第一阶段小组赛的积分榜没有影响，但却是“枪手”接下来几周低迷的开端。11 月 11 日主场 0 ：0 打平德比郡，只是第一场令人失望的比赛，温格称这一结果意味着丢掉了宝贵的 2 分。更糟糕的结果在后面，阿森纳连败 3 场——全都是在客场。先是埃弗顿现场满座的观众目睹“太妃糖”[①]2 ：0 取胜，温格的球队完全没办法应付主队的比赛强度。

欧冠第二阶段小组赛第一轮对于阿森纳来说，无疑是想要立即遗忘的比赛，“枪手”客场对阵莫斯科斯巴达克，遭遇了一场尴尬的 1 ：4 惨败。气候上的变化可能会影响到阿森纳球员，但是这绝非“枪手”在俄罗斯首都表现乏力的理由。被抽到 C 组的他们，同组对手还有拜仁慕尼黑和里昂，更艰巨的赛程还在后面呢。

坐镇埃兰路球场的利兹联凭借奥利维耶·达科特的进球 1 ：0 击败阿森纳，结束了温格这悲惨的一周。在最近 6 场比赛中阿森纳只攻入 2 球，温格对此尤其不舒服。对于一批钟爱进攻、创造机会的球员来说，这绝对是令人沮丧的局面。

12 月 2 日阿森纳在主场对南安普敦时找回正常状态，但是取胜的比分非常小，不过 1 ：0 而已。往年“圣徒”[②]在海布里可经常要熬过一些可怕的下午，而这一次他们的遭遇好多了。能够拿到 3 分，已经让温格高兴了。紧接着就是狂热的圣诞赛程，现在最重要的是比赛结果，而非发挥的水平。

“枪手”以主场 2 ：2 战平拜仁慕尼黑，结束了 2000 年的欧战赛事。对阵经验丰富的德甲豪门能够拿下 1 分，完全不是个太糟糕的结果，但是温格此役眼睁睁地看着球队浪费了 2 ：0 的领先优势，他几乎不敢相信球队又让至关重要的 2 分从指间滑落。他担心未来几个月中，这丢掉的 2 分会让他不安。

这就意味着温格的球队在两场比赛后只拿到 1 分，接下来还有很多任务

---

① The Toffees，埃弗顿队的昵称。

② The Saints，1880 年，南安普敦圣玛丽教堂的副牧师阿瑟·索尔建立了一支球队，称为“圣玛丽教堂青年会”，其后更名为“南安普敦圣玛丽足球俱乐部”，最终才定名为现今的南安普敦足球俱乐部。不过作为绰号的“the Saints（圣徒）”倒是保留了下来。

要完成。欧冠赛事将在 2 月重开，对阵里昂的两场比赛对于球队晋级 1/4 决赛的机会至关重要。12 月 9 日主场 5 ： 0 击败纽卡斯尔，无疑是迎接忙碌的圣诞赛程的良好方式，“喜鹊军团”完全无力阻止阿森纳一波又一波的攻势。帕洛尔上演帽子戏法，阿森纳轻松将对手推到一边。

接下来的北伦敦德比，阿森纳在白鹿巷球场 1 ： 1 战平热刺，对温格而言这结果有点失望，而 12 月 23 日客场 0 ： 4 不敌利物浦，则绝对是令人蒙羞了。法国主帅被球队的表现震惊了，他对媒体表示，这样的表现不能容忍。利物浦主帅霍利尔赛后要回顾的，则是利物浦超凡的一周，这一周红军击败了曼联和阿森纳。

幸运的是，“枪手”只需要等待 3 天就可以做出补偿。在一支想要发泄沮丧情绪的阿森纳面前，莱斯特城无疑是最不走运的客队了。6 ： 1 的比分表明温格的部下们完全掌控了局势，他们对于在安菲尔德遭遇的批评做出了精彩回应。这个令人兴奋的晚上，亨利的帽子戏法无疑是最突出的表演。

此后阿森纳草率的失误，让桑德兰在 12 月 30 日从海布里带走了一场 2 ： 2 的平局。“黑猫”在这个赛季与阿森纳的两次交锋中拿下了 4 分——能够拿到这么多分的球队并不多。这周接下来的时间对温格来说更加糟糕，阿森纳在山谷球场对阵查尔顿时落败，争冠希望再度遭遇重大打击。这场 0 ： 1 的失利意味着“枪手”在可以拿的 15 分之中只拿到了 5 分。对于阿森纳来说，这是个北伦敦寒冷的圣诞节，他们在争冠路上已经脱离了轨道。

阿森纳在联赛中的状态仍然摇摆不定，但他们的足总杯表现则更加成功，击败卡莱尔联和女王公园巡游者——后一场比赛还是令人惊叹的客场 6 ： 0 胜利——之后，阿森纳预定了一个第五轮的席位。而在联赛中，“枪手”又收到了两场平局，这也给了曼联在积分榜榜首喘息的空间。阿森纳几乎每周都要丢分，扣人心弦的争冠好戏似乎已经不可能上演了。这两场平局先是主场 1 ： 1 战平切尔西，之后是在榛树街球场 0 ： 0 与莱斯特握手言和，那场比赛中阿森纳在大约 50 分钟的比赛中十人应战。

2 月中阿森纳逐渐找到了更好的状态，但这是否为时已晚？阿森纳的 1 月以主场 2 ：0 击败布拉德福德结束，新的一个月的开始则是对考文垂和伊普斯维奇的连续两场 1 ：0 小胜。之后的第三场 1 ：0——这次是在欧冠赛场，客场击败里昂——也引发了“无聊阿森纳时代”回归的讨论，乔治·格拉汉姆执教时球队经常以极小的分差赢球。击败法国对手后，“枪手”重新燃起了争夺 1/4 决赛席位的希望。切尔西是下一个被阿森纳球员打击的对象，“蓝军”客场 1 ：3 失利，被淘汰出了足总杯。

之后就是温格在海布里最为尴尬的时段之一了。2 月 21 日主场 1 ：1 战平里昂无疑是个打击，埃德米尔森终场前为客队扳平。温格已经数不清球队多少次在比赛最后时刻丢掉领先优势，不过这次丢球并非灾难性的，阿森纳仍然有不小的机会晋级。

3 天之后，温格带队杀向老特拉福德，试图用胜利缩小曼联在积分榜榜首的领先优势。但是对法国人来说，这成了一个应当遗忘的下午，球队实力大减的防守，在 1 ：6 的惨败中土崩瓦解。他用格里曼迪和斯捷潘诺夫组成中卫搭档，即便两人此前从来没有这样搭档过，在中场方面他也做出了保守的选择，让西尔维尼奥担任左前卫，以保护阿什利·科尔免受加里·内维尔的反复奔跑侵扰。所有这些决定都不幸地事与愿违。很难相信，作为一个如此出色的足球研究者，温格竟然会做出如此多的糟糕选择。

德怀特·约克完全打穿了阿森纳防线四人组，上演了帽子戏法，而整支曼联队的进攻也完全支配了阿森纳的防守。在主队球迷的全力助威声中，温格只能继续看着，看着球队的恐怖表演呈现在自己面前。回伦敦的旅途漫长而沉寂，球队有大量的时间来思考，到底哪里出了问题。温格对媒体表示：“我曾经有过更糟糕的经历，但是这么大的比分让这场失利变得难以接受。（比赛中）没有人在交流，我们没有领袖，有时候我们看上去甚至像是一支青年队。还没有进入 3 月，这场比赛对我的伤害却像是争冠已经结束了。”温格情绪低落的言辞已经说明了一切。后来有报道揭秘称，惨败之后温格罕见地怒斥了部下。在阿森纳渐渐退出争冠行列的时候，可能他终于感受到压力了。

做客曼彻斯特的惨败与温格的怒火，终于让“枪手”重燃活力。主场

3 ： 0 击败西汉姆联，是球队做出的强势反应，维尔托德包办 3 球。接下来主场 1 ： 0 击败莫斯科斯巴达克，则让温格的球队有很大机会晋级欧冠 1/4 决赛。当然，一切要取决于客场对拜仁的最后一场小组赛。温格迫切希望球队在欧冠中能够表现出色，而这个赛季看上去他们终于有机会杀进半决赛甚至是决赛。俱乐部上下的情绪，表明对曼联的比赛现在已经成了遥远的回忆。

布莱克本他们将在未来越发频繁地成为“枪手”的杯赛对手之后在海布里的足总杯 1/4 决赛输了个 0 ： 3。虽然英超冠军似乎在远离温格的球队，但是法国人觉得足总杯和欧冠冠军仍然是现实的目标。

小组赛最后一轮客场输给拜仁最终被证明是没有关系的，因为阿森纳虽然 0 ： 1 失利，仍然晋级八强。俱乐部每个人都屏住呼吸等待 1/4 决赛抽签的结果，他们的对手将是瓦伦西亚，首回合在 4 月初进行。温格已经等不及了。

与此同时，“枪手”从两场棘手的联赛中拿下 4 分。在维拉公园 0 ： 0 打平，意味着阿森纳 5 场比赛中第四次没有丢球，这一状态在主场对阵热刺一役得到了延续，他们此役 2 ： 0 击败了北伦敦死敌。这个赛季热刺又没能在联赛中击败阿森纳，对全世界范围内的“枪手”球迷来说，这无疑都值得高兴。

4 月 4 日瓦伦西亚抵达海布里时，进入的是一座喧闹、紧张的球场，等待他们的，是一场至关重要的对决。西班牙球队在欧战淘汰赛阶段有着丰富的经验，但是温格已经仔细研究过对手，希望能够挖掘出他们的一些弱点。在一个充满戏剧性情节的晚上，“枪手”半场 0 ： 1 落后，但是温格成功扭转局势，做出了一处给客队制造了各种麻烦的战术调整。阿森纳调整了进攻三叉戟，瓦伦西亚完全无法应付，亨利、帕洛尔先后破门。温格的球队最终主场 2 ： 1 赢球，对于球队下半场的表现，他非常满意。

不过瓦伦西亚的客场进球让他很是烦恼，也让次回合的形势变得复杂。西班牙球队只需要 1 ： 0 就可以晋级，所以温格为球队浪费了一连串机会感到后悔，他对媒体表示：“我们赢下了比赛，但是我们本应该赢上三球、四球。”

接下来就是足总杯半决赛对阵热刺，以及一连串联赛交锋，阿森纳球员必须尽快将注意力转回到国内赛事中。充满激情地 2 ：1 击败热刺，展现了“枪手”的精气神以及品位。他们又是先落后，不得不发动反攻，最终打入制胜球的是皮雷。利物浦在另一场半决赛中取胜（2 ：1 韦康比），意味着温格及其球队获得了为 12 月在安菲尔德遭遇的 0 ：4 惨败复仇的机会。自豪地带领球队出现在加的夫千年球场，是温格极其期待的瞬间。

接下来感受到阿森纳进攻威力的是曼城，4 月 11 日他们在海布里 0 ：4 惨败。对温格来说，这是成绩不错的一周，他非常享受球队对阵曼城时的表现。但是主场 0 ：3 输给米德尔斯堡就没这么让他开心了——埃杜和西尔维尼奥都打入乌龙球——但是温格已经选择让几名关键球员作壁上观，以让他们保持体能，准备下周中对瓦伦西亚的客场比赛。欧冠 1/4 决赛次回合才是阿森纳目前专注的比赛。英超冠军已经遥不可及了。

温格和部下在抵达西班牙时信心满满。他们近期状态不错，球队也得到了充分的休息。温格及其教练组幕僚详尽地讨论过战术安排，他们已经为梅斯塔利亚球场的一场鏖战做好了准备。法国人也承认，他的球队不能太过小心谨慎，“瓦伦西亚在海布里打入客场进球的事实，意味着我们在西班牙也得踢得积极一点”。

这场比赛踢得急躁不安，充斥着紧张情绪。两支球队都不想要犯下可能最终决定此次交锋结果的决定性失误。瓦伦西亚逐渐将越来越多的人手推向前场，试图斩获进球，温格则希望亨利这样的球员能够充分利用好瓦伦西亚后场多出来的空间。但是最终打入制胜一击的还是主队，挪威中锋约翰·卡鲁在比赛还剩 15 分钟时帮助瓦伦西亚取得领先。“枪手”试图扳回比分，但是为时已晚，西班牙球队几乎是 10 人在后场防守，力图保住优势。最终 1 ：0 的比分帮助瓦伦西亚在总比分战平的情况下以客场进球优势晋级半决赛，但是温格像往常一样，不情愿地赞扬了对手，然后表示自己的球队只是不走运而已，“我们本应该继续留在这项赛事之中，因为他们几乎没有射门命中目标，而我们掌控了整个下半场”。亨利接受媒体采访时对这种看法表示同意。

以这样的方式结束欧冠征程，无疑令人难过。温格的球队表现超凡，他不能将出局归咎于球队不够努力。不过这个赛季中收获的经验，将在未来给“枪手”带来帮助，而且温格已经可以为球队证明自己能比肩拉齐奥、拜仁和瓦伦西亚这样的球队而自豪。这个赛季的欧冠征程，只会增强阿森纳主帅某一天捧起奖杯的欲望。

温格如今的注意力转向了 5 月 12 日的足总杯决赛。球队先要打 3 场联赛，他会用这些比赛来决定在加的夫的大日子里排出怎样的首发。主场 4 ：1 击败埃弗顿是个重要的结果，因为温格早就知道有好几支球队想要后来居上，压倒“枪手”夺取联赛第二。击败“太妃糖”意味着阿森纳越发接近确保自动晋级下赛季欧冠小组赛的名额，但是曼联还是不可追赶的对象——“红魔”已经领先 13 分了。

客场 2 ：1 击败德比郡，同样是个非常有益的结果，卡努和皮雷此役取得了进球。状态正佳的永贝里和维尔托德的进球，则帮助球队 5 月 5 日在主场 2 ：1 击败了利兹联。阿森纳能够以最佳状态迎接足总杯决赛，更让温格高兴。球队信心高涨。

在温布利打杯赛决赛的那些年非常特别。温格非常享受 1998 年造访这座球场时的现场氛围，他也非常清楚这座球场的历史。但是当新温布利大球场在兴建的时候改在千年球场第一次打足总杯决赛，也挺有意义。利物浦和阿森纳互相之间非常了解，比赛的首发阵容也不会有太多令人惊奇之处。在迎来与老友霍利尔的交锋之前，温格专门操练了后卫，试图让他们应付好迈克尔・欧文的锋线威胁和史蒂文・杰拉德的中场力量。迈克尔・欧文和史蒂文・杰拉德这个赛季都表现出色，但是如果“枪手”能够阻止这两人的话，利物浦肯定很难在比赛中展现锋芒。

在这场令人垂涎欲滴的大战开场时，加的夫千年球场座无虚席。在两者之间你很难预测谁将取胜，但是很多人认为阿森纳的经验可能会决定胜负。温格做了一个重大决定，将伤愈复出的博格坎普放上板凳，选择了维尔托德，他觉得这不是适合让荷兰人找回状态的那种比赛。不过这也是个奇怪的选择，因为维尔托德想要在赛季结束后离队。“枪手”在比赛中是更加活跃的一方，传球流畅，逼迫利物浦处于守势。很奇怪的是，霍利尔的红军有点不太兴奋，他们之所以能够在一个多小时内保住 0 ：0，靠的是运气。

不过最终阿森纳还是打破了僵局。在诸多射门尝试接近破门之后，“枪手”终于得分，皮雷传球，永贝里突入禁区晃过利物浦门将桑德尔·韦斯特维德，将球送入空门。瑞典人过去一个月在门前非常冷静。阿森纳球迷已经全都站了起来，他们感觉奖杯已经在去往伦敦的路上了。但是霍利尔的球队在比赛还剩 7 分钟的时候发动反攻，迈克尔·欧文在正确的时间跑到了正确的位置，低射扳平了比分。温格试图在最后时刻搞定比赛，他派上了帕洛尔，然而此举却收到了事与愿违的效果。

看上去加时赛甚至点球大战的戏剧场面已经逼近了，然而比赛不会进入那样的阶段。进球之后备受鼓舞的利物浦，认为自己可以利用“枪手”双腿疲乏的机会。在常规时间还剩 2 分钟结束时，欧文再次找到空间，他突破迪克逊，左脚射穿西曼的十指关，将球送入球门远角。温格几乎不敢相信面前的一切。在阿森纳几乎掌控整场比赛之后，利物浦只用 5 分钟的突然爆发，就从他们的手里抢走了奖杯。

温格对于失利表现得足够体面，但是他承诺自己会仔细地评估球队的这个赛季，并且加强球队阵容的相应位置。他对媒体表示：“我很难责怪球队。利物浦值得表扬，他们防守得非常出色，而且找到了对策，即便我们 1 ：0 领先的时候他们看上去根本构不成威胁。这也是我们这个赛季的一点缩影。我们看上去应该能够赢下重大比赛，但是我们没办法终结比赛，又失去了注意力。”展望新的一年，他补充道：“我脑中已经有一些（球员）了，但是我一直都对此保持着安静。”沮丧的阿森纳队长维埃拉则承认：“我们有点过于自信了，因为我们那时 1 ：0 领先，但有时候这就是足球。我们总是说我们下赛季会竭尽全力，但是事实确实如此。”

足总杯决赛安排在联赛赛季结束之前进行，所以决赛之后阿森纳球员还要重新振作起来，专心打好剩下的两轮联赛。在对利物浦的失意之后“枪手”仍然难以找回顶级状态，这并不让人惊讶，但是对纽卡斯尔（主场）和南安普敦

（客场）只拿到 1 分，还是比温格的期望值低了。

在海布里 0 ：0 闷平“喜鹊军团”不是一场令人兴奋的比赛，但是做客南安普敦则是一场特别的比赛，因为此役标志着“圣徒”在小谷球场征战时代的终结。以对阵像阿森纳这种水平的球队作为这座球场的最后一场联赛，是很合适的结果，而比赛也确实有了童话般的结局，南安普敦传奇马特·勒蒂塞尔替补上阵，在第八十九分钟打入制胜球。这也让主队拿下了 3 ：2 的胜利，球场内最终举行了盛大的庆典。勒蒂塞尔在小谷球场享受过那么多个精彩的下午，有时候甚至以一己之力帮助球队留在顶级联赛之中，绝对没人能够以更好的方式书写这个下午的剧本。在这令“圣徒”动情的一天中，甚至温格及其部下也加入了鼓掌的行列。

这场比赛结束后，本赛季正式谢幕，对温格的球队来说这算是个不错的赛季，但最终他们还是没能赢得任何一座奖杯。他们有时候表现精彩，但是在关键时刻却总是出错，温格也无法置疑曼联是否配得上夺冠。弗格森的球队虽然输掉了最后 3 场联赛，却仍以 10 分优势赢下了冠军。对于温格来说，足总杯决赛的失利无疑增添了伤痛，但是也增强了他在新赛季拿下更多胜利的欲望。温格从球队的表现中看到了诸多积极因素，但是他也知道，人们总是用奖杯来评判豪门，从这方面来说，阿森纳的季终报告得要标明“必须做得更好”。

第五章　重临王座，再失王冠

SUPREMACY REGAINED AND SURRENDERED

迎来新赛季时，温格迫切地想要终结曼联多年的霸业。多名新援的到来，强调了俱乐部为冠军而战的欲望。英格兰国脚中卫索尔·坎贝尔从死敌托特纳姆热刺加盟，这是这个夏天最具争议的转会。坎贝尔把握住了博斯曼法案的精神，接受了自由转会阿森纳的机会，“枪手”的阵容看上去立刻加强了。他与亚当斯的中卫搭档看上去威风凛凛。为了自己的职业生涯，甘愿完成如此不受欢迎的转会，坎贝尔夺取冠军的欲望不言自明。他也确实不会为此次转会的决定后悔。

英格兰前锋弗朗西斯·杰弗斯则以1000万英镑的转会费从埃弗顿加盟而来，温格看上去向压力屈服，终于购买了英格兰球员。法国人希望能有一名“禁区之狐”类型的前锋与亨利搭档——希望有人能够接应传中，打入那种混战进球，球队总是不能够把握这种机会。似乎是为了延续购买英国球员的主旨，温格又花费600万英镑，从伊普斯维奇签下很被看好的英格兰门将理查德·赖特，这也可以让西曼面临竞争。温格这个夏天的其他采购还包括荷兰左后卫吉奥瓦尼·范布隆克霍斯特和日本中场稻本润一。

然而这个夏天真正的转会戏剧萦绕在维埃拉的未来之上。26岁的法国人已经成长为世界级中场，他现在明确表示想要离开阿森纳。温格现在面临着一个难题了：他是继续让一位不开心的球员留在队内，还是以最好的价钱将他出售？维埃拉似乎并不满意温格的新援，看上去已经瞄准了转会海外。转会传闻拖延了很久，但是最终温格和俱乐部董事会说服维埃拉，让他明白留队才最符合自己的利益。

温格很满意球队正朝着正确的方向前进，但是他渴望着复制1998年的联赛冠军荣耀。欧洲荣誉是温格的另一个目标，他希望球员们能够在欧冠赛场上收获更多经验。第一阶段小组赛中阿森纳抽到了德国球队沙尔克04、西班牙的马洛卡和希腊球队帕纳辛奈科斯。如果球队能够充分发挥潜能的话，晋级似乎非常有可能，温格希望球队能够拿下小组头名。

曼联在夏天展现了自己的财政实力，引进了阿根廷中场贝隆和荷兰前锋吕德·范尼斯特鲁伊，转会费分别为2800万英镑和1900万英镑。弗格森对于球队自1999年夺冠以来无法在欧洲再度成功非常失望，他希望这些新援能够将球队带到欧冠的下一阶段。国内赛场上，曼联看上去是个极其威风的对手，温格知道很难击败他们。

赛季开局的第一个月，“枪手”的发挥起伏不定。他们操练纯熟的传球和跑动，在客场对阵米德尔斯堡的比赛中得到了充分的展示，“枪手”拿下了一场4：0的胜利。如此为赛季揭幕，无疑是令人兴奋的方式，即便其实有3个进球出现在比赛最后的4分钟。博格坎普替补出场梅开二度，荷兰人可能失去了一点速度，但是他的头脑仍然像启迪球队夺取1997—1998赛季双冠王时那样犀利。亨利对于球队的表现满是溢美之词：“我今天看到了一些上赛季从未看到的东西——我们在进攻和防守上都做到了团队作战。”

然而紧接着阿森纳就在主场罕见地输球了，而且是以1：2输给了9人应战的利兹联，虽然球队再度奉献了一场行云流水的表演。球员们没能突破对方的防守让温格失望，但是球队的比赛风格却很让他满意。他对媒体说道：“输掉这样一场比赛对我们而言是个重大打击。如果你想要拥有一个出色的赛季的话，你在主场就必须足够强大。”

在银行休假日的灼热高温中主场4：0击败莱斯特城，展示了更多的阿森纳式一脚快速出球，最终有4名球员的名字被写上记分牌。对海布里的阿森纳球迷来说，这只是诸多激动人心的下午中的第一个而已。比赛中唯一的负面消息，是维埃拉因为和丹尼斯·怀斯发生口角而被红牌罚下。法国国脚似乎将夏天时的不满带到了新赛季中，这种分心也影响到了他的状态。

9 月中，阿森纳在国内赛场上似乎装备妥当，但在欧洲赛场上他们发现日子很难过。客场 1 ：1 战平切尔西是个差强人意的结果，但是周中客场 0 ：1 输给马洛卡，就令人失望了。同一天，美国发生了恐怖袭击的“9·11”悲剧事件，一时无人真正对足球感兴趣。

客场 3 ：1 击败富勒姆，让“枪手”登上了英超联赛积分榜的头名。永贝里、亨利和博格坎普都斩获进球，温格的球队依然在延续国内赛场上优秀的客场战绩。温格赛后对媒体表示：“我认为我们能够留在积分榜榜首。为什么不呢？我相信我们有潜力做到。我们看上去非常稳固、坚定，心理上完全没问题。”此后在海布里惊险地 3 ：2 击败沙尔克 04，无疑是个重要的结果，这使得阿森纳的欧冠征程回归正轨。然而 3 天之后，温格只能沮丧地看着球员们在主场对阵博尔顿的比赛中只拿下 1 分，后者的边锋里卡多·加德纳还在半小时后就被罚下。

而他们在欧洲赛场上的“客场病”再度发作，阿森纳在希腊以 0 ：1 输给了帕纳辛奈科斯，进球难题再度显著地暴露出来。连续两个客场没能够进球，这不是开启欧冠赛季的最佳方式。但是阿森纳在主场对阵希腊球队时做出了补偿，2 ：1 赢下比赛。在这两场欧冠比赛中间，阿森纳拿下了两场漂亮的联赛客场比赛。先是做客普莱德公园，亨利梅开二度拿下 2 ：0 的胜利，之后是以同一比分击败南安普敦，进球的是皮雷和亨利——又是亨利。不过令人难过的是，那天下午温格听到消息，他的朋友霍利尔在利物浦对阵利兹联的比赛中突发胸痛，需要接受心脏手术，以防更多严重的健康隐患。

10 月剩下的时间里，“枪手”在联赛可以拿的 6 分里，只令人失望地拿下 2 分，但在欧冠赛场上他们则预定了第二阶段小组赛的资格。10 月 20 日，“枪手”在海布里 3 ：3 打平布莱克本，当英格兰中场大卫·邓恩终场前为客队扳平比分时，温格只能再次抱怨球队此前浪费了机会。27 日客场 1 ：1 战平桑德兰，则意味着“枪手”错失联赛登顶的机会。

欧洲赛场上，主场 3 ：1 击败马洛卡，足以让阿森纳接下来客场对阵沙尔克 04 时无忧无虑，他们后来也确实 1 ：3 输球。温格也知道，球队需要改进在欧战客场中的表现。不过从积极方面来看，亨利的射门可谓完美无缺，他在赛季打到 11 月的时候，各项赛事已经斩获 13 球。温格将亨利改造成世界级射手的工作，正在收到成效。

温格很满意，但是也觉得球队还可以有更多表现。在圣诞节之前，阿森纳还有很多不可思议的比赛要打，在这个过程中，温格仍然坚持信念，他相信有创造性的美丽足球仍是俱乐部回归英格兰足球顶点的最佳方式。但是这种比赛方式不一定总能够带来他渴求的结果。就像往年一样，11 月是个令人失望的月份。

11 月 4 日主场 2 ： 4 输给查尔顿，让很多阿森纳球迷困惑，温格也完全不高兴，他对媒体表示："我们本应该打进很多进球，然而防守却非常草率。我们有两个愚蠢的丢球。我们全都非常失望。"联赛杯第三轮 4 ： 0 击败弗格森派出的曼联后备队之后，阿森纳又在白鹿巷 1 ： 1 与热刺握手言和。乌拉圭中场古斯・波耶特终场前的进球，让温格这个下午有了个苦涩的结尾。这场比赛中，面对旧主的坎贝尔受到了嘈杂的攻击，球场里满是写着"犹大"字样的纸片。

11 月 21 日，"枪手"在欧冠第二阶段小组赛迎来了糟糕的开局，在客场输给了西班牙球队拉科鲁尼亚，也让温格陷入绝望。这场 0 ： 2 的失利意味着阿森纳欧战客场已经 4 战 4 败，温格自己也不懂为何会有这等失利。他们在 D 组中的对手还包括尤文图斯和勒沃库森，球队在受挫之后需要尽快恢复。赛前，温格就警告过球队，拉科鲁尼亚是"最优秀的球队之一，比我们在第一阶段小组赛碰到过的任何对手都更加强大。他们优秀到能够成为欧洲冠军"。西班牙球队也确实证明了自己为何能够在第一阶段小组赛中两次击败曼联。

但是在周末对阵曼联时，"枪手"有机会将失利的阴影甩在身后。弗格森已经宣布他将在赛季结束后退休，这个消息似乎对他的球队产生了影响，球员们似乎有点陷入低潮。赛前被问及有关弗格森的问题时，温格对媒体说"当他（弗格森）退休的时候，（我）不会有如释重负的感觉"。

曼联可能确实不在状态，但是他们还是逆势而动，保罗・斯科尔斯将米卡埃尔·西尔维斯特的传中送入网窝。温格半场时成功鼓起了部下的斗志，他们下半场表现强劲。永贝里抓住了加里·内维尔罕见的失误，扳平比分，之后巴特斯用惊天失误窃据了头条新闻的位置。曼联门将直接将球传给了法国国家队队友亨利，后者冷静地将比分改写为 2 ： 1，之后巴特斯又做出一次笨拙的扑救，亨利将比分锁定为 3 ： 1。

于是这场大战就以这样奇怪的方式结束，但是主队球迷没人抱怨。到手的3 分让每个与俱乐部有关的人都振奋不已，告别了输给拉科鲁尼亚之后的失意。赛后温格表现得高兴多了，“我对球队的表现和品质非常满意”。他如此对记者们说道。

之后阿森纳又赢两场——1 场联赛（客场 2 ： 0 伊普斯维奇）、1 场联赛杯（主场 2 ： 0 格林斯比）——然后在 12 月 4 日迎来了主场对尤文图斯的欧冠关键一战。优秀的主场状态是“枪手”晋级第二阶段小组赛的重要原因，温格督促球队这次也有所表现。他的新合同谈判已被提上议事日程，因此一个特别的欧战夜晚对阿森纳主帅而言无疑会是一场及时雨。球队表现华丽脱俗，3 ： 1 的胜局让他们可以重新冲击晋级资格。永贝里和亨利让“枪手”取得 2 ： 0 领先，阿森纳门将斯图尔特·泰勒的乌龙一度给了尤文图斯希望，但是永贝里的第二球最终奠定了胜局。温格赛后回顾道：“这是一场绝妙的集体表现。他们（球员们）非常想要这样的表现，最终也做到了。”但是在联赛中，领跑的却是利物浦，卫冕冠军曼联则难以跟上红军的脚步。

击败尤文图斯几天后，阿森纳进行了一场新闻发布会，宣布温格已经同意续约，在海布里执教到 2005 年。阿森纳主席彼得·希尔 – 伍德对召集来的媒体表示：“这是个不可思议的好消息。自从 1996 年加盟以来，他的工作绝对出色，我们的未来交到他手中，是再好不过的结果。”温格同样对合同问题得到解决感到高兴：“我决定留下，因为我认为我拥有一批我尊敬、钦佩的球员，他们也有很大的潜力，可以将俱乐部带到我想要的位置。我的意思是欧洲乃至世界足坛之巅。”

总体而言，温格对“枪手”在 12 月的表现水准很满意。防线可能还在一直丢球，但是在进攻端，阿森纳也在撕碎对手。进球的可不只是亨利而已，永贝里、皮雷和维尔托德都在增加自己的进球数，温格的球队开始让自己成为强劲的争冠球队。联赛杯被布莱克本 4 ：0 淘汰出局，对于温格排出的替补球员组成的阵容是个失望的结果，但是几天前“枪手”在 0 ：2 落后的情况下精彩地逆袭，3 ：2 击败了阿斯顿维拉。当亨利在最后一分钟打入个人本场第二球亦即制胜球时，海布里都兴奋得摇晃起来了。

客场 1 ：1 战平西汉姆联后，阿森纳又在主场 1 ：3 输给了纽卡斯尔。“枪手”在比赛中首开纪录，但是博比·罗布森爵士的球队做出了反应，在比赛进行到一小时的时候扳平了比分。帕洛尔在半场结束前被红牌罚下，威尔士前锋克雷格·贝拉米则在还剩 20 分钟时同样被罚下场。于是比赛变成了 10 人对 10 人了。接下来出现的是极富戏剧性的尾声。坎贝尔被判对劳伦·罗伯特犯规，纽卡斯尔得到了点球，坎贝尔作为最后一名防守球员还被罚下。希勒操刀点球命中，罗伯特还在阿森纳的伤口上撒了把盐，亲自打入第三球。“喜鹊军团”借此升上英超榜首。

温格震怒不已，但是他显然没有亨利那么愤怒，后者在终场哨响后一直追着主裁判格拉汉姆·波尔，痛斥其不该判罚点球。以至于需要两队好几名球员和教练上前劝解，才说服法国前锋回到更衣室。从慢镜头回放来看，波尔判罚坎贝尔犯规确实是错误的，但是骚扰裁判对于其判罚不会有什么实质性的影响。这只会让亨利看上去很暴躁，对阿森纳的体育精神也没什么好处。温格感到的苦涩显而易见，他对媒体表示：“如果是 11 人对 11 人的话，我们肯定能够轻松地赢下这场比赛。当我们只能 10 人应战的时候，我们丧失了太多的能量。”纽卡斯尔主教练博比·罗布森爵士不但没有对“枪手”表示同情，还显然被阿森纳冗长的抗议激怒了，“这里有些人不知道如何做个输家”。

12 月 23 日在安菲尔德对阵利物浦的关键客场胜利，展现出了“枪手”性格中坚强的方面，温格的球队团结一致，克服了诸多困难。当范布隆克霍斯特在开场仅仅 35 分钟后就因为第二次可出牌的犯规被罚下场后，温格号召球员们展现出自己的团队精神。球员们的反应果然势不可当，10 人应战的“枪手”压倒了利物浦，并坚持到最后，以2 ：1的比分拿下了胜利。温格后来自己也发现，这场比赛逆转了阿森纳的赛季。信念重新回到了更衣室。

另一场2 ：1，这一次是3天之后主场对切尔西——是球队自信的缩影。这一次维尔托德成了主角。温格的球队仍然在三条战线上作战，他们显然是大多数中立球迷最喜欢观看的球队。当锋线球员状态正佳的时候，阿森纳的反击突袭绝对赏心悦目，以至于对手非常害怕派过多球员压上。圣诞一周忙碌赛程中的第三场胜利来自主场对阵米德尔斯堡，这场比赛阿森纳又是以2 ：1的比分获胜。

新年的到来没有浇灭俱乐部上下的热情。阿森纳在足总杯上对沃特福德攻入4球，以4 ：2昂首晋级，之后又拿下了两场值得称赞的平局。先是利物浦造访海布里，他们虽然在比赛的大部分时间处于守势，最终还是拿下了1 ：1的平局。永贝里第六十一分钟为阿森纳取得领先，但是挪威后卫约翰·阿尔内·里瑟仅仅6分钟后就扳平比分，温格对于球队没能够保住领先优势非常失望，他对媒体表示：“我们感觉非常失望，我们应该赢球。”永贝里也表达了不快：“当我们1 ：0领先的时候，我们知道他们很难被击倒，这就是为什么当他们扳平时我们如此失望。”做客埃兰路球场时阿森纳得到的仍然是1 ：1的平局，这一次是利兹联前锋罗比·福勒首开纪录后被皮雷扳平比分。两场比赛的结果很难说令人担心，但是这仍然让“枪手”远离了英超榜首。

对于丢掉的积分，球队做出的正确反应让温格满意，阿森纳在榛树街球场3 ：1击败了莱斯特城。这3分将“枪手”提升到了积分榜第二位，落后曼联1分，而且他们比卫冕冠军手中还多握有一场比赛。球队这一天表现得非常冷静，这正是温格想要经常看到的那种表现。

1月27日，博格坎普上半时的进球，帮助阿森纳在一场激烈的足总杯第四轮交锋中1 ：0击败利物浦。荷兰人后来成了主裁迈克·莱利罚下的3名球员之一，莱利还罚下了两队各一名中卫：基翁和杰米·卡拉格。媒体显然非常享受重开有关阿森纳纪律问题的辩论的机会。虽然温格坚定地对自己的球员表示了支持，但是事实不会说谎。在温格执教海布里的5年半时间里，他的球队领到了42张红牌。中立者认为温格是时候对球员们采取一些行动了，但是法国人并不理睬这样的建议，他表示，“这是一场真正的杯赛对决，但不是一场肮脏的比赛”。

这场胜利也激发了“枪手”一段时间的好状态，在主场和海外都是如此。维埃拉被人看到出现在马德里的机场，他仍然在制造有关他未来的猜测，在这期间在舞台中心的是他的同胞皮雷。在做客布莱克本这场极具娱乐性的比赛中，皮雷参与了让客队3∶2取胜的全部3粒进球。皮雷与亨利的配合，与欧洲赛场上的表现一样精彩。博格坎普也奉献了一些精彩的表现。

主场1∶1战平南安普敦，显然并非理想的结果，但是在古迪逊公园1∶0击败埃弗顿，则非常出色了。埃弗顿一直都是一支精神坚韧、身体对抗出色的球队，“枪手”虽然没有打出最佳状态，却仍应对好了对手的跑动。看到球队领到5张黄牌，温格肯定不会高兴，但是当维尔托德在比赛刚过1小时时打入全场唯一进球，温格显然兴高采烈。虽然阿森纳一度有些进攻乏力，但是温格全然不介意。赛季越发深入，阿森纳的表现变得越发有力。温格完全无法批评球队的风格，看到偶尔的轮换让每个人既健康又有饥饿感，他更是高兴。

2月有两场比赛的结果以最引人注目的方式表明了“温格式足球”是怎么踢的。2月23日，富勒姆做客海布里被1∶4击溃，亨利梅开二度。“枪手”开场15分钟后就2∶0领先，这一闪电开局也是球队每场比赛极有活力的开场的最佳写照。因此当阿森纳在主场作战的时候，客队往往会发现自己很早就要处于守势。不幸的富勒姆防线，对于亨利、皮雷和维尔托德的跑动完全无解，“枪手”这几名攻击手从开场哨响后就一直在威胁对手。温格显然也被球队的踢球方式折服，“这是一场伟大的表现，球队有着出色的跑动、灵活性、力量、技巧和团队精神”。

第二个重大赛果出现在4天之后，这次轮到勒沃库森以类似方式被阿森纳碾压，德甲球队的开场比“农场主”①前一个周末的1∶4失利还糟糕。阿

---

① 富勒姆的绰号来自他们的主场克拉文农场，Craven Cottage，农场的主人自然是农场主。

森纳有 4 名球员分享了进球荣誉。当球队展现出高速的传球和移动时，温格俨然是个被迷住了的观众。“枪手”主帅赛后高兴地对媒体表示：“在主场，现在一切都看我们自己了，如果我们能够重复这样的表现，我们能够晋级。”这个月早些时候，两队已经在勒沃库森碰过头，比赛打成了 1 ：1。所以现在阿森纳在 4 场小组赛中拿到了 7 分，仍然有机会杀进 1/4 决赛。这种表现让温格觉得球队很有希望在赛季于 5 月结束时捧起几座奖杯。

3 月，阿森纳的争冠希望变得越来越明显。纽卡斯尔、曼联和利物浦都在争冠行列，但是当赛季最后几个月到来时，温格的球队才是最具有冲击力的。不像 1997—1998 赛季尾声阶段，“枪手”在正确的时机找到了正确的状态。温格能够感觉到队内的信念在增长，但是他还是努力地防止自满心态渗入队内。

博格坎普的绝妙进球，帮助阿森纳 3 月 2 日客场 2 ：0 击败了纽卡斯尔。皮雷左路传球，荷兰人轻搓皮球绕过纽卡斯尔的希腊中后卫尼科斯·达比萨斯，背身人球分过后一对一面对谢伊·吉文，结果显然只有一个，博格坎普破门。坎贝尔之后打入阿森纳第二球，球队笑到了最后。亨利因为腹部伤病缺席了这场比赛，尽管如此球队还是拿下了 3 分——这更让温格高兴，他对媒体表示：“我们能够在没有亨利的情况下进球，知道这一点很重要。”法国人还评价了博格坎普华丽至极的进球：“不可思议。当你来到球场见证了这样的场面的时候，你简直有福！他所做到的接近于天才之作。他是个接近完美的球员。”

周中对阵顽强的德比郡时，皮雷再度打入制胜球，拿下 1 ：0 的胜利，之后“枪手”在足总杯 1/4 决赛中客场对纽卡斯尔打成 1 ：1。温格很有争议地在这场比赛中让一些球员轮休。尽管如此，埃杜还是帮助“枪手”在圣詹姆斯公园取得领先，“喜鹊军团”发动了强劲的反攻。罗伯特再次成了阿森纳的克星，他的进球扳平比分，也让主队在终场阶段对温格的球队发动了围攻。很多人都认为温格能够带走一场平局其实是走运而已，纽卡斯尔队长阿兰·希勒当然同意这一看法：“我们本应该赢球，我真的这么想。”温格则只是不满于球队未能找回自己平常的节奏。

纽卡斯尔压倒阿森纳的方式，可能只是周中对阵拉科鲁尼亚的前奏而已。

温格在这场欧冠比赛前非常自信，他知道球队已经在英超联赛中获得优势，所以也希望能够距离欧冠晋级更近一步。两支球队都已经拿到了7分，这个夜晚在阿森纳的历史上显得尤为重要。可惜的是，阿森纳球员在面对老谋深算的对手时浪费了机会。上半场结束前，西班牙球队就打入两球，让海布里为之震惊，“枪手”此后再也没能恢复过来，亨利下半场还罚丢了一粒点球。拉科鲁尼亚本赛季对阵曼联和阿森纳的4场比赛取得全胜，他们已经让自己成了夺冠的热门。

温格现在指望客场对阵尤文图斯能够成为晋级的最后机会。失利后他试图装出一副若无其事的样子，但是他显然非常受伤。他如此习惯于看到自己的球队高出对手一等，所以拉科鲁尼亚对比赛的掌控让他动摇了。这天晚上表现突出的胡安·卡洛斯·贝莱隆及其队友，已经预定了一个1/4决赛的名额。这就使得阿森纳和令人意想不到的勒沃库森为剩余的一个出线名额而战。

温格确保了球队在周末的联赛中反弹回来，从维拉公园带走了一场2：1的胜利。不过这也是一场真正的战斗。当比分为1：0时，西曼做出了一次关键扑救，化解了加雷思·巴里主罚的点球，几分钟后皮雷就以一记美妙的射门为球队确保3分。这也进一步表明“枪手”为什么如此难以被击败。

当球队3月20日做客都灵，准备对阵已经出局的尤文图斯这场事关重大的欧冠比赛时，他们需要这种精神。意大利球队排出了一套实力削弱的阵容，阿森纳却根本没有踢出来，最终0：1惨遭失败。非常奇怪的是，在一场意义如此重大的德比比赛中，阿森纳有如此多有失水准的发挥。亨利再度罚失点球，尤文图斯射手马塞洛·萨拉耶塔在比赛还剩不到15分钟时打入制胜球。不过最终不管怎样都没意义了，因为勒沃库森击败了拉科鲁尼亚，力压“枪手”晋级八强。

在一个充斥着各种机会的欧战赛季中，这样的结局无疑苦涩。温格觉得球队“不走运”，西曼对媒体的表态却更接近真相：“我们很失望，但是我们在主场对阵拉科鲁尼亚时就丢掉了出线权——我们应该在那晚晋级，但是却最终输球。”

“枪手”在欧战中不得不过多地依赖主场状态，而客场表现却依然在水准之下，这无疑令人惋惜。毫无疑问，欧战客场的 9 分之中只拿到 1 分，这绝对不够出色。

然而，“枪手”没有让失利的打击毁掉整个赛季，而是竭尽全力发动反攻。温格深知，球队仍然有机会拿下联赛和足总杯的双冠王——他们还没有输掉一切。重赛 3 ∶ 0 击败纽卡斯尔，晋级足总杯半决赛的快乐，受到了失去皮雷的悲伤影响——皮雷的膝盖不幸受伤，赛季提前报销。他遭遇的是韧带损伤，接下来只能当观众了。阿森纳失去了他们最具创造力的球员之一——他整个赛季一直表现突出，是赛季末评奖的主要候选人。

幸运的是，其他球星站出来填补了空缺。亨利延续了自己的优异状态，4 月 1 日客场 3 ∶ 0 击败查尔顿的比赛中他梅开二度。接下来球队 2 ∶ 1 击败热刺延续了强劲的状态。谢林汉姆第八十一分钟一度点球扳平，似乎足以为热刺赢下 1 分，但迪安·理查兹禁区内对亨利犯规，阿森纳后卫劳伦操刀点球命中。这肯定会让弗格森爵士很不爽，因为“枪手”已经在积分榜榜首甩开了曼联。足总杯半决赛凭借詹卢卡·费斯塔的乌龙球客场 1 ∶ 0 击败米德尔斯堡，意味着“枪手”再次在千年球场预定了一个决赛席位——他们的对手将是切尔西。

对热刺首开纪录的永贝里，同样状态正佳，而且他下一个月的表现将进一步把阿森纳推向冠军头衔。主场与伊普斯维奇的激战，正是靠着瑞典人下半场的两粒进球才 2 ∶ 0 赢下来。当身边其他球员的表现似乎都开始褪色的时候，永贝里接过了进球的重担。他聪明的无球跑动，给对手防线制造了巨大的麻烦，而且他拥有一种突然出现，打入关键进球、打破僵局的诀窍。

4 月 24 日主场 2 ∶ 0 击败西汉姆联的比赛中，他又进球了，阿森纳等到比赛很晚的时候才确保 3 分入袋。这已经是永贝里本赛季的第十五粒进球了。不过“铁锤帮”有理由感觉受到了不公待遇，此前前锋弗雷迪·卡努特的一次射门似乎越过了门线，但是主裁判没有认定进球有效。温格感觉球队理应得到一点运气：“在整个赛季中，运气是平衡的——我们此前在主裁的判罚方面有过一些糟糕的运气，整体而言，我认为我们得到的是理应得到的。”法国人为胜利而高兴，因为这使得阿森纳领先利物浦 4 分，超过曼联 5 分。霍利尔和弗格森现在都不会看到“枪手”错过冠军奖杯了。

另一场 2 ∶ 0 胜利——这次是在博尔顿客场——让温格及其部下几乎可以摸到英超冠军奖杯了。永贝里再次斩获进球，在最后 4 场联赛中他全部打入首开纪录的进球，他的贡献最终被证明非常宝贵。维尔托德打入第二球，阿森纳只需要在最后两轮拿下 1 分就能够夺冠，而倒数第二场就是在老特拉福德对阵曼联。

3 月末时，阿森纳在积分榜上还名列第三，进入 5 月时，“枪手”已经在榜首位置上坐拥 5 分优势。球队赢下了 4 月全部 6 场比赛，期间只丢了 1 球——谢林汉姆的点球。事实证明这是决定性的几周。还剩两轮时领先 5 分，想让温格和阿森纳不夺冠，真是需要一场奇迹。不过“枪手”主帅还是拒绝认为夺冠已经理所当然了，他表扬了永贝里：“弗雷迪（永贝里）又一次（为我们）打开了大门”，又补充道：“虽然我很有信心，但是我们仍然需要集中注意力。”

与此同时，温格暂时将思绪转向了对切尔西的足总杯决赛。他热爱这种重磅比赛，而这场比赛无疑在对“枪手”而言最合适的时机到来。他们正毫不费劲地踢着美丽足球，自信也正值历史最高点。阿森纳主帅在更衣室里不需要怎么提升球队的士气。“蓝军”在比赛中表现得很努力，最终被证明是个顽强的对手，但是渐渐地，温格的球队就把他们累坏了。帕洛尔和永贝里是这场比赛的主角——两人都远射打入世界波。帕洛尔的射门尤其精彩，而从球迷们狂热的庆祝中，也可以看出帕洛尔明显非常受欢迎。在永贝里于比赛还剩 10 分钟时破门、7 场比赛打入第七粒关键进球的时候，温格微笑了一下。在皮雷缺席时，瑞典人的表现提升得比任何人都多。

终场哨响时，阿森纳阵营中满是快乐的面庞，球队走上领奖台，领取了奖牌以及足总杯奖杯。一年前决赛输给利物浦的回忆终于被抛诸脑后，球队与球迷们一起兴奋地庆祝。不过更大的庆典还要等待时日才能举行，因为球队要先把英超冠军奖杯收入囊中。温格赛后自豪地谈及了进球者：“帕洛尔和永贝里今天都表现得无与伦比，我认为我们配得上夺冠。我们非常高兴——现在我们必须为另外两场比赛保持专注。”

5 月 8 日抵达老特拉福德时，“枪手”知道他们能够承受得起失利的结果，毕竟他们可以在最后一轮主场打平埃弗顿，然后举起奖杯。但是温格甚至根本就没考虑过这样的态度，他让球员们准备得就像此役的胜利是必不可缺的东西。亨利和亚当斯因伤缺阵，但是上场的 11 人仍然只想着在曼联自家后院里拿下英超王冠。温格故意对在老特拉福德夺冠的意义轻描淡写，但是每个人都知道，“枪手”迫不及待地想要拿下这场胜利。

欧冠半决赛因客场进球劣势被勒沃库森淘汰后，曼联向球迷承诺，会将联赛争冠拖到最后一周，但是阿森纳显然过于出色了。当曼联大举压上试图进球的时候，“枪手”已经为发动标志性的反击做好了准备。进球真正到来的时候，破门的是客队，维尔托德攻入了俱乐部最近一段历史上最为著名的进球之一。比赛以 1 ：0 结束，阿森纳再次成了冠军。

对曼联来说，在主场将联赛冠军输给“枪手”，无疑是终极的羞辱。而对温格及其部下来说，这场胜利出现在老特拉福德，弥补了 4 年的失望，也让夺冠的滋味更加甜蜜了。得胜的温格与球员和教练组一起庆祝了胜利，随后他对媒体表示：“我们想要让今夜成为王权转移的瞬间，我们想要在今夜将奖杯带回海布里。在这里赢球无疑不可思议，因为他们是过去 3 年中英格兰足球的统治者。从我来到阿森纳之后，我们赢下了两次冠军，曼联赢了 3 次。他们 3 ：2 领先，现在我们想要的是在下赛季扳平这一‘比分’。”温格知道弗格森的球队会从这次挫折中恢复过来，但是至少现在，所有与阿森纳足球俱乐部有关系的人，都可以为球队以独具风格的方式完成“双冠王”伟业而欢庆。

在老特拉福德 1 ：0 获胜，也让“枪手”在联赛中创下了一项惊人的客场纪录，他们在客场拿下 14 胜 5 平的佳绩，没有 1 场失利。考虑到温格给球队植入的精神和性格，这一成绩无疑非常有意义。其他数据也值得一提。阿森纳在夺取奖杯的路上，每一场联赛都取得了进球；在冲刺阶段，他们保持冷静，在联赛中取得了惊人的十三连胜——也就是从 2 月初到最后一直获胜。没人会质疑说“枪手”不配名列榜首。最终利物浦名列第二，曼联第三。弗格森不太高兴，有点奇怪地声称曼联比冠军更优秀。温格机智地做出了回应："每个人都认为他家里的妻子最漂亮。"

在2002年阿森纳官方年鉴中，温格满意地回顾了两座冠军奖杯："我认为这一次双冠比1997—1998赛季的双冠成就更大。这是因为我们必须从2000—2001赛季末的挫败中卷土重来，那个赛季我们错过良机，一无所获。"温格还突出强调："最重要的，是我感觉我们别具风格地赢得了英超联赛冠军。"他们确实做到了，他们的荣耀归根于温格行云流水、极具娱乐性的打法。在夺取双冠的路上，"枪手"不管在哪里比赛，都能够确保比赛足够让人激动。

亚当斯和迪克逊在代表俱乐部最后的比赛中，以极具风格的方式告别了球员生涯，亚当斯动情地表示，温格在球队的成功中扮演的角色极其重要，他对天空体育台表示："可能1998年是球员们赢下的奖杯，但是我真的相信，这一次是主教练赢下的奖杯。一整个赛季中他都表现得极其自信，而且镇定自若。我认为他配得上所获得的一切赞誉。"

亨利在49场各项赛事中攻入32球的纪录着实出众，一整个赛季中他都让对方防线如鲠在喉。但是同样重要的，是锋线其他球员的进球数。博格坎普只首发了30场比赛，却也贡献了14粒进球。维尔托德和永贝里都进了17球，皮雷则斩获了13球。这显然是集体努力的结果。皮雷这个赛季早些时候的表现已经为他赢得了英格兰足球记者协会年度最佳球员的奖项。温格已经帮助阵中这么多球员成长为了世界级天才，这个事实很难被忽视。

不过温格不愿意沉湎于荣誉之中太长时间。接下来要考虑新赛季了，温格的战术敏锐性又将被挑战到极限。但是他会做好准备。在他的教练生涯中，他很少会被人发现准备不足，他对于细节的关注简直无人可敌。下赛季"枪手"将成为被挑战的对象，英超卫冕冠军的标签会给他们带来额外的压力和期望值。

在等待2002—2003赛季开始时，曼联比任何球队都更没有耐心。此前一个赛季名列第三，对"红魔"球员和主帅来说都是很不熟悉的感觉——他们绝不想要再次体验这种感觉。他们想要用将英超奖杯带回曼彻斯特的方式，消除掉2001—2002赛季的回忆。弗格森继续加强阵容，以3000万英镑的巨资签下了后卫里奥·费迪南德。费迪南德在2002年韩日世界杯上的表现让很多人印象深刻，他被期待着参与修复球队上赛季有时表现糟糕的防线。

但是温格在休赛期中没有受到催促的影响，在转会市场上花大钱。很明显，他100%信任赢得双冠王的核心班底，但是他没有意向引进一些大牌强援，还是让很多人惊讶。一开始的转会操作只有引进的瑞典门将拉米·沙班、科特迪瓦后防多面手科洛·图雷和法国中卫帕斯卡尔·西冈——其中最贵的西冈转会费也才210万英镑。之后吉尔伯托·席尔瓦以450万英镑的转会费被补充到阵容之中。他是2002年韩日世界杯巴西队夺冠阵容中的一员，扮演的是拖后中场的关键角色，很多人都将他视作珀蒂迟来的替身。

就像温格指出的那样，他没有花大钱其实没关系。毕竟，现在这一支阿森纳队已经很特别了，他们上一个赛季在联赛客场保持不败。将维埃拉留在俱乐部内，已经是夏季转会操作的关键一步了，要知道，有关他会转会到国外的消息又一次流传开来了。这位阿森纳中前卫将自己的未来托付给了“枪手”，看上去球队的首发阵容可以和以往一样强劲了。唯一的问号在于防线，还不知道“枪手”会不会强烈地想念亚当斯和迪克逊之类的球员。

新赛季揭幕时，全世界的球迷都带着兴奋之情观战。看上去英超有望出现历史上最激烈的争冠。球队经过一番苦干才赢得英超联赛冠军，但是温格知道，卫冕对他和部下来说，将是更加艰巨的任务。

阿森纳用社区盾比赛的表现传达出了自己新赛季的意图。利物浦因为上赛季表现强劲、拿到联赛亚军而得到了参加社区盾的机会，但是对阵红军，阿森纳看上去和以往一样无法抵抗。这是一场身体对抗激烈的比赛，但是温格的球队凭借着新援吉尔伯托·席尔瓦的进球占据了优势。吉尔伯托·席尔瓦早早对球队产生影响，这令温格非常激动：“我为他高兴。他是个很聪明的小伙子，总是能够让事情变得简单，在正确的时间杀进禁区。我相信他会成为我们阵中一位强大的球员。”阿森纳主帅之后猛烈抨击了杰拉德在本方半场做出的鲁莽铲抢。杰拉德那天下午逃过红牌，实在是幸运。

“枪手”的英超赛季也开始得非常强劲，他们活动了一下肌肉，然后就随意地斩获进球。揭幕日主场2：0击败伯明翰后，他们客场2：2打平了西汉姆联，后一场比赛能够拿到1分，温格的部下们得承认是自己走运。8月27日在海布里5：2横扫西布朗，则是经典的阿森纳式表演，就像温格认可的那样，球队踢出了超凡脱俗的足球。不过客队的防守也非常不堪。温格热切地希望能够提高上赛季的主场战绩（上赛季输了3场），他要求海布里重新成为一座堡垒，成为一座让对手闻风丧胆的球场。

阿森纳的不败战绩延续了整个9月。在斯坦福桥1：1战平切尔西，靠的是伟大的团队精神。“枪手”在比赛中0：1落后，并且因维埃拉领到第二张黄牌下场而10人作战，但是他们的坚持因为科洛·图雷扳平比分而收到回报。温格赛后评价道，维埃拉被罚下是“过于严厉”的判罚，这一次法国人说得在理。

平局之后，阿森纳在9月剩下的时间里拿下了六连胜。主场2：1击败曼城一役，进球的是3名法国国脚。前“枪手”球员阿内尔卡为曼城破门，维尔托德和亨利则为阿森纳得分。查尔顿的遭遇并不比曼城好，他们在主场输了个0：3，温格满意地说：“我们看上去越来越出色了。”维埃拉重新找回了最佳状态，亨利在进攻端同样显得非常锋利。

温格根本没有隐瞒在欧冠上有所提高的欲望。他们这次被分到了与多特蒙德、埃因霍温和欧塞尔同组，第一阶段小组赛似乎只会有很少的障碍。“枪手”的欧冠赛程开始于9月17日主场2：0击败多特蒙德，博格坎普和永贝里下半场的进球让温格迎来强势开局。不过，“枪手”在欧战赛场上的主场状态从来不是问题——是客场状态经常让他们付出代价。

国内赛场上，卡努终场前的进球帮助阿森纳主场2：1击败博尔顿，延续了连胜的状态。这也让球队在周中做客埃因霍温时士气高涨。温格的球队立即掌控了比赛，因为吉尔伯托·席尔瓦开场仅仅20秒就进球了！这是欧冠联赛历史上的最快进球，也让“枪手”开启了一场4：0的完胜。阿森纳令人着迷的进攻，让埃因霍温最终被击倒在地。

这是阿森纳 19 个月来第一次在欧战客场取胜，温格为球员们的表现感到兴奋也就可以理解了，他对媒体表示：“这对他们来说意味良多。你可以看看球队在更衣室里的反应。我们理应得到这么一场胜利，我想要祝贺我的球队，因为他们在压力之下表现得非常聪明。”

周末回到联赛之中，利兹联是下一个备受阿森纳创造力摧残的对象，卫冕冠军在埃兰路球场狂入 4 球，拿下了一场 4 ：1 的胜利。卡努梅开二度，图雷和亨利也有进球斩获。中立球迷已经担心温格的球队会不可阻挡，“枪手”主帅也给了球队最高的评价：“这是我来到这家俱乐部之后的最佳表现之一，最、最、最顶尖的表现之一。”这可真是很高的赞扬。9 月是个特别成功的月份，温格自信到可以宣称：“我仍然希望我们可以不败地完成整个赛季。”不过事后来看，这一言论给球员们增添了不必要的压力，弗格森后来会让温格记起这一预言。

10 月看上去又会是一个充满希望的月份，他们这个月第一场比赛就客场 1 ：0 险胜法国球队欧塞尔，延续了在欧洲赛场上新发现的信心。10 月 6 日主场 3 ：1 击败桑德兰，则将球队在联赛中的不败纪录延续到了 30 场，温格被球队的表现折服了：“不败纪录表明我们很有延续性，而冠军球队往往始终如一。”

但是之后“枪手”在某种程度上就像是车轮脱落，他们迎来了噩梦般的几周，连续输掉了 4 场比赛。一切源自于 16 岁的韦恩・鲁尼的干涉，他在古迪逊公园球场为埃弗顿替补上阵，然后打入了一记精妙至极的远射制胜球，终结了阿森纳的联赛不败纪录。温格非常清楚鲁尼的能力，他称这位小将为“我来到英格兰之后见过的最优秀的英格兰天才”。埃弗顿主帅大卫・莫耶斯等不及鲁尼 17 岁生日——就在赛后几天——的到来，因为那时候这位小将就可以签署第一份职业合同了。对温格来说，这场 1 ：2 败局的一个积极方面在于，永贝里在古迪逊公园的进球意味着球队已经连续 49 场比赛破门了。

失利似乎伤害到了阿森纳球员，有迹象表明默西塞德一役的结果让球队遭遇了“宿醉”，“枪手”接下来输掉了各项赛事的 3 场比赛。欧塞尔和布莱克本都从海布里带走了3分，且都是以2∶1的比分取胜。对欧塞尔的失利尤其糟糕，但是温格拒绝失去理智："没理由大惊小怪。在一个赛季中你总会经历这样的阶段。现在对我们来说，反弹非常重要，这才是最重要的。我们不管赢球还是输球都要在一起。"

做客多特蒙德给阿森纳带来了又一场失利，但是"枪手"仍然晋级了欧冠下一阶段的比赛，捷克中场托马斯·罗西基——后来他将加盟阿森纳——操刀射入点球，为多特蒙德打入制胜球，不过这粒点球让温格震怒不已。在一次罕见的愤怒讽刺中，法国人说道："像很多场次一样，主裁判决定了比赛。一切都要归因于他，他为他们攻入了漂亮的第二球。我为他高兴。他理应被好好地提及。"阿森纳对埃因霍温的最后一场比赛因此变得没有意义，最终也只是0∶0结束。温格对于晋级感到如释重负，在第二阶段小组赛被抽到与罗马、阿贾克斯和瓦伦西亚同组时，他也仍然感到乐观。

温格乐于见到球队摆脱10月的糟糕状态，他也努力试图让球队回归正轨。反弹开始于11月3日客场对阵富勒姆，阿森纳似乎表现得更加专注一点儿，他们努力地拿下了一场1∶0险胜，靠的是对方前锋斯特弗·马莱的乌龙球。温格对媒体表示："我们不得不付出很大代价才赢得这场胜利。我更愿意看到球队以不一样的进球赢下这场比赛，但是我会接受现在这球。"可能"枪手"的运气在改变。

由于10月中的3场失利只有1场出自英超联赛，阿森纳在国内赛场上其实没有失去太多阵地。主场1∶0击败纽卡斯尔和3∶0战胜热刺大大振作了士气，尤其是后一场击败北伦敦死敌，让温格的球队升到了联赛榜首。热刺对于"枪手"的狂攻完全没有解决办法，中场西蒙·戴维斯开场27分钟后红牌下场，也对此没有帮助。亨利首开纪录，永贝里和维尔托德扩大了比分，"枪手"最终3∶0大胜。

英超登顶，告别了低迷状态，阿森纳似乎又准备好了打出一波不败的状态。然而"枪手"的状态其实还很不稳定，这让温格很受挫。11月23日，阿森纳做客圣玛丽球场对阵南安普敦，遭遇了2∶3的失利。坎贝尔被罚下场，詹姆斯·比蒂梅开二度，阿森纳在看上去掌控了局面的情况下，丢掉了这场比赛。

然而仅仅 4 天之后，阿森纳做客意大利首都，迎来欧冠第二阶段小组赛首场比赛时，却凭借着一系列令人眼花缭乱的防守反击，3 ：1 击败了罗马。亨利表现出了绝妙的状态，最终上演帽子戏法，温格的球队赢得了在意大利客场 22 年来的第一场胜利。温格称其为“一场伟大的团队表现”，但是他却无法解释球员们为何在对阵南安普敦的比赛中没能奉献这样的比赛。这也是他需要对球队进行矫正的地方。接下来几周，球队面临着一些重要的对决。与此同时，罗马主帅法比奥·卡佩罗将阿森纳称为“欧洲当前最强大的球队”。

在海布里 3 ：1 击败阿斯顿维拉后，“枪手”在 12 月 7 日抵达老特拉福德，迎来了本赛季英超迄今最为重磅的比赛。曼联在联赛中开局糟糕，现在在自家球迷面前迫切地需要开始逆转形势。温格的阵容失去了停赛的坎贝尔，但还是能够排出一套出色的攻击组合。但是让温格惊讶的是，球队被弗格森的部下彻底击败，曼联拿下了一场应得的 2 ：0 胜利。在中场中路向来飞扬跋扈的维埃拉，竟然令人惊讶地被菲尔·内维尔控制，后者的表现也代表着两支球队之间的差异——曼联满是激情与苦干，阿森纳则无精打采，死气沉沉。奥勒·居纳尔·索尔斯克亚后来透露曼联更衣室内喜气洋洋：“很难解释我们有多开心，因为我们是如此满意。现在我们知道自己已经重回正轨，重新杀入了争冠行列。”

温格对球队的表现很不满意，他担心曼联会凭借这场胜利激发出状态。他鞭策球员们在场上证明自己，展现出更多身穿阿森纳球衣的自豪感。温格当然从球员那里得到了他想要的反应。接下来的一段不败赛程，“枪手”重新回到了英超榜首。

欧冠主场 0 ：0 打平瓦伦西亚、英超联赛客场 1 ：1 与热刺握手言和后，阿森纳在 12 月 21 日以主场 2 ：0 击败米德尔斯堡，重新回到胜利的轨道上来。之后在节礼日，“枪手”又以 2 ：1 击败西布朗，此役温格的球队一度落后，但是凭借杰弗斯和亨利的进球完成逆转。

主场1：1打平利物浦，让“枪手”结束了收获颇丰的圣诞赛程，但是客队有充分的理由为没能全取3分而感觉受到不公正对待。比赛中出现了两粒点球，第一粒给了利物浦，坎贝尔禁区内对米兰·巴罗什犯规，这是一次正确的判罚，丹尼·墨菲操刀命中。但是第二粒点球的判罚有些过于严厉，杰弗斯在禁区内突然倒地，主裁杰夫·温特再度指向点球点，亨利没有错过机会。赛后，利物浦主帅霍利尔很不高兴：“温特先生被杰弗斯的假摔操纵了。”

阿森纳的2003年以一场令人兴奋的3：2开始，他们击败了克劳迪奥·拉涅利率领的切尔西。比赛前80分钟唯一的进球是马塞尔·德塞利的乌龙，结果最后10分钟却令人愉悦。范布隆克霍斯特和亨利一度将优势扩大到3：0，但是马里奥·斯塔尼奇和“枪手”旧将珀蒂在比赛还剩4分钟的时候追成3：2。温格对3分和球队的表现感到满意，但是球队防守颇为急躁。虽然如此，阿森纳在积分榜榜首仍然坐拥5分的优势。

在足总杯第3轮主场2：0击败牛津联后，阿森纳的杯赛征程也迎来了积极的开局。接下来的1月12日，就是“枪手”赛季中最流畅的表现了。客场对阵伯明翰时，阿森纳的速度不可阻挡，亨利、皮雷和博格坎普一整个下午反复地折磨着“蓝军”后卫，最终拿下了一场4：0的完胜。阿森纳传球的想象力和影响力让观众愉悦不已，温格也在场边安心地坐着督战。亨利本场的第二球使得他抵达了代表阿森纳攻入100球的里程碑。这样的结果，绝不会给降级热门伯明翰的士气带来帮助。

接下来阿森纳又迎来了两场愉悦的胜利，先是西汉姆联做客时1：3败下阵来，这场胜利完全由上演帽子戏法的亨利操纵，西汉姆联中场史蒂夫·洛马斯早早被罚下，也让胜利变得更加容易。之后是足总杯第四轮的比赛，非职业球队法恩伯勒主场作战时，也在上半场就被罚下一人，他们为此付出了代价。杰弗斯梅开二度，阿森纳最终5：1大胜，但对法恩伯勒球员们来说，这仍然是特别的一天，因为他们与世界足坛最优秀的一些球员斗智斗勇了。排出备选阵容的“枪手”，此前虽然已经被桑德兰淘汰出了联赛杯，但在他们真正追逐的三项荣誉上，他们看上去仍然是强有力的竞争者。

1 月 29 日做客安菲尔德拿下一场 2 ：2 平局，对中立球迷来说同样是一场令人愉悦的比赛，但是对温格来说就没这么有意思了，因为他的球队两次浪费了领先优势。利物浦第二次扳平的进球同样存在争议，因为这球来自一个因错误判罚得到的角球。温格很强硬："我的球员们告诉我，他们扳平之前的那个角球根本就不应该判角球。"之后阿森纳主场 2 ：1 击败富勒姆，3 分来得正好，但是客场 1 ：1 平纽卡斯尔就很让人失望了，尤其是主队有超过半小时的时间是 10 人应战。这使得"枪手"在榜首位置的领先优势被缩小到 3 分。

联赛中输给曼联的阿森纳，在 2 月 15 日足总杯第五轮做客老特拉福德一役中完成了复仇。温格选择了轮休亨利，上半场他们在领先时逃过一劫——吉格斯射高——之后就完全掌控了比赛，虽然本场他们没有了头号射手助阵。当温格的球队取得 2 ：0 领先，最终晋级下一轮时，曼联球迷陷入了沉默。赛后温格对部下满是溢美之词："我认为我们控制了比赛，最终比分是美妙精神与表现的结果。这使得我们的信念和信心得到了加强——这一点很重要，因为我们接下来有很多重磅比赛要打。"弗格森则更专注于点评阿森纳球员对待主裁判的方式。

不过阿森纳的表现被一次有关贝克汉姆和弗格森的事件抢走了风头。赛后回到更衣室，据说曼联主帅愤怒地踢出一只球靴，打中了贝克汉姆的额头，贝克汉姆很快挂彩，还缝了针，这也在媒体中引发了种种推断。这使得贝克汉姆在曼联的未来陷入危险——对他来说，梦剧场的一切将不复如初——也送给了阿森纳更大的优势。

不过欧冠联赛就没那么轻松了。很不幸，阿森纳的主场状态再度让他们失望，0 ：0 战平瓦伦西亚后，他们又 1 ：1 与阿贾克斯平分秋色。海布里此前几年在这项赛事上是一座堡垒，但是这一次"枪手"难以击败顽强的对手。这也给温格的球队留下了艰巨的任务，也给他们带来了打好客场的压力，而他们在欧冠赛场上的客场状态其实并不稳定。尽管温格进行了深入的准备，仔细考量过球员们的体能，球队却还是经常在欧洲赛场上发挥失常。

但是当阿森纳球员状态正佳的时候，他们能够展现出主帅灌输到他们理念中的那种足球风格。温格对于流畅、快速的进攻的挚爱，与中前场球员的技术完成了美妙的融合。曼城是下一支与这样的对手交锋的不幸球队，他们在自家球迷面前被揍了一顿1 ：5。曼城除了感叹阿森纳的美妙表现，完全无能为力。

阿森纳在缅因路球场的组织可以称得上他们整个赛季最出色的表现。温格没有因此就得意忘形，他对媒体表示："我们得到了我们想要的。现在要靠我们自己来延续这一表现，一切尽在我们掌握之中。"曼城主帅凯文·基冈对于阿森纳的风格赞赏不已："他们和我们不在一个星球上。我看过他们的很多比赛，他们是一支杰出的球队。他们队内有着美妙的平衡，而且幸运地拥有超凡的速度。他们有五六名可以演绎魔术或者奔跑突破后进球的球员。他们的武器库棒极了。"BBC 要想在王牌节目"当日比赛"中把这场比赛的精华放进去，几乎是个不可能的任务！

2 月 26 日，阿森纳出征阿姆斯特丹，迎来了与阿贾克斯的一场欧冠关键战役。在海布里令人失望地1 ：1 战平荷甲球队后，温格希望这次能够有更好的成绩。但是最终比赛又以平局收尾，两支球队都不在最佳状态。拿下0 ：0 的结果后，"枪手"要想晋级还面临着艰巨的任务，但是温格仍然很乐观："我仍然相信球队能够晋级，并且在欧冠中走得很远。"

回到联赛赛场，温格 3 月 2 日在海布里轻松地击败了阿兰·柯比什利执教的查尔顿。杰弗斯和皮雷的进球确保了2 ：0 的胜局。最重要的，这场胜利给"枪手"带来了在积分榜上的 8 分优势。

3 月 8 日在足总杯第六轮主场2 ：2 战平切尔西一役，日后将因亨利一粒特别的进球而被铭记。法国人接应直传，冲入禁区晃过"蓝军"门将卡洛·库迪奇尼，将球送入网窝。切尔西则展现出了精气神，弗兰克·兰帕德终场前扳平，为"蓝军"赢得了重赛机会。温格批评球队没能将优势坚持到底，他对记者们表示："我们上半场踢得极其出色，赢下了每一次对抗，我们半场时本应该得到比2 ：1 更大的优势。但是下半场我们做得不够多，没能扩大领先。"

周中战平罗马，意味着"枪手"在欧冠第二阶段小组赛末轮需要客场对瓦伦西亚拿下 1 分，以晋级 1/4 决赛。就像一年之前对阵拉科鲁尼亚的比赛一样，这天晚上阿森纳本来应该确保八强的一席之地，但是他们就是没办法把握住机会。维埃拉首开纪录，弗朗切斯科 · 托蒂因肘击基翁，在开场仅仅 22 分钟后就被罚下，罗马不得不 10 人应战。虽然坐拥人数优势，“枪手”还是无法扩大领先优势，而安东尼奥 · 卡萨诺在上半场结束前突然出现，打入了一记惊人的扳平进球。实际上，罗马后来甚至有机会全取 3 分，但是温琴佐 · 蒙特拉 6 码（约 5.5 米）外顶高。这样的结果，使得阿森纳在小组赛最后一轮之前陷入微妙境地。

3 月 15 日阿森纳在客场打出糟糕表现，0 ： 2 不敌布莱克本，“枪手”的 21 场不败也因此被终结。但是这段时间的出色状态让温格的球队升到了英超联赛榜首，而且优势巨大，很多人都觉得，挑战者们要想将“枪手”赶下联赛之巅已经为时过晚。不过法国人不认为夺冠已是理所当然，他对球员们的表现非常不满，毕竟球队在对阵布莱克本时过于温顺地输球。布莱克本赛季首回合已经击败过阿森纳，他们似乎知道如何让阿森纳生气。

温格试图振奋球队，应对出征瓦伦西亚的欧冠关键战役，球队的命运仍然掌握在自己手中，他或许会为此如释重负。但是在西班牙的 1 ： 2 失利，终结了“枪手”在这项赛事上的征程。他们需要一场平局来晋级 1/4 决赛，却最终功亏一篑，虽然球队此役其实表现得很坚韧，亨利也打入了一粒漂亮的进球。瓦伦西亚的制胜球由约翰 · 卡鲁打进，阿森纳这球丢得太过草率，但是这确实就是比赛中最重要的瞬间。

温格无法掩饰失望之情，因为他觉得自己的球队理应晋级。但是其他足坛人士，包括 BBC 五台现场直播评球嘉宾阿兰 · 格林，感觉“枪手”仍然缺乏在欧洲最高水平赛事中取得成功的经验。只需要看看这个赛季的欧冠决赛参赛队 AC 米兰和尤文图斯的风格，就可以知道，那些拥有诀窍的球队才更有可能是最成功的球队。

但是阿森纳没有时间继续伤心，因为他们还需要把注意力集中到另两项赛事上去。阿森纳凭借主场 2 ： 1 击败埃弗顿，重新回到了胜利的轨道上来，也为前一年10月在古迪逊公园的失利复仇。球队回归正轨很重要，温格很高兴球员们展现出了必需的专注。

阿森纳另一场精力充沛的表现，将他们带进了足总杯半决赛。切尔西在坐镇斯坦福桥迎来1/4决赛重赛时，想尽了一切办法，但是即便维埃拉被罚下，阿森纳仍然拥有勇气和决心。大多数球队在2∶1领先、10人应战时一般会想着拼命守住胜果，但这不是温格的风格。卫冕冠军继续进攻，并因此得到了回报，劳伦以一记漂亮的左脚攻门确保了胜利。温格为球队的表现极度自豪，他表扬了所有球员："我们今晚有11个领袖——而不仅仅是维埃拉。""枪手"证明了自己不仅能够打出极具吸引力的足球——他们还能凭借这样的表现获得想要的成绩。

阿森纳在足总杯半决赛1∶0击败谢菲尔德联，是对此前一轮联赛客场1∶1打平阿斯顿维拉的精彩回应。西曼对谢菲尔德联前锋保罗·佩斯基索利多的射门做出一次英勇的扑救，是比赛中的关键时刻，温格期盼着重回千年球场，再打一场决赛。谢菲尔德联主帅尼尔·沃诺克对主裁格拉汉姆·波尔的执法很是愤怒，不过温格更愿意点评西曼的发挥："那是一次伟大的扑救，我很高兴他能在自己的第1000场比赛中做出这样的扑救。这是对他在训练中的所有苦干的回报——他是职业精神的典范，也是年轻门将们的榜样。"这场胜利，将使阿森纳在足总杯决赛中对阵南安普敦。

对温格来说不幸的是，曼联迎来了出色的状态，这对"枪手"而言很不吉利。当阿森纳在为足总杯而战的时候，曼联很快缩小了联赛积分榜首的差距，在圣詹姆斯公园球场6∶2击溃了纽卡斯尔，斯科尔斯上演帽子戏法。这一天，弗格森的球队向"枪手"发出了明确的信息："我们已经准备好了要夺回属于我们的奖杯。"

阿森纳与曼联的对话，可能是一场直接决定联赛冠军归属的对决，大战之前，足总杯半决赛胜利带来的兴奋与不安充斥着海布里球场。虽然打完曼联之后阿森纳还有5场比赛，这仍然会成为争冠路上意义重大的一天。比赛不出所料地紧张，优势在两队之间游走。首开纪录的是曼联，范尼斯特鲁伊越过坎贝尔的防守，凭借速度突破基翁，然后将球送入网窝。突然间，温格看上去有点不安了。

球员们在下半场给了他一点激励，在 12 分钟内打入两球，但是这两球都有点偶然。首先，阿什利·科尔的射门其实偏离了球门，结果皮球却击中亨利产生折射入网。之后法国人冲刺接应直传时明显越位，却还是将球送入了巴特斯把守的大门。海布里被震撼了，阿森纳重新处于支配地位。如果阿森纳球员能够保住领先优势的话，曼联在最后几周将很难恢复。但是弗格森的球队提高了表现，由吉格斯接应索尔斯克亚的精准传中头球扳平。之后两支球队都想要完成制胜一击，但是最终他们都无法进球，比赛以 2 ： 2 结束。

不过争议还是有的，坎贝尔终场阶段据说是故意肘击索尔斯克亚，而被红牌罚下。这决定看上去是有点严厉，停赛将让坎贝尔错过最后 3 轮联赛以及足总杯决赛。温格非常失望，他对媒体解释道："索尔（坎贝尔）简直崩溃了，因为他根本没办法理解这一判罚。每个人都知道他不是故意碰到他（索尔斯克亚）的。他没打算碰索尔斯克亚。"温格还质疑了曼联现在拥有了优势的看法："我不能说谁现在掌控了局面，因为形势瞬息万变。赢得冠军的唯一途径，就是每场比赛都全力以赴。"《卫报》的记者凯文·麦卡拉认为曼联"很长一段时间以来都更加出色，出色到应该夺冠"，但是最终结果如何还要看踢的情况。

接下来，"枪手"以客场 2 ： 0 击败米德尔斯堡紧跟曼联步伐。维尔托德和亨利进球，温格的球队因此与同轮击败布莱克本的曼联步调一致。现在每一场比赛都意义重大了，两家俱乐部的球员身上的压力都会越来越大。一步走错，就足以错失英超冠军奖杯。阿森纳以 3 分优势力压曼联，但是"枪手"多赛一场。

4 月 26 日做客锐步球场，是阿森纳的下一个任务。由于曼联要到周日下午才比赛，所以温格的球队现在有机会先赢下比赛，给曼联增添压力。他们开场确实踢得非常精彩，完全压制了博尔顿，早早取得 2 ： 0 领先，看上去这又是一场非常安逸的胜利。然而接下来难以置信的事情发生了。"枪手"开始回撤，博尔顿则占据了优势，大举压上进攻，由尤里·德约卡夫扳回一城。突然间，温格的球队要想结束比赛也颇为棘手了。萨姆·阿勒代斯的球队残酷无情，最后阶段，博尔顿一次左路传中被替补基翁挡入自家大门。这是阿森纳这个赛季的第 15 场平局，正是在这一刻，“枪手”将主动权送给了曼联——回伦敦的旅程又是漫长而沉默。

弗格森的球队不需要接到第二份邀请，他们在之后一天做客白鹿巷 2 ： 0 击败了热刺。像近几个月经常出现的场面那样，范尼又一次进球了。就像丹尼·富尔布鲁克在《每日星报》(*Daily Star*) 上那样解释的，阿森纳现在是追赶者，“斯科尔斯和范尼斯特鲁伊进球帮助曼联击败热刺后，他们赢取英超冠军就胜券在握。阿森纳在博尔顿 2 ： 2 打平之后，曼联保持了冷静，抓住了机会”。

当曼联赢下了之后一场对查尔顿的比赛后，阿森纳将帅发现要想让争冠希望继续存活的话，就需要在 5 月 4 日主场击败利兹联。事情怎么会朝着对“枪手”不利的方向发展得这么快？对于阿森纳主帅来说，这最终被证明是个噩梦般的下午。利兹联一整个赛季都非常糟糕，但是他们在这场比赛中发挥自由。从科威尔在左侧边线附近打入一记不大可能成真的进球起，“枪手”就面临着巨大的压力。比赛的形势就像跷跷板一样来回摆动，阿森纳大举压上进攻了。但是当马克·维杜卡射出致命一击，帮助利兹联 3 ： 2 获胜，并终结阿森纳英超卫冕的希望之后，温格先是激动不已，然后彻底泄气。海布里集体发出了一声不敢相信的叹息。

最后的两场联赛在很大程度上没什么意义了，但是温格决心要高昂地结束赛季。南安普敦是第一支感受到“枪手”的狂怒的球队，“圣徒”在海布里被 1 ： 6 横扫。温格的球队踢球的方式，就像是想要向曼联以及任何质疑他们的战斗精神的人证明自己。皮雷和此役首次迎来联赛首发的杰曼·彭南特都上演了帽子戏法，但是温格在想着的是这场大胜后会发生什么，他对媒体解释道：“这让球员们感受到后悔，他们都感觉如果赢下利兹联的话，我们周日晚上就能够加冕冠军。我们在净胜球方面付出了很多努力，我敢确定，如果我们击败利兹联，我们就能夺冠。”当冲击冠军的时候，阿森纳打出了不少大胜。

阿森纳之后继续将失意发泄在对手身上，赛季收官轮，他们客场 4 ：0 击败了桑德兰。永贝里上演帽子戏法，温格则自豪地说球队“对我们本赛季展现出的足球保持了忠诚”。亨利以本赛季第二十四粒联赛进球为阿森纳的赛季收官，但是他在金靴奖的竞争中也落后范尼一球，功败垂成。终场哨响后，阿森纳和曼联所处的场景迥然相异，在古迪逊公园，曼联球员们正忙于举起英超奖杯，并欢唱：“我们夺回了我们的奖杯，我们夺回了我们的奖杯。”

温格很有风度地评价了争冠，并对弗格森及其部下表示了恭贺。“枪手”还有一场足总杯决赛要准备。温格知道，他们在对阵南安普敦时也不能太轻敌，即便他们最近刚 6 ：1 屠杀过“圣徒”。戈登·斯特拉坎的球队在赛季中让很多人信服，但是很少人能预料到他们可以杀进决赛。温格派出了一套全主力阵容——只差维埃拉和坎贝尔——但是球队不得不艰苦作战，因为南安普敦表现得非常顽强，试图击败历史荣誉更多的对手。皮雷上半场为阿森纳取得领先，但是“枪手”无法扩大领先优势，南安普敦则在最后 10 分钟不顾一切发动狂攻。但是这天下午不会再有悬念了，阿森纳将 1 ：0 坚持到了完场，也借此得到了对错过联赛冠军的一点安慰。

在取胜后面对媒体，温格似乎开心多了：“球队身上压力很大，他们很害怕一无所获地结束赛季。最近 3 周非常艰苦，但是球员们表现得极其出色，他们对失望做出的回应也很棒。我们得到了我们想要的奖杯。”他还拒绝接受对“枪手”2002—2003 赛季的负面评价，“我希望接下来 20 年中我们都会有和这个赛季一样‘令人失望’的赛季。”

这个赛季的过程中充斥着大起大落，但是球员们可以为他们自己感到自豪。是的，球队在客场比赛中太多次浪费了领先优势。是的，欧战任务又以失败告终。但是“枪手”值得夸奖的方面还是有很多。他们错过英超荣誉确实不走运，但是至少他们可以满足于足总杯的胜利。温格在他不断增长的奖杯收藏中又增添了一座奖杯。他也知道，球队拥有在下赛季打出更强表现所必需的品质。但是他要先去领取另一项荣誉。

温格在英格兰足坛的成就，为他在6月赢得了大英帝国官佐勋章[1]。女王寿辰授勋名单中除了温格还有他的同胞霍利尔。两位好友一起接受了勋章，英国外交大臣杰克·斯特劳做了一通动人的陈述："除去他们在球场上为我们奉献的娱乐之外，让热拉尔（霍利尔）和阿尔塞纳（温格）在英国民众中如此受欢迎的原因，还在于他们对于英格兰足球显而易见的激情。两人都说到过他们对于我们球场氛围的热爱，这种氛围给球场带来了绝无仅有的（比赛）强度。"温格为自己能够得到这样的奖赏深感荣幸，他对于官佐勋章的珍视，与他赢得的冠军荣誉一样多。当他最初来到这个国家的时候，谁能够预料到这一幕呢？

---

① OBE，大英帝国5级勋章中的第4级。

第六章　无敌舰队和特殊的一个

THE INVINCIBLES AND THE SPECIAL ONE

在阿森纳球迷的记忆中，2003—2004 赛季永远是一曲“无敌舰队”的赞歌。对温格来说，那是他足球生涯最难忘的赛季之一。之前一个赛季，阿森纳将几乎到手的英超冠军拱手让与曼联——曼联以疾风骤雨之势强力冲刺，阿尔塞纳的球员们则在重压之下崩盘——这种失败方式令俱乐部笼罩在绝望的气氛中，球队必须做出积极的反应。

夏季准备期伊始，“枪手”便立志要夺回英超冠军。其他赛事当然也很重要，但是对球员和教练组而言，联赛王冠重于一切。尽管这个夏天没有什么重磅签约，但是温格对本赛季夺取奖杯信心十足。转会费最高的一笔引援，是德国门将延斯·莱曼以 350 万英镑的价格从多特蒙德来投，成为大卫·西曼的替代者，后者已经加盟了曼城。

温格在海布里的最初几年中，亚当斯和基翁为他提供了坚固的防线，但如今，阿森纳主帅已经到了寻找新的中后卫的时候。坎贝尔状态依然出色，但他需要一名年轻的搭档。令很多人意外的是，阿尔塞纳选择了科洛·图雷，之前他为“枪手”出任过多个位置①，从未坐稳主力。将图雷转型为中后卫需要时间，但事实证明，图雷没有辜负温格的信任。基翁依然是球队规划中所需要的球员，只不过温格开始更多地着眼于未来。对图雷的器重，充分说明了温格培养球员并让他们成功转型的能力，他对弟子们的长处和短处都了如指掌。

与此同时，曼联失去了大卫·贝克汉姆，后者以 2450 万英镑的价格加

① 曾任后腰、边前卫、边后卫。

盟了皇马，而曼联的新援大多是缺少英超经验的新人。其中，葡萄牙小将克里斯蒂亚诺·罗纳尔多将在未来数年中令阿森纳如芒在背。就转会而言，“枪手”感到他们的情况要强过曼联，但是不会因此盲目乐观。温格成功地让球员们脚踏实地前进。社区盾杯比赛中，曼联和阿森纳旗鼓相当，常规时间战成1∶1，最终阿尔塞纳的球队在点球大战中3∶4败北。杰弗斯吃到了红牌，令这名前锋在俱乐部的前途笼罩了一层阴影。仅从这场赛季垫场赛来看，人们还很难对赛季走势做出判断。

尽管温格认为曼联会是阿森纳的头号对手，切尔西的活跃还是引起了他的注意。俄罗斯富豪罗曼·阿布拉莫维奇以1.4亿英镑的价格收购“蓝军”，随即开始大肆烧钱扩军。主教练拉涅利究竟多大程度上参与到引援决策之中，引起了人们的猜测。大家都想知道，阿布拉莫维奇是真的喜爱足球，还是只把拥有一家俱乐部当成一个商业契机而已。达米安·达夫、贝隆和埃尔南·克雷斯波等名将纷纷投奔斯坦福桥，切尔西的引援总投入超过了1亿英镑，阵容看上去强大了很多。

阿森纳的联赛征程有着美妙的开局，“枪手”球迷很快感觉到，他们的球队志在重夺英超冠军，为上赛季的失败赎罪。揭幕战中，尽管坎贝尔吃到红牌，“枪手”还是2∶1击败埃弗顿，之后3场又取得连胜，其中，客场4∶0横扫米德尔斯堡一役充分展现出了温格的这支球队强大的攻击力。一旦阿森纳以那样的方式比赛，他们就是不可阻挡的。亨利和队友们每每以“华尔兹舞步”突破对方后卫，几乎要将皮球传进大门，他们让足球看上去是一项如此简单的运动。这种华丽的风格，是温格多年以来一直让球员们追求的目标。

9月，阿森纳的表现逊色了很多。主场战平朴次茅斯令人沮丧，而在爆满的海布里球场0∶3惨败国际米兰更是令人难堪。那一晚，意大利人的表现技高一筹，在前场展露出了杀手本能。又一次踏上欧冠征程，这样的开局远不是阿尔塞纳想要的，他的球队一反常态，出现了太多失误。

不过，温格敦促球队尽快忘记这场比赛：“我们可以整个晚上抱怨和哭泣，但这不会改变比赛结果。我们唯一能做的事情是重整旗鼓。国际米兰踢得不错，但他们并非不可战胜，3 ：0 不是两队差距的体现。”不过，在接受记者采访时，国际米兰主教练埃克托·库珀有着截然不同的看法：“阿森纳面对的是一支几乎完美的国际米兰，他们根本没有机会找到他们想要的空间。”阿森纳与国际米兰、莫斯科火车头和基辅迪纳摩同在一组，温格原本期待他的球队顺利出线，但突然之间，球队的信心出现了轻微的动摇。

做客老特拉福德一役，尽管比分是 0 ：0，但比赛可一点都不平淡。终场前 10 分钟，维埃拉在与范尼的争斗中吃到第二张黄牌，被驱逐出场。更让“枪手”恼火的是，比赛最后时刻，曼联得到了一个颇具争议的点球，裁判认定基翁对乌拉圭前锋迭戈·福兰做出了犯规动作。一向稳健的范尼操刀点球，一脚劲射却击中横梁，让温格和所有阿森纳球迷都长舒一口气。这样一来，阿森纳勉强保住了联赛开幕以来的不败金身。

接下来的剧情发展令人万分遗憾。终场哨响后，“枪手”众将围攻范尼的举动，玷污了他们在比赛中相当不错的团队表现。显而易见，阿森纳对裁判的一些判罚非常恼火，但以这种方式宣泄怒火无疑是不恰当的。温格依然拒绝批评他的球队，而是给出了一些难以服众的解释：“我们打了 10 场 90 分钟的比赛，只有那么 5 秒钟举止失当。我们没能保持我们所希望的良好举止，仅此而已。”

至少在公开场合，阿尔塞纳对球员们的失态展现出一副“没什么好说的”的姿态，这令很多中立的旁观者惊愕不已：他怎么可以如此姑息麾下有违体育道德的做法？而弗格森被记者问及此事时，当然立刻发表了观点：“他们犯了‘谋杀罪’却逍遥法外，阿森纳球员的做法是我在体育界见过最糟的。”看，心理战还在继续。

英格兰足总出手了，对赛后失控场面的相关肇事者给予了重罚。基翁遭到 3 场停赛，劳伦 4 场，维埃拉和帕洛尔各 1 场。4 名肇事者以及阿什利·科尔和阿森纳俱乐部还遭受了一系列罚款。曼联那边，则有吉格斯和克里斯蒂亚诺·罗纳尔多被处以罚款。这起事件让温格与弗格森的关系进一步恶化。

9 月 26 日，在一场胶着的比赛中，阿森纳 3 ：2 击败纽卡斯尔，总算重返胜利轨道。他们流畅的进攻回来了，这对周中出征俄罗斯挑战莫斯科火车头是个好兆头。如果拿下这场比赛，无疑可以帮助他们走出主场惨败于国际米兰的阴影。然而，温格再度目睹了他的球队面对组织有序的防线无计可施的苦闷。比赛以 0 ：0 收尾，阿尔塞纳的球队又一次未能在欧战比赛取得进球。这还没完，10 月还有更糟的事情等着阿森纳。

其实，在国内赛场，阿森纳度过了一个相当愉快的 10 月。他们经受了一些严峻的考验，从 3 场联赛中拿到 7 分。这个月的战事，以做客安菲尔德挑战利物浦拉开帷幕。主队率先破门，但斗志昂扬的阿森纳完成逆转，皮雷一脚劲射攻入球门上角，这样一粒制胜球再完美不过。1 ：2 失利后，利物浦主帅霍利尔声称，“枪手”“今天很走运”，但温格对球队的表现非常满意。

两周后，人们又看到了阿尔塞纳的微笑，“枪手”主场 2 ：1 击败了拉涅利那支持续上升的切尔西。不过，这要感谢“蓝军”门将库迪奇尼的低级失误。温格对全取 3 分非常高兴，但他注意到球队的表现有一些需要改进的地方。比如，他对媒体表示：“我们在上半场给对手施加的压力不够。”每个看了这场比赛的人都知道，“枪手”真的非常幸运。

阿森纳在欧战的状态依然是个问题。以他们近期在内战中强势的表现来看，几乎没人能料到他们会在客场 1 ：2 输给基辅迪纳摩。温格指出，球员们“绝对已经拼尽了全力”，但这不算什么安慰。基辅迪纳摩的第二球决定了比赛，那是莱曼糟糕解围馈赠的大礼。阿尔塞纳拒绝指责他的门将，他更关心的是，本队很可能需要把后 3 场小组赛全部拿下才能出线的局面。“枪手”的欧冠之旅已经命悬一线，别忘了他们还得做客梅阿查，面对国际米兰。

败走基辅还影响了接下来的联赛，1 ：1 战平查尔顿令阿森纳结束了失意的一周，但至少这 1 分让他们依然留在积分榜榜首。这一周当中，有些评论员已经斩钉截铁地声称，温格的球队已经没有机会从欧冠小组出线，但法国人对他的球队依然保持着信心。他知道，“枪手”只要有了状态，便有能力击败任何对手。他令更衣室保持着高涨的士气，队中一些经验丰富的老队员以身作则，他们已经等不及到球场上完成自我救赎了。

好消息是，11 月初，“枪手”在英超依然保持不败。做客埃兰路一战，阿森纳遇到的是一支缺乏信心的利兹联，“枪手”当然要趁火打劫。胜负在中场休息时便已见分晓，第 50 分钟吉尔伯托·席尔瓦将比分改写为 4 ：0 后，比赛彻底进入垃圾时间。利兹联不能不拼，但亨利、皮雷等人的速度和配合令利兹联无法招架。4 ：1 的最终比分体现出阿森纳的压倒性优势，但说实话，“枪手”本可以让比分变得更加夸张。赛后，阿尔塞纳称赞了球队强大的团结精神，此役也为一组至为关键的五连胜拉开了序幕。

阿什利·科尔完场前的头槌破门，令基辅迪纳摩在海布里 0 ：1 败下阵来，保留着“枪手”的晋级希望。11 月 8 日，回到国内赛场的“枪手”，在一场势均力敌的北伦敦德比中，又凭借两粒相当幸运的进球 2 ：1 胜出。皮雷攻入的第一球，在配合过程中其实已经越位；而记在永贝里名下的第二球，则是凭借严重的变线才击破热刺门将凯西·凯勒的十指关。11 月 22 日，对抗“枪手”向来没有好运气的伯明翰，则在主场 0 ：3 脆败收兵。

如此出色的状态，令“枪手”在 11 月 25 日做客梅阿查之前士气大振。温格的备战工作周密到位，为一场艰苦的比赛做好了准备，尽管维埃拉和博格坎普缺阵，温格还是希望球员们能在比赛中拿出最锋利的武器。赛前，“枪手”主帅接受采访时非常坦诚：“如果我们无法夺取欧冠冠军，我就不会满足。不过我也知道，不论我执教生涯获得怎样的成就，我永远不会满足。如果我们欧冠出局，我会非常生气并打自己一顿。不幸的是，我每个赛季都在这样做。”

阿尔塞纳的球队没有让他失望，他们在梅阿查掀起狂风骤雨，最终 5 ：1 横扫国际米兰。10 月的时候，外界都把“枪手”看扁，如今他们已经强势回归。亨利梅开二度，国际米兰一直对阿森纳快节奏的踢法无所适从。温格非常激动，但赛后仍旧保持着镇静，对媒体说道：“我在最疯狂的梦境中，也没有想过会出现这样的结果。这个比分很好地说明：团队作战有时真的风云莫测，事情变化得非常快。在我们主场 0 ：3 失利后，谁能预测到我们会在客场赢个 5 ：1 呢？”“枪手”还没有出线，但由于末轮是主场迎战莫斯科火车头，他们的前景一片大好。

周中的欧战消耗影响了“枪手”在接下来联赛中的发挥，客场令人失望地 0 ：0 战平富勒姆倒也并不完全出人所料。球员们在米兰拼尽了全力，所以温格认为这次联赛丢分在某种程度上是可以接受的。他只是希望，这 2 分不会在赛季结束时成为决定性的败笔。“枪手”在后面的道路上还有很多重要比赛，阿尔塞纳希望球队能够保持健康。

和往年一样，12 月又是一个忙碌的月份。在联赛杯第四轮赛事中，阿森纳 5 ：1 轻取狼队，随后又在联赛中 1 ：1 战平莱斯特城。与莫斯科火车头的关键战役中，“枪手”赢得相当轻松，以 2 ：0 的比分锁定了出线资格。温格赛后称赞球员们的品格：“我为小伙子们力挽狂澜的表现感到骄傲，之前没有人认为他们还能扭转形势。我们展现出了非常强大的意志力，从逆境中走了出来。”阿尔塞纳还对一些批评家予以还击：“有些人就是不愿意肯定我们在欧战的表现。”不管怎样，海布里沉浸在喜悦的气氛中，很多人觉得，在一片唱衰声中从小组突围后，淘汰赛的对手们将很难阻止阿森纳前进的步伐了。

凭借博格坎普的进球，“枪手”在主场 1 ：0 击败了布莱克本。但赛后，讨论的焦点集中于西甲豪门皇马和巴塞罗那与温格的绯闻上。阿尔塞纳澄清道：“只要你觉得自己还能将俱乐部带到新的高度，你就希望继续成为球队的一分子。在阿森纳执教，或许会是我教练生涯的最后一份工作。我不认为自己需要在某个时候不惜一切代价离开这里。”

接下来，“枪手”在联赛杯 1/4 决赛淘汰西布朗，联赛中又客场战平博尔顿，随后便是一组联赛杯赛三连胜。球队的表现重新稳定起来，令温格振奋。节礼日，亨利梅开二度，“枪手”坐镇海布里奉献了完美的演出，3 ：0 击败狼队。3 天后，亨利导演了一次美妙的攻势，皮雷攻入全场唯一进球，气走南安普敦，温格的球队继续在胜利轨道上前进。

进入新年，比赛任务繁重的阿森纳奋力保持着良好势头。他们依然有机会夺取 4 座奖杯，温格很少有机会让主力球员休息。足总杯第三轮，“枪手”本赛季在埃兰路第 2 次以 4 ：1 的比分痛击利兹联。莱曼的失误帮助维杜卡首开纪录，但之后的比赛就成了阿森纳的进攻表演。温格对球队的表现非常满意："那次失误后，球队做出了很好的反应。"利兹联看守教练埃迪·格雷附议："他们有太多可以给你制造麻烦的球员。"

对于 1 月份的冬季转会窗，阿尔塞纳决定尝试去网罗新的球员，补充攻击线的阵容。通常来说，温格对于高价引援持非常谨慎的态度，所以他斥巨资引进塞维利亚攻击手何塞·安东尼奥·雷耶斯的举动令很多阿森纳球迷感到惊讶。雷耶斯的转会费将逾 1500 万英镑，不过其中一些费用需要根据出场次数等条件支付，阿森纳无须一次性支出这么高金额的费用。雷耶斯是西甲的一颗新星，广受好评。阿尔塞纳对这名新援充满信心："雷耶斯的转会是一笔美妙的签约。他是一名极具才华的年轻球员，可以司职中场，也可以担任二前锋。雷耶斯将是我们阵容的一笔重要财富。"

想让温格大手笔花钱，可不是那么容易的事。但"枪手"主帅对签下这位西班牙边路球员欣喜异常。这无疑为进攻线提供了更多选择，当然，这并不是说球队的进攻遇到了什么问题。赛季最后几个月，球队将面临繁重的比赛任务，关键战役接踵而来，或许阿尔塞纳觉得，雷耶斯能在这个关键时期为球队注入新的动力。甚至，温格可能将雷耶斯看成了博格坎普的接班人。

战平埃弗顿后，阿森纳又一次打出 4 ∶ 1 的比分，这回是主场横扫米德尔斯堡。这场胜利令"枪手"重返积分榜榜首。阿尔塞纳称赞球队此役奉上了"本赛季在主场的最佳演出之一"。阿森纳保持着良好势头，接下来又在客场 2 ∶ 0 战胜阿斯顿维拉，继续以微弱的优势领先曼联。亨利此役包办了两粒进球，但维拉对第一球感到愤怒，那是一次抢发任意球，裁判未作表示。维拉主帅奥利莱同时指出，第二球（一个点球）也是来自误判。不过，温格维护了裁判的判罚，他的精力集中于带领球队继续连胜。法国人提醒大家，赛季至今，"枪手"在联赛中依然未尝败绩，"我们在英超已经 22 轮不败，但我们的目光只放在下一场比赛。我们总是努力赢得下一场比赛的胜利，这就是我们的处事方式。前面的路还很长，但我们拥有足够的渴望、动力和信心"。

阿森纳在联赛杯半决赛首回合输给米德尔斯堡，给温格带来了小小的失望。4 天后，阿尔塞纳开心了很多，他的球队在足总杯中 4 ∶ 1 击败了同样的对手。温格派出了一些潜质颇佳的年轻人，接受采访时，他对小将们的表现评价很高："一些年轻球员展现了突出的才华。"就这样，1月份的战事强势收尾。

"枪手"的冲刺没有放缓的迹象，他们在海布里2：1击败了曼城。这是一场胶着的比赛，但温格的球队终究技高一筹，令勇猛顽强的曼城空手而归。之后，1：2再负意味着阿森纳被淘汰出了联赛杯，坦白地说，这项赛事在温格的优先级中一向居于最末。

联赛杯出局后的10连胜显示出，输给米德尔斯堡反而让阿尔塞纳和他的球员坚定了意志。这组连胜从客场3：1击败狼队拉开帷幕，这已是狼队本赛季第三次遭"枪手"猎杀。2月10日，阿森纳主场2：0击败南安普敦，亨利迎来了英超百球的里程碑时刻，"枪手"在积分榜获得了5分优势。其实，阿森纳此役并未拿出最佳水准，温格承认，"圣徒"实在不太走运。

足总杯坐镇海布里迎战切尔西，新人雷耶斯梅开二度，"枪手"2：1取胜，再次成为"蓝军"苦主。罗马尼亚人阿德里安·穆图为切尔西首开纪录，但阿森纳在下半场延续了在更衣室里的高昂士气，雷耶斯的第一球非比寻常，他一记漂亮的左脚射门攻破了库迪奇尼的大门。

一周后，两队再次相遇，这次是在斯坦福桥。令阿布拉莫维奇和拉涅利失望的是，比赛又以同样的比分结束。这是英超具有决定性意义的一个周末。和足总杯比赛一样，古德约翰森开场30秒的进球，令切尔西再次取得领先。然而，先是维埃拉接博格坎普精准传球扳平比分，随后埃杜完成反超，阿森纳再度凯旋。在曼联1：1战平利兹联的情况下，温格的球队在榜首已获得7分优势。

然而，"枪手"主帅还是拒绝自满："在3分制的体系下，7分优势是不够的。英超冠军并非二马之争，切尔西也依然有希望。"不过，随着赛季进入2月，这样的领先优势是非常有利的。

这个周中，温格和他的球队来到了西班牙，参加欧冠首轮淘汰赛与维戈塞尔塔的首回合比赛。抽签结果揭晓后，阿尔塞纳相当满意，对"枪手"淘汰塞尔塔晋级的前景感到乐观。这场首回合较量，双方打出了一场激动人心的对攻战，阿森纳 3 ： 2 取胜，拿到了 3 个重要的客场进球。埃杜梅开二度，成为头号功臣。阿尔塞纳非常开心，他知道，他的球队有足够的实力在海布里完成任务——拿到 1/4 决赛资格。温格声称："联赛中的良好表现给了我们进球的信心。"这场胜利也充分显示出阿森纳客场状态的改善。从米兰城凯旋以来，温格的球队在客场比赛时显得稳健了很多。

阿森纳的不败长跑还在继续，2 月 28 日，他们又在主场 2 ： 1 击败查尔顿。不败场次已经延续到一个不可思议的数字，一些专家开始讨论"枪手"能否将不败金身一直保持到赛季结束。温格对纪录并不十分关心，他更感兴趣的是巩固球队在榜首的位置。

阿尔塞纳的球员们已经充分利用曼联丢分的机会，扩大了领先弗格森球队的优势。接下来的足总杯第六轮赛事中，"枪手"又在弗拉顿公园[①]摧枯拉朽般 5 ： 1 横扫朴次茅斯。甚至，庞贝球迷都忍不住要为"枪手"的精彩表现鼓掌。赏心悦目的竞技令双方球迷站到同一立场，这样的事情在足坛不可多得。亨利和永贝里此役各进 2 球，温格对比赛总结道："这个结果非常棒，更美妙的是对方球迷都在为我们喝彩。我们的进攻非常流畅，我们的传球和跑动给朴次茅斯制造了很多难题。"此役是雷耶斯在阿森纳打出的最出色的比赛之一，此时的他看上去是一名前途无量的新星。

主场 2 ： 0 再胜塞尔塔后，阿森纳锁定了欧冠 1/4 决赛席位。西班牙人尽了最大努力，但"枪手"对他们而言实在太过强大。球队如此顺利地晋级下一轮赛事，温格甚为欣喜："本队控制了比赛，我们对比赛的掌控显示出我们已经成熟了起来。率先取得进球，在防守中滴水不漏，不给自己制造麻烦，这一点非常重要。我们做到了。"

回到英超，阿森纳又取得两场胜利，进一步逼近联赛奖杯。3 月 13 日，温格的球队在埃伍德公园 2 ： 0 告捷。一周后，他们又在海布里 2 ： 1 战胜博尔顿，给每一个心系阿森纳的人带来更多欢乐，"枪手"球迷满怀激动的心情。

---

① Fratton Park，朴次茅斯主场，可容纳 21100 名观众。

欧冠 1/4 决赛抽签令“枪手”与伦敦劲敌切尔西狭路相逢。在两队最近的交锋中，阿森纳占据着明显优势，博彩公司纷纷将阿尔塞纳的球队列为绝对晋级热门。两队即将进行本赛季第四次和第五次较量，如此对飙真是不太多见。“枪手”先客后主的赛程或许是个有利因素，温格清楚，这可能是挺进半决赛的关键所在。

斯坦福桥的首回合较量是一场典型的激烈有余精彩不足的比赛，两队都比较谨慎，1 ：1 的比分反映了场上形势，也意味着阿森纳在次回合占得先机。阿森纳在伦敦近邻家中收获了客场进球，温格很清楚，在最近多次击败切尔西的背景下，他的球队占据着心理优势。德塞利完场前被红牌罚下，将缺席次回合赛事。外人很难看出阿尔塞纳对本队的表现是否满意，但他的对手拉涅利对“枪手”倒是不吝溢美之词，他对媒体说：“本赛季，阿森纳完全是在另一个世界踢球。”

接下来，“枪手”将与曼联在英超和足总杯连踢两场。通常来说，这两家相遇，意味着巨大的压力，胜负会有深远的影响，但这一次联赛交手，气氛远没有剑拔弩张。此时的曼联已经落后阿森纳 12 分，双方都明白，联赛冠军之争其实已经结束。比赛十分胶着，萨哈完场前的进球为客队挣得 1 ：1 平局。“枪手”球迷离开海布里时，仍对温格用防守球员替下进攻球员的换人决定感到费解，这些调整将比赛主动权拱手交给了曼联。

足总杯半决赛上，阿森纳的表现同样令人失望。这项赛事是曼联夺取奖杯的最后机会，弗格森的球队从一开场就志在必得。温格的排兵布阵则令人蹙眉，本场他将亨利留在了板凳上，这或许是着眼于周中关键的欧冠比赛，雷耶斯同样没有首发。这样的决定令阿森纳主帅付出了代价。

曼联的斯科尔斯在上半场先声夺人，之后，“枪手”与对方球门之间就一直隔着一道“人肉长城”。阿尔塞纳做出了调整，将亨利换上球场，号令球队全力进攻，但终究未能进球。温格非常沮丧，他不得不承认，弗格森的球队进军足总杯决赛当之无愧。“枪手”没有拿出应有的斗志，如此温顺地败下阵来令他们的球迷不忍直视。

欧冠次回合与切尔西大战在即，阿尔塞纳让球员们摆脱失望的情绪，提醒他们本赛季还有远大的目标要去争取。或许，在与曼联比赛时，球队一只眼睛已经在盯着事关重大的欧冠次回合上。4 月 6 日踏上海布里球场时，“枪手”的目标直指欧冠奖杯，他们离半决赛只差 90 分钟。这是温格执教生涯迄今为止最重要的一场比赛。

一切都在顺利进行。这一晚，阿森纳率先取得进球，雷耶斯为他们带来了总比分的优势。主队球迷都从座位上跳了起来，和他们的主教练一样兴奋不已，充满期待。拉涅利迄今仍不曾为切尔西带来任何奖杯，这意味着如果不能实现突破，他在切尔西将来日无多，与奖杯无缘的日子是阿布拉莫维奇绝对无法容忍的。看上去，拉涅利的球员们在下半场意识到了这一点，温格只能眼巴巴看着切尔西起死回生。兰帕德早早地为他们扳平比分，双方回到了同一起跑线。

阿尔塞纳敦促他的球员们重新夺回主动权。阿森纳本赛季已经为欧冠付出了巨大辛劳，法国人需要的只是再多一分的努力。很不幸，比赛最后时刻，为自己的主教练站出来的是切尔西球员。他们打出一组流畅配合，布里奇和克雷斯波一个漂亮的撞墙配合后，布里奇直面球门，这名英格兰后卫冷静地施射远角得分。切尔西获得第二个客场进球，终结了比赛，海布里鸦雀无声。欧冠梦碎，阿尔塞纳用了很长时间才消化了这次重大挫折。

阿森纳主帅悄悄消失在了球员通道中，拉涅利则已登上九重天：“这场胜利简直让我乐疯了。”“蓝军”将在半决赛中出战温格的老东家摩纳哥。一个悲伤却又并不意外的事实是，阿森纳与切尔西的对决，大多数中立球迷是支持切尔西的。“枪手”凭借充满灵气的足球统治了联赛，但公众经常更愿意去支持不被看好的一方。所以，布里奇完场前的制胜球，给全国各地很多人带去了快乐。

欧冠出局，一个极其令人痛心的地方在于，这本是阿森纳一路闯入决赛并捧起大耳朵杯的绝佳机会。获悉 1/4 决赛各场结果后，温格清楚地意识到，阿森纳如果晋级，就是当仁不让的头号夺冠热门。要知道，最终的四强球队，是切尔西、波尔图、拉科鲁尼亚和摩纳哥。皇马和AC米兰均在八强战爆冷出局，最终的四强球队都不是最强大的豪门。阿尔塞纳和他的球队错过了进军欧冠决赛的最好机会。

幸运的是，对温格和他的球员们来说，他们在联赛中形势很好，争冠主动权仍牢牢握在自己手中。否则，对切尔西的失利或许真的会殃及英超夺冠大业。4月9日，亨利将利物浦防线拆得七零八落，显示出“枪手”在联赛中并未走神，他们将在榜首的优势扩大为7分。球队上半时的表现很不理想，但温格在中场休息的训话使球队在下半场有了巨大改观。

亨利上演了帽子戏法，阿森纳最终4：2取胜，阿尔塞纳的心情好了很多。全场最漂亮的进球无疑是亨利的第二球，他在远离禁区的地方拿球，然后连续躲开利物浦球员的抢截一路狂突，最终攻破了杜德克的大门。那粒进球令“枪手”以3：2反超比分。在那一刻，欧冠出局的痛苦已被忘却。“枪手”在英超的不败长跑仍在继续，在联赛只剩7轮的情况下，全赛季不败看上去越来越有可能成为现实。

在圣詹姆斯公园，阿森纳的进攻一筹莫展，最终与纽卡斯尔0：0互交白卷。然而，4月16日，士气低落的利兹联遭到了严厉惩罚，被阿森纳以5：0的比分打得五内俱焚。在这场酣畅淋漓的比赛中，亨利上演了大四喜。本赛季三度出战利兹联，温格都指挥球队获得大比分胜利，总计攻入13粒进球。余下的比赛中，4月25日的北伦敦德比是最具挑战性的一场，但“枪手”动力十足，他们只需要在白鹿巷获得平局便可锁定英超冠军。争冠对手们没能给阿尔塞纳和他的球员施加足够压力，在赛季仅余5轮的情况下，阿森纳的登基只是时间问题。

不过，热刺绝不想成为阿森纳庆祝夺冠的背景板。他们的球员和球迷现在最想做的事情就是，终结阿森纳的不败纪录。阿森纳取得梦幻开局，在上半场便以2：0领先。客队球迷的看台已经开始上演夺冠狂欢。热刺发起反扑，凭借最后一分钟的点球扳平了比分。不过，1分对阿森纳来说足够了。主裁判马克·哈尔西的终场哨声，开启了温格和球员们的夺冠派对。2002—2003赛季痛失英超冠军的一幕被忘到九霄云外了。

英超冠军到手，但阿森纳还有一个重要的目标，那就是保住不败金身。球员们希望创造这样的历史，这令他们继续脚踏实地面对最后几场比赛。对伯明翰和朴次茅斯的平局意味着“枪手”还差两场比赛就能够完成这一任务。漫长的赛季让球员们越发感到疲劳，但出色的团队精神驱使着他们继续前进。做客克拉文农场出战富勒姆一役，对方门将埃德温·范德萨的失误帮助阿森纳以 1 ∶ 0 小胜而归。这是阿尔塞纳的防线近 6 场比赛中第四次零封对手。由于“枪手”的进攻球员才华横溢，人们往往忽视了他们的防线同样实力出众。还剩 1 场比赛了。

5 月 15 日，2003—2004 赛季大幕落下。在温格的领导下，球员们没有在最后一战放松警惕，当然，为了不败纪录，温格也无须进行太多动员。这一天，海布里的客人是莱斯特城，球场内充满迎接派对的氛围。“狐狸军团”拼尽全力要搅黄阿森纳的庆典，上半场凭借“枪手”旧将保罗·迪科夫的进球取得了领先。但最终，在这个属于“枪手”的大日子，温格和弟子们还是笑到了最后。亨利的点球以及维埃拉的冷静破门为球队在下半时反超比分。3 分到手，英超全赛季不败，这份荣誉属于整支球队和教练组。在一个有 38 轮赛事的漫长赛季中，冠军队输个三四场球再正常不过，但温格的球队在这个赛季从来没有品尝过失败的滋味。

阿尔塞纳说：“在世界任何地方，在任何重要联赛中，如果你做到整个赛季不败，都会得到人们的尊敬。每一周，我的球员们都拒绝失败。”1990—1991 赛季，阿森纳在时任主帅乔治·格拉汉姆带领下，全赛季只有 1 场失利，零败绩结束赛季一直不可企及，直到温格的无敌舰队破解这个密码。

亨利的表现令人赞叹不已。他在各项赛事中一共斩获 38 粒进球，凸显出自己对球队的价值，当之无愧地获得了一系列奖项。欧洲很少有球队的防线能够找到对付他的办法，温格承认，自己的成就很大程度上归功于他的头号射手。

阿尔塞纳再次无缘欧冠荣誉，足总杯中，他的球队止步于半决赛，但他在联赛中获得了令人惊叹的巨大成功。在2002—2003赛季英超冠军之争惜败于曼联后，温格就发誓要将联赛奖杯带回海布里，在他手下的这批球星的帮助下，温格兑现了诺言。亨利、皮雷、永贝里和博格坎普的前场四重奏得到了最多的赞誉，但冠军无疑是整支球队努力的结果。这个赛季中，有不少高光时刻值得阿尔塞纳回忆：做客米兰城对国际米兰犀利的5∶1大胜；对朴次茅斯华丽的5∶1横扫以及4∶2顽强逆转利物浦的经典之作。温格提高了英超冠军的标准，现在，其他顶尖教练必须要面对挑战，努力追赶强大的阿森纳。

* * *

温格满怀信心地进入了新的赛季，不过，曼联、切尔西和利物浦都已经变得更为强大，“枪手”的卫冕征程将比以往任何时候都更加荆棘密布。切尔西解雇了主教练拉涅利，何塞·穆里尼奥取而代之，这个魅力四射的葡萄牙人刚刚率领外界并不看好的波尔图获得了2004年欧冠冠军。在新闻发布会上发表了充满自信的演说后，穆里尼奥很快有了个响亮的绰号：“特殊的一个。”像对拉涅利一样，阿布拉莫维奇给穆里尼奥提供了充足的转会资金。“蓝军”新帅签入了波尔图旧部里卡多·卡瓦略和保罗·费雷拉，同时还引进了前锋迪迪埃·德罗巴与马特亚·凯日曼以及边锋阿尔延·罗本和门将彼得·切赫。切尔西越发入不敷出，温格对于足球管理部门未能采取措施阻止“蓝军”的疯狂烧钱颇有微词。

与此同时，曼联也通过签入少年天才鲁尼，展现了他们的雄心。鲁尼在刚刚结束的2004年欧洲杯上有着惊艳的发挥。埃弗顿在争取到一个满意的价格后，终于批准了这笔转会，他们将首先得到2000万英镑的费用，根据鲁尼在老特拉福德的成就，还有700万的上升空间。

新赛季即将拉开帷幕，阿尔塞纳对他的阵容感到满意。阿森纳在转会市场上的投入非常有限，但他们留住了几乎要加盟皇马的维埃拉。雷耶斯在这个赛季则会承受人们更高的期待。加盟阿森纳以来，他时常表现出对新环境的不适应，他需要与其他进攻球员特别是亨利培养出十足的默契。西班牙小将左脚脚头很硬，速度很快，但经常浪费很好的得分机会。如温格所强调的那样，雷耶斯依然年轻，还有充足的时间提高自己。对他来说，没有比接受阿尔塞纳指导更好的成长方式了。5月，荷兰小将罗宾·范佩西加盟“枪手”，成为温格手下又一块璞玉，球迷们第一次见到这位被广为看好的锋线新人时都兴奋不已。

社区盾杯战胜曼联给新赛季讨了个好彩头。温格的年轻球员们大放异彩，雷耶斯的状态尤其出色。一场较为轻松的 3 ：1 胜利令温格非常满意，他的球队看上去较往年有了更佳的板凳深度。曼联则饱受伤病困扰，看到自己的球队被一群“枪手”小将轻松压倒，弗格森一定深感忧虑。

8 月 15 日，阿森纳在古迪逊公园开启了新赛季的英超征程。失去鲁尼的埃弗顿远不是阿森纳的对手，温格的球队 4 ：1 轻松取胜。上赛季不败长跑中屡试不爽的犀利反击再次大显神威，博格坎普、雷耶斯、永贝里和皮雷都取得了进球。温格心情大悦：“我们只打了一场比赛，所以现在庆祝还为时尚早，但我们将努力重现上赛季的辉煌。去年，我们就致力于踢出美丽足球，不断进攻。这不会改变。”

在维埃拉因腹股沟伤病缺席的情况下，阿尔塞纳让年仅 17 岁的西班牙小将塞斯克·法布雷加斯上演了英超处子秀。法布雷加斯是温格从巴塞罗那青训体系挖来的，在传控球技术方面，他拥有温格想要的一切。没过多久，阿尔塞纳甚至已开始向西班牙国家队推荐这位年轻人，他对媒体说：“这个年龄的球员可能今天会踢一场好球，明天却又表现不佳，但法布雷加斯非常稳定。如果有人说他有朝一日会进入西班牙队，这绝不会是愚蠢的预言。虽然西班牙有很多中场球员，但他们完全可以大胆地将他召入国家队。”

8 月 22 日，主场与米德尔斯堡一役，阿森纳出色的临门一脚挽救了危局。防守大意令阿森纳一度 1 ：3 落后，但温格的球员们最终献上激动人心的演出，5 ：3 实现大逆转，无敌舰队依然完好无损。显然，任何球队想终结阿森纳的纪录，都必须拿出非同寻常的表现才行。这个下午，“枪手”再次向世人展现了他们无与伦比的才华，海布里一次次陷入疯狂。阿森纳主帅对媒体自豪地表示："你们再一次看到了我们强大的团队精神，我们从不会丧失勇气。我们承受着巨大的精神压力，在场上面对着巨大难题，但我们的球员做出了出色的反应。当我们的防守表现不佳时，我们就会用前场的进攻来弥补，我们就是这样有着强大团队战斗力的球队。"这场胜利令阿森纳在联赛中的不败战绩延续到42场，平了诺丁汉森林的顶级联赛的不败纪录。

接下来对布莱克本和诺维奇的连胜，令阿森纳的8月份画上了完美的句号，球队自豪地占据着积分榜榜首。对布莱克本的胜利使阿森纳刷新了森林队的成绩，独享英格兰联赛最长的不败纪录。温格为此万分骄傲，但他许诺，球队绝不会骄傲自满："我们不会因此而放松。事情进展顺利时，你要做的就是保持谦虚，严格要求自己。我们必须展现出我们的智慧，对自己要更苛刻一些。"这些，正是阿尔塞纳的人生准则。与此同时，曼联的赛季开局非常糟糕，阿森纳已经将他们抛在了身后。

在克拉文农场3：0击败富勒姆之后，"枪手"迎来了新赛季的欧冠小组赛。阿森纳在E组的对手是埃因霍温、罗森博格和帕纳辛奈科斯，应该说是个比较轻松的小组。首轮，荷甲劲旅埃因霍温做客海布里，成为所向披靡的阿森纳的又一个手下败将，尽管比分只是0：1。温格没有忘记上赛季艰辛的小组出线过程，他决心这一次要更顺利地晋级淘汰赛。

阿森纳的六连胜终结于主场与博尔顿的比赛，客队表现异常顽强，最终与阿森纳战成2：2，阿尔塞纳对这个比分非常失望。主场迎战快马本该是稳取3分的，但阿森纳多少有些轻敌，让他们的表现打了折扣。温格赛后对媒体坦承："今天我们没有打出应有的水准。总体而言，你不能说这个结果不公平。我们在防守对方定位球时出现了问题，暴露出了弱点。我们的失球显得有些幼稚。"不过，每支强队都在博尔顿身上吃过亏，所以海布里并不会为这场平局过分担忧。

一周后，"枪手"在曼彻斯特大球场没有再犯错，1：0击败曼城，本赛季第四次零封对手。温格深知保持良好势头的重要性，他敦促球队提高临门一脚的效率："这是一场重要的胜利，我们打得相当艰苦。我们上半时表现不错，但一直没有取得第二粒进球。如果你不能终结比赛，对手就总是有机会扳回来。”

欧冠小组赛第二轮，“枪手”战平了罗森博格，但接下来，“枪手”便坐镇主场 4 球横扫查尔顿。亨利梅开二度，无疑是比赛的主角，他的第一球非常漂亮，那是一记脚后跟巧射，防守他的乔纳森·福琼被击穿了小门。两周后，阿斯顿维拉的运气也没好到哪儿去，1 ∶ 3 倒在气势如虹的“枪手”脚下。不败纪录还在继续。

10 月，阿森纳宣布，新球场将命名为酋长球场，这个命名是与阿联酋航空赞助合同的一部分。球场建设仍在进行中，人们都迫不及待地想在球场竣工后一睹真容。不过，欧战的乏力表现仍在困扰温格，他的球队再次由于未能彻底打败对手而留下后患。2 ∶ 2 战平帕纳辛奈科斯后，“枪手”在前 3 轮小组赛只拿到 5 分。当然，这已经比上赛季同期多出 4 分。这一天，莱曼成了倒霉的罪人，他的两次失误酿成了严重后果。但是，温格拒绝批评自己的门将：“在一场比赛结束后，立刻对一名球员的表现进行评判是很困难的。我们本应该拿到 3 分，但这个结果我们也应该满意了。”

10 月 24 日，阿森纳迎来了赛季迄今为止最严峻的考验，那便是出征老特拉福德挑战曼联。击败维拉之后，阿森纳的不败纪录已经延续到了 49 场，他们非常渴望在死敌身上将这个数字改写为 50 场。从两队过去的交锋情况就可以知道，这将是一场火星四溅的比赛。

开场不久，阿森纳便被剥夺了一次好机会，费迪南德疑似用犯规动作将永贝里放倒在地，由于费迪南德当时已是最后一名防守球员，主裁判莱利如果判罚犯规，就必须将这名后卫红牌罚下。结果，莱利示意比赛继续进行。比赛场面一直非常胶着，僵局直到最后 20 分钟才被打破，莱利再次成为争议焦点。鲁尼和坎贝尔在禁区内争夺皮球，曼联前锋摔倒在地，主裁判指向了点球点。但慢动作显示，双方的身体接触趋近于零。范尼罚入了这粒点球。阿森纳球员被如此不公对待彻底激怒，再也没能恢复冷静，鲁尼完场前为曼联攻入第二球，锁定了胜局。“枪手”的不败纪录戛然而止，但这种输球方式是最不能让人接受的。温格盛怒不已。

比赛结束后，通道内以及更衣室外出现了混乱，两队将争斗延续到了场外。在叫喊声和肢体冲突中，一名阿森纳球员从赛后自助餐台上扔出一块比萨，正砸中弗格森面门。毫无疑问，这起冲突已经出格了。媒体很快便将这场比赛称作“比萨大战”。

赛后接受采访时，阿尔塞纳没有掩饰自己对这场失利的观点：“莱利决定了比赛，我们都知道他在老特拉福德有这个能耐。我们被打劫了。那个点球，双方球员根本没有接触，连鲁尼自己都这么说。上赛季就出现过这种事（当时范尼主罚点球击中门楣），现在又发生了一次。”与此同时，范尼对阿什利·科尔的一次野蛮抢断，以及内维尔兄弟对雷耶斯的粗暴行为，也让温格非常愤怒。曼联球迷则质问阿尔塞纳为何如此输不起，名记保罗·欣斯在《曼彻斯特晚报》网站上写道：“年轻的时候，别人教会我的一个道理就是，一个真正的体育人，应该在胜利时保持谦逊，失利时保持风度。但显然，阿尔塞纳·温格接受的教育跟我不一样。如果他算是有风度的输家，那太阳就从西边出来了。”晚些时候，弗格森爵士也说，这场比赛表明，“枪手”是“历史上最糟糕的输家”。

与此同时，阿尔塞纳在试着寻找积极的一面：“我不认为这会是赛季转折点。我认为这场失利会让球员们变得更加坚强，因为他们受到了严重的不公对待。”队长维埃拉表达了自己的观点：“在老特拉福德碰到这种事，我们已经习惯了。我们会重整旗鼓，会变得更加强大。”

最终，阿森纳因为裁判极具争议的判罚才被击破不败金身，但这对温格起不到什么安慰作用。如果能在老特拉福德将不败纪录延续到 50 场，他会非常高兴。但终究事与愿违。尽管阿尔塞纳声称这场败仗不会影响他的球员，但未来几个月发生的事情证明，事实恰恰相反。至于弗格森，他则希望这场胜利能让他的球队步入正轨。

联赛杯击败曼城令温格感到欣慰，但接下来的 3 连平显示出，老特拉福德之败动摇了“枪手”的意志。10 月 30 日主场 2 ∶ 2 战平南安普敦一役，

“枪手”犯下了一些罕见的错误，而周中欧冠1：1战平帕纳辛奈科斯则更加令人为他们感到忧虑。放在几周之前，这些比赛是无敌舰队在上半场就可以搞定的。在塞尔赫斯特公园与水晶宫的1：1平局，为阿森纳悲剧性的一周画上了句号。他们必须停止这样有失水准的表现，因为，尽管曼联的状态仍有问题，但切尔西已经表现出能与阿森纳一路竞争到底的能力。

击败埃弗顿之后，阿尔塞纳的球队闯入了联赛杯1/4决赛，但他们在联赛中仍是蹒跚前行，11月13日在白鹿巷进行的北伦敦德比依然如此。阿森纳的进攻火力仍在，但防守方面，他们乱了阵脚。那场比赛中，他们凭借进攻中的速度和配合取得了胜利，但5：4的比分是温格始料不及的。在一度1：3落后的情况下，阿森纳几乎让全力进攻的主队看到了希望。这是一场美妙的比赛，过程一波三折，法国人更在意的一点是，他的球队终于回到了胜利的轨道上。

温格对媒体说：“我享受这场比赛，但有些时刻让人很不舒服。像与北伦敦德比这样的比赛，要么会是0：0，要么会非常疯狂。你可以说，今天就是一场彻头彻尾的疯狂的比赛。我认为，我们表现出了非常好的意志品质。今天，我们的后卫肯定不像前锋那样开心，但我们还是很高兴取得了胜利。我们之前两场联赛没有取胜，人们恐怕反应过度了，因为我们最近53场联赛只输了1场。”

然而，接下来又是两场平局，“枪手”球迷因为球队的急转直下万分沮丧。主场与西布朗的比赛仅拿到1分，显然不是合格的答卷，温格对此心知肚明。而欧冠客场战平埃因霍温，则让阿森纳又一次错过了锁定出线资格的机会。当然，考虑到下半场劳伦和维埃拉被双双罚下，平局其实也不错了。现在，阿尔塞纳和他的球员们需要在最后一轮与罗森博格的比赛中全取3分，才能够确保晋级下一阶段赛事。

11月28日，阿森纳最近55轮联赛的第二场失利来了。他们败在了利物浦的脚下。考虑到阿森纳近期一直步履维艰，这个结果并不非常令人意外。出任前场自由人的杰拉德打了一场漂亮的比赛，不过，得到人们最热烈掌声的是远射攻入制胜球的小将尼尔·梅洛。终场哨响后，温格看上去非常失落，但在媒体面前时，他恢复了镇静，给出了一个老套的借口："我们在与埃因霍温的比赛中消耗很大，这或许影响了我们的表现。我不觉得我们的防守做得非常差，但最近这段时间，我们每犯一次错误都会导致丢球，而且我们的体能状况也没有正常情况下那么好。"周中联赛杯，阿森纳又以 0 ：1 不敌曼联，海布里继续笼罩在阴沉的气氛中。

这个时期，穆里尼奥和切尔西则在向英超榜首位置阔步前进。很少有人料到，新帅上任的切尔西这么快就向冠军发起了冲击，但穆里尼奥确实立刻适应了伦敦的生活。不论温格承认与否，切尔西的状态无疑给他的球队施加了很大压力，阿尔塞纳和穆里尼奥之间的敌意也就是从此时开始慢慢形成的。

阿森纳终于在低谷中做出了正确的反应。主场 3 ：0 击败伯明翰一役，他们将对手撕成碎片，显示出球员们找回了 2003—2004 赛季的状态。3 天后，"枪手" 5 ：1 重创罗森博格，完成了欧冠小组出线任务。这是"枪手"这一周的第二场大胜，带着这样的状态备战下一场联赛是再完美不过的，他们将坐镇海布里迎战穆里尼奥的切尔西。

重大比赛之前，总是少不了媒体的炒作。卫冕冠军阿森纳，迎战冠军挑战者切尔西，当然吊足了人们的胃口。两位主教练以及他们反差强烈的个性，成为媒体热议的话题。阿尔塞纳是冷静的，泰然自若的；穆里尼奥则是张扬的，激情四射的。和温格的阿森纳一样，穆里尼奥的球队也拥有大量外援，但是，"蓝军"是以英格兰本土球员为核心的，约翰·特里和弗兰克·兰帕德正在成长为这个国家最顶尖的球员。

这是一场激动人心的比赛，两队势均力敌，最终 2 ：2 的比分对双方都是公平的结果。客队通过定位球攻入两球，穆里尼奥似乎在战术斗智上压倒了温格。尽管"枪手"以往在主场对切尔西有着很大的优势，但穆里尼奥的到来大大提升了"蓝军"的自信。

阿尔塞纳对于未能抓住机会击败争冠对手感到遗憾："这十分令人沮丧，因为我们两次取得领先，但两次都被扳平。我们是有机会赢得胜利的。"穆里尼奥则对阿森纳的第二球愤怒不已，那是亨利快发任意球的产物。穆里尼奥对于只带着 1 分离开海布里愤愤不平："我们是表现更好的球队，本应该取得胜利。"

接下来的四连胜，意味着阿森纳在圣诞鏖战期间拿了满分。温格深知这一阶段比赛的重要性，他的球员们也足够争气，缓解了球队的压力。12 月 19 日，客场击败朴次茅斯揭开了四连胜的序幕。一周后，他们在主场 2 ∶ 0 气走富勒姆。12 月 29 日，"枪手"北上圣詹姆斯公园，依靠维埃拉的进球 1 ∶ 0 凯旋。

新年当天，阿森纳客场 3 ∶ 1 击败查尔顿，为 2005 年讨了个好彩头。阿森纳的攻击手们充分利用了对方防线的一些失误，给他们展示了应该怎样利用速度和配合。不过，切尔西没有浪费"枪手"和曼联丢分的机会，穆里尼奥的球队稳坐积分榜头把交椅。温格试图给他们施加心理压力，声称保持前进速度的压力会让"蓝军"感到紧张。

1 月 15 日，阿森纳 0 ∶ 1 输给博尔顿，舆论开始批评"枪手"缺乏在客场对付侵略性十足的力量型球队的能力。温格不同意这样的说法，但他无法否认的是，败走博尔顿使他们追赶切尔西的任务变得更加艰难。"蓝军"已经获得了 10 分优势，温格开始还声称争冠赛跑仍在继续，但似乎很快举起了白旗："切尔西现在只会输给自己，因为他们已经让英超冠军成为囊中之物。"不过，这并没有让阿尔塞纳和穆里尼奥通过媒体进行的口水战停歇下来。"枪手"打赢了 1 月份的最后两场比赛，先是在英超 1 ∶ 0 击败纽卡斯尔，随后又在足总杯 2 ∶ 0 战胜狼队。

2 月份伊始，阿森纳将坐镇海布里迎战曼联，这是每个赛季的重头戏之一。奇怪的是，双方这次不是以积分榜前两名球队的身份相遇，而是在扮演着领头羊和追赶者的角色。当然，这并不会降低比赛的激烈程度。温格赛前就告诉媒体，谁输掉这场比赛，谁就会面对退出联赛冠军争夺的严重后果。

最近几年来，两支球队的关系十分紧张，出现过一些很不体面的冲突。此番交锋的火药味则更胜以往。而且这一次，战争的爆发比以往更早，双方队长维埃拉和基恩赛前在通道里便起了争执，天空电视台的摄影机记录下了这一幕。争吵起源于热身结束后维埃拉对加里·内维尔说的一些话，双方的相互指责和激烈言辞当然预示着比赛绝不会缺少火星撞地球式的身体对抗。这理应是一场经典对决，比赛果然也没有让人失望。

维埃拉将通道事件抛于脑后，在一次角球进攻中头槌破网，为阿森纳先声夺人，点燃了海布里观众的热情，令比赛的紧张气氛进一步升级。曼联做出强势还击，素来令“枪手”如芒在背的吉格斯为“红魔”扳平比分。半场结束前，博格坎普击穿罗伊·卡罗尔的小门，再次超出比分。中场休息时，阿尔塞纳对球员们再接再厉全取 3 分充满信心。

然而，下半时曼联的表现更为突出。吉格斯和 C 罗是他们的排头兵。C 罗为曼联扳平了比分，接下来，吉格斯在右路接基恩传球，利用速度超车维埃拉，后晃过经验不足的门将曼努埃尔·阿穆尼亚送出传中，C 罗梅开二度。吉格斯这次助攻要感谢阿穆尼亚弃门而出，让球门完全暴露在 C 罗的打击范围之内。突然之间，比赛大变天，温格看上去对局势的急转直下困惑不已。奥谢一脚聪明的挑射将比分定格为 4 ： 2，给阿森纳的伤口又撒了把盐，令阿森纳球迷无法直视。曼联控制了下半场比赛，尽管法国后卫西尔维斯特在第六十九分钟被红牌罚下，也没有改变比赛的局势。

赛后，温格不愿谈论通道里的争吵，但就像他赛前所说的那样，他承认阿森纳队已经退出了冠军争夺：“我们不会放弃，但我们已经落后太多。冠军已经在切尔西的口袋里了。曼联仍有渺茫的机会，而对我们来说则太难了。不过，我们会维护自己的尊严，努力做到最好。”本赛季遭到曼联双杀，令阿尔塞纳和他的球队痛心不已。不出意外，弗格森非常自豪，他承诺会与切尔西竞争到底。

尽管联赛冠军已经无望，但“枪手”还有很多其他目标。温格对他的球员们说，他们必须在英超取得尽可能好的成绩，同时，他还惦记着另外两项赛事：足总杯和冠军杯。欧冠淘汰赛抽签中，阿森纳遇到了德甲豪门拜仁慕尼黑，但“枪手”在赛程上先客后主，算是一个小小的优势。

接下来的两场联赛中，阿尔塞纳的球队自由发挥，打出极高水平，似乎温格有关本队退出冠军争夺的言论反而给球员们卸下了包袱。在维拉公园 3 ：1 击败阿斯顿维拉一战，“枪手”打出了流畅而漂亮的进攻，开场不到半小时便取得 3 ：0 领先。而 5 ：1 战胜水晶宫一役，阿森纳则有着更美妙的发挥。看到本队肢解伦敦近邻的演出，“枪手”主帅心情大悦：“我们一直说，球场上的实际行动是对一切批评声最好的回应，我们做到了这一点。”

这场比赛另一引人注目之处，便是温格的 16 人名单中无一英格兰球员，这在阿森纳的历史上是头一遭。温格不认为这有什么问题：“我觉得阿森纳球迷不会介意一个全外援阵容。他们想要的是高水平的表现。你看到一名球员很出色，你不会在乎他来自哪个国家。”在“枪手”赢球的时候，这样的问题或许可以被忽略，但是，这确实说明了英格兰足球的现状，温格已经找不到适合他球队的英格兰球员。

2 月，作为阿尔塞纳阵中少有的本土球员之一，阿什利・科尔卷入了巨大争议中。温格对于切尔西试图引诱这名后卫转投斯坦福桥的举动愤怒不已：“如果他们不守规矩，那么英超联盟就应该展开调查，让他们得到应有的惩罚。”温格对媒体说道。穆里尼奥则告诉阿尔塞纳，如果想得到答案，可以给他打电话。科尔的“肥皂剧”还将绵延良久，接下来，阿尔塞纳将对穆里尼奥和切尔西的行为越发愤怒。

之后两个星期，阿森纳再次坠入低谷。主场与谢菲尔德联战成 1 ：1 的足总杯比赛，阿森纳尽显疲态；随后，他们在慕尼黑几乎无还手之力，给次回合比赛留下了一座难以翻越的高山。做客慕尼黑奥林匹克体育场一向十分艰苦，但温格还是对球队的表现感到沮丧。拜仁以 3 ：1 取胜，而且实事求是地说，阿森纳完全有可能输得更惨。好在，科洛・图雷完场前的进球让阿森纳球迷看到了次回合的一线生机。赛后，阿尔塞纳在解释本队的失利时显得十分消沉，他说：“这是我们在欧冠最差的表现，赛后球员们在更衣室里情绪十分低落，我觉得我们这场比赛打得实在太过糟糕。”

法国人承认，图雷的进球至少保留了次回合的希望，不过，科特迪瓦人的防守才更加引人关注，他对球队的崩盘负有直接责任。这场失利之后，维埃拉对温格的转会政策提出了质疑。

阿森纳的欧冠征程并没有完全失去希望，不过，“枪手”必须要在海布里奉献魔幻般的演出，才能晋级1/4决赛。回到联赛中，温格的球队还在继续滑坡，2月26日，主场与南安普敦一役战成1 ∶ 1平局。而点球击败骁勇异常的谢菲尔德联之后，阿森纳闯入了足总杯第六轮。然而，仅靠这样的表现是无法提升球队士气的。切尔西和利物浦都在欧战威风八面，“蓝军”则仍在英超强势领跑，而在北伦敦，你却见不到几张笑脸。

温格要求麾下拿出更好的表现，他的话还是有作用的。主场与朴次茅斯一役，“枪手”的表现有所改观，3 ∶ 0轻取对手。周中，如果“枪手”想淘汰拜仁慕尼黑，继续在欧冠赛场前进，他们需要更多这样的发挥。阿尔塞纳的球员们尽了最大努力，但最终，他们还是无力弥补首回合的劣势。阿森纳至少要以两球优势取胜，他们冲击着拜仁的防线，但遇到了顽强抵抗。下半场，亨利终于打破僵局，球队大举压上寻找第二粒进球，如果比分改写为2 ∶ 0，他们就可以凭借客场进球优势晋级。但令海布里绝望的是，球队终究无法完成那致命一击，最终以总比分2 ∶ 3郁闷出局。温格是否应该采取更具侵略性的战术？一些球迷对此深信不疑。

赛后接受采访时，阿尔塞纳显得非常激动，他承认自己很失望:“这两回合比赛，我们败于首回合的慕尼黑之战，我们丢了太多球。主场1 ∶ 0取胜的结果是不错的，但我们在德国的表现令我们付出了代价。”法国人拒绝批评他的球员，但他还是暗示，夏天或许会有新面孔加入球队。对于转会话题，温格打起了太极:“我是否会在今年夏天重建球队？现在还很难讲。”

“枪手”在足总杯中倒还比较顺利，出征锐步球场显示出了勇气，1 ∶ 0击败博尔顿。阿勒代斯的球队过去曾给温格制造过很多麻烦，但在艾尔哈吉·迪乌夫被罚下后，阿森纳充分利用人数优势笑到了最后。永贝里攻入了全场唯一进球，那是接到皮雷妙传后的一脚漂亮射门。一周后，布莱克本也在对阿森纳时遭受了同样的比分失利，“枪手”仍在追赶切尔西，他们的目标至少是从曼联手中抢夺积分榜次席的位置。

接下来，温格的球队是第二次在本赛季戳了诺维奇 4 个窟窿，而客场击败米德尔斯堡，则是他们在英超的第四场连胜。“枪手”最近 7 场比赛只丢 1 球，状态明显回升，但不幸的是，最重要的奖杯已经远离他们而去。如果阿森纳几周前对拜仁拿出这样的斗志，打出这样的场面，结局或许就会大不一样。无论如何，足总杯现在成了他们的重要目标，这是阿尔塞纳本赛季捧起奖杯的最后机会。

4 月 16 日，阿森纳主帅和他的球队来到千年球场，他们清楚，对手布莱克本将不惜一切代价在这场足总杯半决赛中制造冷门。在马克・休斯带领下，布莱克本已经取得了长足进步，成为一支很难被击败的球队，阿森纳就吃过他们的苦头。人们经常议论布莱克本的力量型打法，闻知自己的球队被看低，马克・休斯十分恼火。温格则敦促球员们保持冷静，避免被对手激怒。布莱克本这支拥有安迪・托德、罗比・萨维奇和卢卡斯・尼尔等猛男的球队，毫无疑问已经准备好要与阿森纳血战一场。

比赛的进程完全在阿尔塞纳的计划中。他在备战中演练了富有针对性的战术，球员们照计行事，充分利用了布莱克本的弱点，那就是防线速度不足。范佩西度过了一个美妙的下午，独中两元①，对手动作凶狠的紧密盯防对他未能奏效。托德的一次防守动作引发了巨大争议，温格赛后有一肚子话要说:“我不认为安迪・托德需要抬起肘部，他动作做得很晚，是冲人去的。我们对对方的一些出格犯规做出了反应，但一直保持着注意力集中，没有失去勇气。这对于一支年轻球队来说难能可贵。”有时候，人们会指责阿尔塞纳对本队的一些重大争议事件选择性失明，但这一次，他的这番话绝对没错。

另一场半决赛中，曼联 4 ：1 轻取纽卡斯尔，即将与阿森纳进行本赛季第三场较量，这次是 5 月份会师加的夫千年球场。在那两场火星四溅的联赛交锋后，每个人都期待着这场最终决战的到来。对温格而言，这是忘记对弗格森球队的 0 ：2 和 2 ：4 失利的绝好机会。

---

① 在足球中，独中两元是指在同一场比赛中，两次攻破对手的球门。与梅开二度意思相同。

周中做客切尔西的比赛，如果放在赛季早些时候，或许会是一场争冠大战，但此时交手对双方已没有太大意义，两队都没有全情投入，最终 0 ：0 战成平手。“蓝军”享受了一个出色的赛季，英超冠军几乎到手，在此之前，穆里尼奥的球队已经捧起过联赛杯奖杯。从某些方面来说，互交白卷的平局对“枪手”是个比较体面的结局。

尽管联赛已近尾声，但面对北伦敦德比，阿森纳还是抖起精神，在主场 1 ：0 击败托特纳姆，完成了对死敌的双杀。这个赛季中，海布里球迷有过灰心的时候，但击败热刺永远都会令他们眉开眼笑。一周后的 5 月 2 日，西布朗又成为阿森纳最新的手下败将，比分是 2 ：0。过去几个月中，温格球队的防守确实坚固了很多，最近各项赛事的 11 场中 10 次零封对手。这是一个非常了不起的纪录，让人看到了下赛季的好兆头。按照规则，英超亚军可以直接进入欧冠正赛，在这项争夺中，阿森纳目前以 4 分优势领先曼联。

联赛还剩 3 轮，阿尔塞纳鼓励球员们要给本赛季留下一个强势收尾。队中每名球员都在为足总杯决赛的首发资格而战，温格希望这个动力能让球队在收官阶段打出更高水平。5 月 8 日主场 3 ：1 击败利物浦，球员们打出了主教练所要求的水准。这场比赛之后，利物浦跌至积分榜第五名，落后于同城死敌埃弗顿。默西塞德的红色球队即将参加欧冠决赛，但联赛最终仅列第五，实在让他们大失所望。而占据第四名的是默西塞德的蓝色球队，就更加让红军如鲠在喉。

赛后接受采访时，阿尔塞纳明显对球队的表现非常满意，但队内的伤病形势还是颇让他忧心：“伤病情况很严重，吉尔伯托·席尔瓦踝伤复发，维埃拉伤了膝盖，皮雷则扭伤脚踝。我们要等到周一再看看他们的伤情。而积极的一面则是，我们的年轻球员打出了极高的水平，让我感到乐观。”

周中，“枪手”的表现更上一层楼，他们在与埃弗顿的比赛中，打出了超一流的犀利进攻。“太妃糖”在阿森纳不知疲倦的一波波攻势中丢盔弃甲，最终，“枪手”取得了一场令人难忘的 7 ：0 狂胜。球队的表现令阿尔塞纳大喜过望，露出了几周以来最开心的笑容。这场比赛依稀让人看到了那支无敌舰队的影子，球迷们想要的就是这样的表现。

博格坎普度过了美妙的一晚，这引发了更多有关他前途的问题。荷兰人非常渴望得到新一年的合同，但温格在镜头前拒绝给出任何承诺："我已经做出了决定，但我们在赛季结束前不会宣布。他是一位极其特殊的球员，丹尼斯·博格坎普是罕见的旷世奇才，是其他球员的伟大榜样。范佩西等人在本赛季都取得了巨大进步。"

这一夜，博格坎普非常动情，他知道这有可能是他在海布里的最后一场联赛。温格同样为之动容，回忆起了博格坎普带领的球队获得 1998 年双冠王，以及凭借其出色的技术和视野无数次左右战局的丰功伟绩。最终，博格坎普的海布里生涯并未结束，合同谈判的结果皆大欢喜，未来一年，阿森纳将继续享受博格坎普的魔法。

阿森纳的赛季收官战令人失望，在客场 1 ：2 输给了伯明翰。不过，积极方面在于，有更多的年轻球员得到了在一线队出场的机会，阿森纳青年学院不断涌现出青年才俊。赛季的最后几周，人们在阿森纳身上看到了不少积极的迹象，现在，"枪手"球迷对下赛季的前景乐观了很多。

与此同时，阿尔塞纳和他的球员们已将目光转移到了在加的夫进行的足总杯决赛上，他将与弗格森再一次直接过招。阿森纳和曼联来到威尔士首府，都为了抓住最后一次捧杯机会，不想收获一个四大皆空的赛季。然而，只有一支球队能够成为赢家。两队都在欧冠早早出局，在联赛中亦双双掉队。一切客观因素，都意味着英格兰足球将迎来一场美妙的赛季终极战。很多人期待这将是一场能够媲美 2 月初在海布里的那场 4 ：2 的精彩对决。

不过，比赛令这些球迷失望了。万众期待的经典名局最终变成了一场闷战。温格的战术相当谨慎，他的球员们所做的，只是抵挡住了曼联的进攻。C 罗和鲁尼有着出色的发挥，但都没带上射门靴。阿森纳追求的，只是消解曼联的进攻，然后试图在反击中有所收获。对温格这样一位总在倡导攻势足球的教练来说，这样消极的战术实在有些奇怪。

双方已经交手过太多次，彼此知根知底，两队主帅都没有使出奇招。90 分钟结束，比分仍是 0 ：0，加时赛双方同样无法分出胜负。于是，史上第一次足总杯决赛点球大战到来了。在12码轮盘赌中，温格的球队成了胜利者。常规时间里，莱曼便做出了多次关键扑救，点球大战中，他又挡出了斯科尔斯的射门。事实证明，这一次扑救已经足够，最近一段时间并不十分讨阿森纳球迷喜欢的维埃拉攻入了制胜点球。

温格称赞了麾下球员的求胜欲望，球员们绕场一周向球迷鼓掌致敬，温格也加入了这场庆功派对中。事实上，曼联才是表现更好的一方，但最终捧起奖杯的是阿森纳，这才是最重要的。阿尔塞纳对媒体解释道："比赛打得确实很艰难，球员们非常拼。这是一场艰苦的比赛，下半场，我们有几次是靠运气撑了过来，但我们的防守确实做得很好，力保球门不失球，这非常棒，我十分自豪。"

阿森纳的球员们同样欣喜若狂。阿什利·科尔很高兴用胜利回击了曼联球迷的嘘声："我只是想把他们的嘴巴堵上。"形成鲜明对比的是，维埃拉大度地称赞了对手："你必须要称赞曼联的表现。他们创造出了很多机会，但我们的意志非常顽强。""枪手"享受着胜利的喜悦，他们终于给球迷带去了快乐。

曼联队长罗伊·基恩对媒体表示："不必总去强调机会都在我们这边，那只是一种微不足道的自我安慰。我们控制了比赛，但我相信阿森纳球员不会在乎，他们得到了冠军奖牌和奖杯，而我们没有。"这番话对比赛的总结非常精辟。

对弗格森爵士而言，英超季军、欧战失意，这令他不满意，而足总杯决赛点球失利，则为这个赛季画上了一个悲剧性的句号。不过，弗格森的球队不会放弃，温格也很清楚，2005—2006赛季开幕时，曼联会更加渴望胜利。切尔西若想实现卫冕，必须要压倒两支动力更足的球队。

这不是一个值得回忆的赛季，带着足总杯冠军挥别这一年，对温格来说是件好事。之前一年，温格写就了无敌舰队的传奇，2004—2005赛季则完全不可同日而语。温格有理由对球队关键时刻掉链子感到失望。这是学习过程的必经阶段，丧失英超冠军之痛，会让他的球队下赛季归来时更为强大。"枪手"已经3次夺取英超冠军，但还从未实现卫冕。阿尔塞纳渴望在未来几年填补这一空白。此时的温格，如果知道阿森纳要为下一座重要奖杯等待多久，或许会更尽兴地去享受这座足总杯带来的喜悦。

第七章　重建

THE REBUILDING PROCESS

阿森纳全队上下摩拳擦掌地期待着又一个激动人心的英超赛季揭幕。“枪手”对将英超冠军拱手让与切尔西万分失望，他们已经迫不及待地要去复仇。2003—2004 赛季联赛不败的喜悦已经被输给“蓝军”的失望所取代。但毫无疑问，温格和他的球员们并不缺少动力。

2005 年的夏天，维埃拉终于未能抵挡住转战其他联赛的诱惑。但令人意外的是，他并未加盟一直与他“眉来眼去”的皇马，而是选择了意甲豪门尤文图斯。维埃拉是阿森纳一名出类拔萃的球员，是温格时代最好的球员之一，海布里会非常想念他。不过，人们同时也感到，“枪手”从尤文图斯那里赚回 1375 万英镑还是比较划算的，毕竟维埃拉已经过了职业生涯的巅峰期。

温格为维埃拉送去了体面的告别辞："维埃拉离开我们，我和球迷一样悲伤。但另一方面，我也要对球迷们说：‘请信任我们，支持我们。’维埃拉是我们队中一名伟大的球员，是这家俱乐部历史上最伟大的球员之一。”温格将维埃拉的转会费投入到转会市场，从斯图加特签入了白俄罗斯球员亚历山大・赫莱布，加强了中场的竞争力。

之后，“枪手”主帅宣布，亨利将成为俱乐部的新任队长。这样一来，亨利比以往更加成为关注焦点，同时也将继续担负起进球重任。他拥有所有球员的尊重，看上去是接过维埃拉袖标的不二之选。

很多人对出售维埃拉一事提出质疑，毕竟英超其他强队都在补强阵容。切尔西的夏季引援包括加纳人迈克尔・埃辛这样的高手，这是一位来自里昂的强力中场；曼联则签入荷兰人范德萨，以解决旷日持久的门将危机，此外还从埃因霍温引进了韩国人朴智星。那么，阿森纳会做何反应?

赛季首轮，“枪手”2 ：0击败纽卡斯尔，取得开门红。客队球员杰梅因·耶纳斯在上半场便被红牌罚下，但阿森纳直到第八十一分钟才抓住以多打少的机会打破僵局。永贝里在禁区内被放倒后，亨利主罚点球破门，范佩西则攻入了球队的第二球。然而，一周后，阿森纳便遭受了新赛季英超的首场失利，切尔西坐镇斯坦福桥1 ：0击败了温格的球队，德罗巴在下半场攻入唯一进球。穆里尼奥再次压倒了温格。

阿森纳的赛季开局很不稳定，4 ：1战胜富勒姆后，又在客场1 ：2输给了米德尔斯堡。富勒姆一战，亨利和中卫西甘双双梅开二度。但做客米德尔斯堡一仗，球队失去了那种门前的锐利，令温格万分沮丧。法国人接受采访时显得非常恼火：“我们绝不该输掉这场比赛。我们浪费了得分机会，两个失球都白送给了对手。我们的表现本来能够赢得胜利。”

接下来，连续5场不败让阿尔塞纳的心情好了一些。最后时刻进球击败瑞士图恩，给欧冠小组赛开了个好头。与阿森纳同组的另两个对手是阿贾克斯和布拉格斯巴达，这三支球队都不具备“枪手”的进攻灵活性，小组出线看上去只是例行公事罢了。9月19日在海布里2 ：0击败埃弗顿，人们对坎贝尔的头槌梅开二度印象深刻，在这场比赛中，亨利因伤缺阵，坎贝尔这位后防铁塔担任着场上队长。

客场0 ：0战平西汉姆以及欧冠击败阿贾克斯，延续着“枪手”不错的势头，接下来主场苦战异常顽强的伯明翰，“枪手”还是戏剧性地以1 ：0取胜。但是，客场爆冷输给西布朗，让温格度过了一个难堪的下午。阿森纳主帅解释说：“我们比赛中的精神面貌不错，表现出了巨大潜力，但我们不够成熟，如果场上球员经验更丰富些，我们本可以轻松取胜的。”

欧冠做客布拉格完胜对手后，“枪手”又在主场与曼城的比赛中再次全取3分。皮雷的点球是全场唯一进球，但此役最诡异的时刻是，阿森纳浪费了第二个点球。看上去，那是一次训练场上才会玩的花招，主罚点球的皮雷试图轻触皮球，然后由亨利从禁区弧顶跑过来完成射门。然而，皮雷没能触到皮球，花招没玩成，当事人只能满脸通红面面相觑。有些人批评阿森纳球员对对手缺乏尊重，但温格仍在为这次点球闹剧辩护："皮雷有些犹豫，他担心射失点球，犯下了严重错误，所以做出了错误的决定。他并不是缺乏尊重或不够严肃，他只是缺乏信心。"

这样的点球踢法，在理论上非常聪明，是当年阿贾克斯球员约翰·克鲁伊夫和耶斯佩·奥尔森发明的。但亨利和皮雷这次模仿秀以失败告终。亨利坦言，他只是想给球迷看一些与众不同的东西："我要承担全部责任，这是我的主意。也许我们不该这么做，但足球本来就是一场游戏，一种娱乐。"对"枪手"来说，幸运的是，浪费这个点球并未造成什么损失。如果球队最终被扳平比分，阿尔塞纳的反应或许会完全不一样。

10 月 29 日，温格率队来到白鹿巷，志在继续保持他对热刺的出色战绩。比赛中，阿森纳的表现相当糟糕，但顽强的意志品质还是让他们能够带着一场平局回家。阿森纳在比赛大部分时间都比分落后，阿尔塞纳的球员们远未发挥正常水准，不过，终场前 13 分钟，皮雷抓住保罗·罗宾逊犯错的机会扳平了比分。现在，一个非常值得温格担心的问题是，赛季至今，他的球队仍未在联赛中有过客场胜绩，他们有时在客场比赛中显得非常脆弱。中场失去维埃拉后，"枪手"有时难以施展拳脚，太容易在身体对抗中吃亏。当然，此役积极的一面是，平局意味着阿森纳在过去 20 场与热刺的比赛中，只有过 1 场败绩。

温格对反败为平感到骄傲："球队意识到我们还需要做到更多，如果我们下半场没有在态度上出现改观，就会非常危险。我对球员们在逆境中做出的反应非常满意，他们值得表扬。"法国人同时还解释说，他将皮雷留在板凳上的决定与曼城一役的点球风波没有关系。

阿尔塞纳对切尔西的一些讽刺性言论引来了穆里尼奥的反击，阿尔塞纳与葡萄牙人之间的紧张关系再次升级。穆里尼奥语出惊人，将温格斥为"偷窥狂"："他对切尔西一直说啊说啊说啊，说个不停。我不知道他是不是想要我这份工作，他真是热爱切尔西。"切尔西主帅还提到了阿森纳在联赛中的不佳表现："当赛季进行到第十一轮，你却依然没在客场赢过球，一旦亨利不在阵中，温格就无法取胜，他真该关心一下这些该他关心的问题。”显而易见，穆里尼奥对阿尔塞纳的一些嘲讽性言论很有意见。

主场 3 ：0 击败布拉格斯巴达后，“枪手”提前锁定了欧冠淘汰赛资格。温格的球队小组赛前 4 轮取得全胜，似乎把最好的状态都留在了欧冠之夜。最后两场小组赛，阿尔塞纳可以让一些球员得到休息的机会。与布拉格斯巴达一战，范佩西独中两元终结了比赛，阿森纳轻松地全取 3 分。这么早就完成小组出线任务，当然是一种积极的改变。

11 月 5 日主场迎战桑德兰，“枪手”再次攻入 3 球。范佩西保持着出色的状态，为球队首开纪录，之后，伤愈复出的亨利梅开二度锁定胜局。两周后，JJB 球场见证了一场惊心动魄的上半时比赛，阿森纳带着 3 ：2 领先的优势回到更衣室，比分一直延续到下半场结束。这一次又是范佩西为阿森纳首开纪录，另外两球由亨利攻入。球队现在进球如拾草芥，阿尔塞纳对亨利、范佩西组合的渐入佳境甚感欣慰。

做客瑞士与图恩的比赛，看上去是让主力球员轮休的绝佳机会，但温格还是在首发阵容中保留了一些大牌球星。亨利、范佩西、永贝里和坎贝尔都在主力阵容，然而，面对第三十五分钟便被罚下一人的图恩，“枪手”却破门乏术。这个寒冷的夜晚没给阿森纳留下什么值得回忆的东西，皮雷完场前的点球破门才帮助球队 1 ：0 艰难取胜。不过，近期五连胜的快意还是值得阿尔塞纳好好回味一下。

状态正佳的阿森纳击败的下一支球队是布莱克本。凭借着法布雷加斯、亨利和范佩西的进球，温格的球队以 3 ：0 取胜。法布雷加斯很享受在中场中路填补维埃拉空缺的机会，他的表现显得非常老练，远不像一个未及弱冠之年的球员。不过，12 月 3 日，博尔顿不负温格克星之名，坐镇锐步球场 2 ：0 击败了“枪手”。上半场的两个失球意味着阿森纳有座大山需要翻越。看到本队在客场再次被对手用身体对抗击倒，温格极度失望。他对媒体说：“这是一场艰难的比赛，我们给自己制造了难题。我们的定位球防守太过脆弱，这是一场身体对抗赛。博尔顿比我们更有求胜欲望，他们的胜利当之无愧。我们的表现不够好，但博尔顿表现出色，利用了我们缺乏投入的精神和取胜欲望的弱点。”

12月，“枪手”急转直下，糟糕的表现一场接着一场，温格陷入了绝望。12月10日0 ：1负于纽卡斯尔是一颗难以吞咽的苦果，吉尔伯托·席尔瓦在比赛还有半小时结束时被红牌罚下。12月18日，切尔西在海布里2 ：0奏凯，加重了阿森纳的危机。“蓝军”高歌猛进，“枪手”连遭不幸，意味着温格实质上丧失了夺冠机会。在海布里拿下的3分，令穆里尼奥的球队领先曼联9分，对阿森纳更是有着20分的惊人优势。“枪手”对英超冠军的挑战迅速失败，同时，你也不得不赞叹切尔西完美无瑕的抢分势头。

输给“蓝军”后，温格满腹牢骚。首先，他指出比分还是0 ：0时，范佩西被吹掉的进球属于误判，他酸溜溜地说道：“我们打进了一个很正常的进球，但主裁判做出了一个糟糕的决定。我得说，主裁判和助理裁判是属于同一支球队的，他们都是切尔西队的。”阿尔塞纳还指出，埃辛应该因为对边后卫劳伦的肘击动作而被红牌罚下。与此同时，“蓝军”主帅穆里尼奥则直言，在冠军争夺中，“我们已经没必要担心阿森纳了”。他准备将注意力放在曼联和利物浦身上，他认为这两支球队才是最大的威胁。

穆里尼奥无疑有资本夸下海口。公平地说，穆里尼奥还是尝试了与温格和解，然而，法国人对穆里尼奥寄来圣诞贺卡这一举动并不领情。穆里尼奥做出的反应是赛后直接进入通道，没有与阿尔塞纳握手，这是两位教练之间旷日持久争端的最新篇章。但是，与温格和弗格森之间的对立一样，他们的纷争其实是建立在某种程度的相互尊重以及对胜利的绝对痴迷之上。

切尔西的胜利脚步仍在继续，阿森纳则在尽全力让赛季重返正轨。节礼日1 ：0击败查尔顿后，他们又在主场4 ：0横扫朴次茅斯。4粒进球全部出现在上半场，温格的球队如砍瓜切菜般肢解庞贝军团[1]，朴次茅斯主帅哈里·雷德克纳普对本队的保级前景深感忧虑。

---

① Pompey，“庞贝”是朴次茅斯足球俱乐部和朴次茅斯这座城市共同的绰号。

客场0：0战平阿斯顿维拉后，“枪手”与积分榜顶端球队的差距进一步拉大。托特纳姆占据了第四名的位置，温格面临着下赛季无缘欧冠赛场的危急局面。一般来说，曼联做客海布里必是一场激情四射的对决，然而，两队在1月3日这场比赛中却缺少以往的火花。比赛以0：0告终，曼联已经落后切尔西13分，穆里尼奥笑得更开心了。

这1个月，阿森纳几起几落。足总杯2：1击败加的夫本来是个不错的开局，但联赛杯半决赛0：1不敌威根又令温格失落不已，尽管他在这项赛事中一贯只派出二线阵容。接下来，“枪手”在主场强势复苏，7：0痛宰米德尔斯堡，打出了阿尔塞纳在北伦敦执教期间一直想要的攻势足球。亨利有着美妙的个人表演，完成了帽子戏法。温格十分兴奋：“我们打出了自己的风格，这些进球是我们场上表现的必然产物。”

可惜，阿森纳再次步入下滑曲线，在古迪逊公园0：1败下阵来。詹姆斯·比蒂在上半场为“太妃糖”攻入全场唯一进球，“枪手”再次暴露出客场中的弱点。更糟糕的是，温格的球员们被挫败感侵袭了头脑，法布雷加斯在比赛最后时刻吃到了红牌。温格已经习惯这种客场输球后点评比赛的感觉：“我们以一种令人沮丧的方式输掉了一场艰难的比赛，因为这更多是一场靠身体对抗的战斗。我们的客场表现的确有问题，总是0：1输球，我们需要在赛季结束前找到办法，以打进前四。”

接下来3场比赛，“枪手”依然不见起色。他们一度似乎搞定了联赛杯决赛的门票，但最后时刻被威根攻破球门，葬送了他们的希望。保罗·朱厄尔的球队凭借客场进球优势昂首进军加的夫千年球场。事情还在变得更糟：足总杯第四轮，博尔顿坐镇锐步球场再次令阿森纳吞下苦果。这场0：1失利意味着“枪手”一周之内接连两项杯赛被淘汰出局。阿尔塞纳的球员们宣告足总杯卫冕失利。

博尔顿一役，温格安排一些关键球员休息，并为此付出了代价，斯蒂略斯·扬纳科波洛斯完场前头槌制胜。“枪手”主帅对媒体表示：“我觉得我们本该以3球优势获得胜利。博尔顿整场比赛没创造出什么机会，但只是一次机会他们就进球并取得了胜利。本周，我们已经两次在最后 1 分钟输球，葬送了两座奖杯。我感到非常失望，但这场比赛还是存在很多积极方面的。”

阿森纳的灾难一起接着一起。主场 2 ：3 输给西汉姆，令温格遭受了执教生涯最令人失望的连败。坎贝尔的防守失误导致了阿森纳的崩盘，这名中后卫在中场休息时便被换下，赛后有传言说，坎贝尔得知不会参加下半场比赛，立刻驱车离开了球场。赛后回答媒体提问时，阿尔塞纳显得异常消沉，但他还是试图强调比赛的积极方面：“我们输了，我很难理解我们是怎样输掉这场比赛的，因为他们的门将非常忙碌，而我们的门将则比较清闲。总体来说，我们对比赛足够投入，表现也是不错的，我们因为犯下了一些最基本的错误而输掉比赛，这种事在足球中并不罕见。”

1 月份，接二连三的打击给阿森纳的赛季前景蒙上了一层阴影。他们在联赛中被远远抛下，两项国内杯赛则相继出局。现在，温格和他的球员们只能为欧冠而战了。皇马将是阿森纳在淘汰赛的首个对手，贝克汉姆将有机会再次亮相海布里。皇马阵中球星云集，但阿尔塞纳希望他自己的大牌球星们能够在这样的大场面中挺身而出。

一场及时雨般的胜利终于到来，阿森纳在圣安德鲁斯球场 2 ：0 击败伯明翰，还收获了一个重要的零封。不过，博尔顿给温格又制造了更多难题，从海布里 1 ：1 全身而退，令阿森纳争取第四名的任务越发艰难。2 月 14 日，利物浦又在安菲尔德 1 ：0 战胜阿尔塞纳的球队，继续蚕食着“枪手”脆弱的信心。一周之后“枪手”就要做客伯纳乌，这可不是理想的备战方式。

然而，欧冠赛场正在变成阿森纳的避风港。温格的球员们没有受到联赛失意的影响，他们看上去更加投入、更加放松，展现出了更好的精神面貌。球队在欧冠有着本赛季一些客场比赛所缺乏的团队精神。当“枪手”带着联赛中的糟糕战绩于 2 月 21 日抵达马德里时，几乎所有人都认定他们难逃一败。但是，阿尔塞纳和他的球队不这么看。他们制造了最具魔力的欧冠夜晚之一，打出了一场将长存于人们记忆之中的比赛。

“枪手”面对的是拥有劳尔、贝克汉姆、齐达内和罗纳尔多等巨星的皇马，然而，他们的逼抢和袭扰迫使银河舰队失误连连。上半场以平局结束，阿森纳在更衣室积累了更多的自信。温格敦促球员们在反击中大胆表现，于是，易边后，亨利制造了一个灵气十足的进球。

亨利在接近中线处接球后，直扑对方城池，令皇马后卫们晕头转向。他过掉了口碑甚佳的皇马中卫塞尔吉奥·拉莫斯，左脚射门并洞穿卡西利亚斯的大门。马德里震惊了。亨利正是凭借着这样的表现，令西甲豪门一直对他念念不忘。

从阿森纳在国内赛场的状态来看，他们似乎是送到贝克汉姆及其队友们嘴边的一盘菜，但温格的球队驾驭了场面。进球后，他们顽强而勇敢地保住了一球领先的优势，皇马愈加急躁，逐渐失去了章法。终场哨响，球员们庆祝着这场了不起的胜利，这是他们在本赛季最意气风发的一场比赛。次回合在海布里，还有艰巨的任务等待着阿森纳，但凭借这场稳健的 1 ∶ 0 胜利，他们已经证明，小看他们的很多人都错了。

温格欣喜若狂，掩饰不住内心的激动，对媒体表示："我们需要亨利、图雷、吉尔伯托·席尔瓦这些球员的伟大表现，与此同时，年轻球员们也干得非常棒。今天每一个球员都表现得非常出色，我对球队的每个环节都非常满意。"亨利得到了最多的掌声，但这无疑是属于团队的胜利。法国前锋表示："你们看到了，一旦阿森纳放开手脚，摆脱恐惧，我们就能踢出非常棒的足球。"

正如利物浦在 2005 年所做的那样，阿森纳将最好的表现留给了欧战。在英超的巨大劣势下，意味着联赛和欧冠的魔力相比已不是那么重要了。不过，温格对本队能否打进前四忧虑重重，看上去，这个目标实现的可能已经越来越小了。欧冠的稳步前进当然好，但如果失去下赛季的欧冠资格，球队将面临一场严酷的审判。

1 月份其实也有一件好事。阿森纳从南安普敦签入了 16 岁小将西奥·沃尔科特，首笔费用为 500 万英镑，后续可能追加至 1200 万英镑。所有人都期待着看到这名年轻球员的表现。

阿森纳的联赛困境仍在继续，几天前刚刚征服马德里，却在客场被莫滕·彼得森攻破城池，0 ：1 不敌布莱克本。温格不明白他的球队在英超究竟出了什么问题："我非常难过，因为我不认为我们应该输掉这场比赛。我们的头脑中缺乏一种犀利的感觉，或许这是因为周二的比赛消耗太大。但总体而言，我们在体能和对抗上付出了全部努力，一直拼到了比赛的最后一秒。"

3 月 4 日，客场 4 ：0 击败富勒姆，确保"枪手"在皇马来访前找到出色的门前感觉。从伯纳乌凯旋之后，温格已经提醒过球员们绝不能骄傲自满，他对媒体表示："我依然认为，皇马会来到这里想尽一切办法翻盘。如果我们在海布里只是想着保持领先，那就大错特错了。"皇马拥有出众的实力，他们只需要贝克汉姆或罗纳尔多或齐达内一瞬间的爆发，便可以扭转形势。

次回合是一场非常胶着的比赛，相较首回合，皇马给阿森纳制造了更多的麻烦。阿森纳在全力抵抗，莱曼被迫做出了数次关键扑救。总体而言，"枪手"的防守做得很好，皇马始终无法打破僵局。终场哨响，海布里欢呼雀跃，这场 0 ：0 意味着阿森纳以 1 ：0 的总比分跻身欧冠八强。这是阿尔塞纳执教生涯最美妙的时刻之一，他尽情享受着胜利的喜悦："两战皇马不失一球，体现出了我们卓越的团队精神。这支球队正在发生积极的变化，球员们正在磨合成一个强大的集体。他们展现出了自己的品格，这非常好。我感觉，过去两个月中，我们作为一支团队变得更成熟了。"在巴塞罗那淘汰切尔西、本菲卡，爆冷让卫冕冠军利物浦回家之后，阿森纳已经成了欧冠赛场上的英超独苗。曼联？他们不可思议地在小组赛阶段即告出局。

终于，温格让他的球队把欧战的状态带到了英超，接下来的一个月中，"枪手"将不败纪录延续至 7 场。亨利的梅开二度帮助"枪手"在主场击败了利物浦，而皮雷、冬季转会新援埃马纽埃尔·阿德巴约以及赫莱布的进球，则让球队 3 ：0 轻取查尔顿。接下来，阿尔塞纳和他的球员们便将出战欧冠 1/4 决赛首回合。抽签结果早已揭晓，阿森纳将面对的是尤文图斯和前队长维埃拉。

谈起维埃拉回战海布里，温格的话语中透露着温存："我们将为这场比赛做好充分准备，还会对维埃拉重返他最喜欢的球场给予热烈欢迎。"维埃拉也期待着这场对决："有些时候，命运会令你吃惊。这无疑会是一场特殊的比赛，我将作为阿森纳对方球队的一员重返海布里。”阿森纳副主席戴恩则保证，维埃拉会得到“热烈欢迎”。

3 月 28 日，这个重要的夜晚终于来临。这不是一场维埃拉愿意回忆的比赛。温格的球员有如猛虎下山，令尤文图斯始终没能进入自己的节奏。坐镇中场中路的法布雷加斯，风头盖过了维埃拉。而且正是法国人的失误，导致了“枪手”首开纪录的进球。皮雷在尤文图斯半场抢断维埃拉，最终法布雷加斯攻破了吉安路易吉·布冯的球门。意大利人乱了阵脚，从未恢复过冷静。下半场，亨利扩大了比分。此球来自法布雷加斯的策划，西班牙小将正在成长为球队的核心球员之一。尤文图斯越发急躁，比赛最后时刻连吃两张红牌。

首回合 2 ：0 胜利后，温格对球员们的拼搏精神赞叹不已，他公开表示对进军半决赛充满信心：“我相信我们次回合能够在意大利完成任务，但我们还要经受住严峻的考验才行。我对球队的表现以及球员们展现出的团结非常满意。与此同时，我们的进攻非常流畅，有些攻势表现出了超一流的技术水准。”

阿森纳将完胜尤文图斯之勇带到了主场与阿斯顿维拉的英超比赛中。温格希望球员们再一次无情地摧毁对手，他没有失望，“枪手”最终 5 ：0 大获全胜。亨利又斩获两球，阿尔塞纳的球队度过了美妙的一周。他们达到了最佳状态，但若想将第四名的位置从热刺手中夺回，他们还需要更多这样酣畅淋漓的胜利。

日程表上，下一场比赛便是至关重要的都灵之旅。与平时一样，温格花了数个小时进行战术演练，希望他的球员们能像 1999 年的曼联那样在阿尔卑球场昂首晋级。尤文图斯将从开球那一刻起向“枪手”发起猛攻，但比赛中，“枪手”才是更出彩的球队。阿尔塞纳的防线从容应对着意大利人的进攻，而阿森纳的反击则时刻制造着威胁。比赛一分一秒地过去，温格的球队没有遇到太多险情，最终为又一场美名远扬的胜利开始了庆祝。阿森纳首次闯入欧冠半决赛，如果击败比利亚雷亚尔，他们将进军最终决赛。

赛后接受采访时，温格狂喜之中仍保持着谨慎的态度：“我们必须继续脚踏实地。比利亚雷亚尔和我们有些相像，没人想到他们会走这么远，所以这是两支黑马球队之间的较量。我们非常自豪，两个月前，没人料到我们的球员能实现这样的成就。”另一场半决赛将在巴塞罗那和AC米兰之间展开，温格肯定为对手是比利亚雷亚尔感到高兴。

“枪手”的美梦终于还是在老特拉福德被戳破，曼联以2：0的比分完胜温格的球队。欧洲探险的消耗影响了球队，阿森纳很难跟上体力更充沛的对手的节奏。曼联仍在追赶领头羊切尔西，这场胜利给“蓝军”施加了更大压力。但对阿尔塞纳而言，输给老冤家曼联非常难以接受，这已是阿森纳本赛季英超第九次客场告负。现在，热刺领先“枪手”5分，看上去，抢夺第四名会是一项十分艰巨的任务。

客场战平朴次茅斯以及主场击败西布朗，使温格的球队带着不错的状态，投入到欧冠半决赛首回合主场与比利亚雷亚尔的较量中——这是海布里的最后一场欧冠比赛。阿森纳需要带着主场的胜利出征西班牙，同时，避免对手收获客场进球也十分关键。在座无虚席的海布里球场，为阿森纳首开纪录的功臣，是个非常令人意外的人选，上半场尾声，中卫科洛·图雷破门得分。两支球队势均力敌，图雷进球后，客队依然步伐稳健。海布里仍旧沉浸在紧张的氛围之中。

比赛最终以1：0收场。看上去，阿尔塞纳对以这个比分做客比利亚雷亚尔感到满意。他对媒体说道：“我认为这是一个不错的结果，但结果如何要等次回合比赛后才知道。我们渴望打进第二球，但有些时候我们显得过于紧张。我们的对手实力不俗，中场十分强大，我们没能尽情施展拳脚，没能创造出更多的机会。在半决赛的主场比赛中，你永远不知道怎样才能足够好，很难放手进攻。”

展望接下来的比赛，温格号召下周球员们要调整到最佳状态：“我们周六要出战热刺，然后就是欧冠半决赛次回合，所以，未来6天将决定这个赛季的成败，但我们充满信心。”如果能在主场击败热刺，“枪手”的抢四形势就会变得乐观起来。这是海布里的最后一场北伦敦德比，绝对是个大日子。

然而，阿森纳的北伦敦对手立志要保住前四的席位。热刺主帅马丁·约尔的工作卓有成效，他的球队满怀信心地来到了海布里，他们清楚，如果取得胜利，就可以将阿森纳远远甩在后面。这注定会是一个令人紧张不安的下午。

比赛最终战成 1 ：1，“枪手”在少赛一场的情况下落后热刺 4 分。不过，赛后的焦点都集中在热刺的那个争议性进球上。这引发了温格和马丁·约尔的争执，阿尔塞纳非常恼火，因为热刺是在阿森纳球员受伤倒地的情况下取得的进球。约尔事后声称没看到当时的情况，但温格不相信。法国人对媒体怒称：“马丁·约尔说他没看见。坦白讲，我不信。我怎么想就怎么说，没必要说假话，我不信他没看见。”

约尔则对温格的指控十分愤怒：“他说我是个骗子。且不论场上情况的是是非非，我觉得一名主教练是不能这么讲话的。我不是骗子。赛后我立刻对他说了我没看见当时的情况，因为我当时在盯着埃德加·戴维斯，你看看电视画面就知道了。我对他（温格）说的是：‘我都没看见当时的情况，所以不要责怪我。’”当事人卡里克在被媒体问起此事时，则感到十分困惑：“我当时没有意识到他们有球员受伤或倒地。否则，我就会把球踢出界外了，我们不是那种作弊的人，这一点毫无疑问。”

争议自然是人们非常感兴趣的话题，让温格怒气难消的是，他的球队没能缩小与竞争对手的积分差距。现在，阿森纳需要赢下剩下的全部比赛，并希望热刺丢分。考虑到“枪手”还要为欧战分心，这绝非易事。

温格的注意力已经转移到周中与比利亚雷亚尔的决战。他离率队进军欧冠决赛还差 90 分钟。2000 年进入欧洲联盟杯决赛曾让俱乐部兴奋不已，这一次只会引起更大的轰动。阿尔塞纳渴望夺取这项欧洲俱乐部赛事的最高荣誉。他精心设计了遏制比利亚雷亚尔组织核心里克尔梅的战术，并敦促球员们要在开局打出士气。

双方球员终于步入球场，这注定会是个紧张的夜晚。阿森纳开场后显得畏首畏尾，主队在上半场占据着绝对主动地位。温格试图让他的球员们压上，但比利亚雷亚尔的“黄衫军”持续施压，将“枪手”摁在后场动弹不得。比赛的紧张氛围曾因一名球迷冲入球场而暂时缓解，此人试图将一件巴塞罗那球衣披在亨利肩上，这显然是在针对见诸报端的法国人将离开阿森纳的传闻。

进入下半场，比利亚雷亚尔仍是表现更好的一方，“枪手”形势危急，每每依靠千钧一发之际的抢断和莱曼的扑救才能保住总比分的领先优势，德国门将度过了一个风光的夜晚。在阿森纳绝望地接近比赛结束时，灾难发生了。完场前两分钟，西班牙前锋何塞・马里被左后卫盖尔・克利希放倒在地，俄罗斯主裁判伊万・伊万诺夫判罚了点球。里克尔梅将皮球射向大门右下角，但莱曼对方向判断正确，做出了完美的扑救。队友们纷纷冲上来与他拥抱，“枪手”终于熬到了终场哨响，他们将去巴黎参加欧冠决赛。

阿森纳球员欢呼雀跃，失望至极的比利亚雷亚尔球员则一个个瘫倒在地。温格紧握双拳庆祝着胜利，罕见地将内心情感毫无保留地流露出来，他成功了。“枪手”进入了决赛。接受媒体采访时，温格对莱曼的英雄式演出赞不绝口：“当时，我对自己说，如果这是属于我们的一年，莱曼就会扑出这个点球。我知道莱曼有着坚强的品格，我知道他绝不会被对手轻易打败。”对于麾下的年轻球员，阿尔塞纳也难以掩饰自豪之情：“我们有些走运，但我对这支年轻球队表现出来的意志品质感到骄傲。我非常开心。我们的确没能打出正常水准的进攻，我不知道这是身体上还是心理上的原因，但我们展现出了可贵的意志品质。”决赛资格到手，现在，俱乐部的每一个人都不顾一切地渴望获得最终冠军。

回到英超，“枪手”必须从欧洲赛场的九重天回到现实，继续为追赶热刺而努力。客场 3 ∶ 0 击败桑德兰殊为关键，给北伦敦对手施加了压力。已经降级的桑德兰对阿森纳华丽的进攻无计可施，他们尤其对亨利毫无办法。法国人策划了前两粒进球，然后通过任意球亲自攻入第三球。他的表现给温格留下深刻印象：“我们都知道亨利有这个能力，他经常为我们展现出这样的能力。他的进球拿捏得恰到好处，另外还助攻了两球。他就是这样，既能自己进球又能帮助队友进球。”不过，亨利的转会传言依然满天飞，这让阿尔塞纳很不开心。

对曼城 3 ∶ 1 的胜利，继续给热刺施加着压力，将第四名之争拖到了赛季最后一轮。阿森纳的收官战将是主场迎战威根，热刺则要做客西汉姆联。如果“枪手”能获得比热刺更好的结果，他们就能抢到最后一个欧冠席位，阿森纳在海布里的美妙时光在此战之后将画上句号，这座球场见证了俱乐部的辉煌历史，打进前四、获得欧冠资格将是一份体面的告别礼物。

欧冠决赛当然是个令人翘首以盼的特殊时刻，但眼下，英超才是唯一的焦点。温格的球员们必须把激动的心情放到一边，最终，他们没有让主教练失望。亨利上演帽子戏法，“枪手”4 ：2 击败威根。法国前锋攻入第三球后，跪在地上亲吻了草皮。这是一个令人动情的下午，当热刺在厄普顿公园 1 ：2 失利的消息传来，海布里的天亮了。阿森纳获得了联赛第四，拿到了下赛季的欧冠门票。这一天唯一不太好的消息是，多名热刺球员赛前食物中毒。阴谋论的散播，影响了阿尔塞纳的愉快心情。

终场哨响，是时候说再见了。球员们向海布里深情道别，球迷和球员们都将深切怀念这座球场。多年来的酸甜苦辣，他们将永远铭记在心。酋长球场宏伟壮观，阿森纳希望在新的家园复制在海布里的成功，但他们面临着财政萎缩的困境。温格对媒体表示：“为了这家俱乐部的历史，为了这座伟大的球场，能在胜利的喜悦中结束本赛季联赛，我感到无比自豪。经过这些年的辉煌之后，如果带着失败的苦闷离开这里，我们都会感到深深的愧疚。我们在这场比赛有着激动人心的表现，显示出了我们出色的意志品质和实力。”亨利则说：“我们获得了联赛第四。38 轮比赛下来，积分榜的排名证明了一切，所以，这个排名我们当之无愧。本赛季我们失去了很多球员，我们是在非常困难的情况下实现了目标。打入第三球后我亲吻了草皮，我是在和这座球场道别。”

离欧冠决赛还有 10 天，“枪手”有充裕的时间休息和备战。巴萨前场三人组罗纳尔迪尼奥、利昂内尔·梅西和塞缪尔·埃托奥都是天赋异禀、极具威胁的人物，温格已经开始研究对付他们的策略了。5 月 17 日比赛到来时，人们都在期待着一场足球盛宴，双方均是以华丽进攻著称的球队。在菲利佩·森德罗斯受伤的情况下，坎贝尔获选成为主力中卫，他将度过一个忙碌的 90 分钟。阿尔塞纳自豪地步入了法兰西大球场，2006 年初以来，他的球员们走过了一段不平凡的旅程。对温格来说，巴黎之旅意味着他回到了自己执教生涯起步的地方，当年的他曾在这里为考取教练证书而奋斗。

比赛没有如一些专家预测的那样成为经典名局。在莱曼第十七分钟被红牌罚下后，比赛的观赏性便夭折了。“枪手”被迫采取了更谨慎的战术，巴塞罗那也没有冒进。然而，令所有人震惊的是，温格的球队率先取得了进球。上半场结束前 8 分钟，1 月份签入的埃马纽埃尔·埃布埃赢得了一个颇具争议的任意球，坎贝尔接到亨利传球，一记势大力沉的头槌令巴萨门将维克托·巴尔德斯毫无办法。10 人作战的阿森纳领先了，不可思议的事发生了！

下半场的形势大同小异，巴塞罗那进行着细腻的短传配合，“枪手”则不时滋扰对手，坚持小心谨慎的打法。比赛还有 14 分钟结束时，战局发生扭转。替补上场的瑞典前锋亨里克·拉尔森改变了比赛，先是埃托奥接拉尔森传球扳平了比分，之后，边后卫朱利安诺·贝莱蒂让巴萨 2 ：1 反超。转眼之间，阿森纳在比赛还剩 10 分钟的情况下面临着比分落后的局面。温格将雷耶斯派上球场，但一切都太迟了。

巴塞罗那球员获颁奖牌和奖杯时，阿尔塞纳只能去空想本可以完全不同的结局。“枪手”错过了几次扩大比分的绝佳机会，这令他们付出了惨痛的代价。巴塞罗那的引援目标——亨利——便浪费过关键的机会。

比赛结束后，阿森纳阵营的失望之情显而易见。接受采访时，温格谈到了裁判下半时的糟糕判罚：“裁判在关键时刻犯下了严重错误，对方的第一球是一个越位球。这种输球方式很难让人接受，因为和整个欧冠赛季一样，我们的表现妙不可言。但对于最终决赛，人们只会记住胜利的一方。”

一直被传可能加盟巴塞罗那的亨利则愤怒地说：“我整场都在被踢，我期待着裁判能做好他的本职工作，但他没有。上半场，拉斐尔·马克斯和卡莱斯·普约尔一直在对我犯规，但他们连黄牌都没吃到。然后，我在替补席前接到皮球，马克·范博梅尔踢了我，结果却是我被出示黄牌。很抱歉，裁判今天的一些判罚实在是骇人听闻。”法国人同时还抱怨：埃托奥的扳平一球已经越位在先。在阿森纳与惊人成就如此接近的一个夜晚，亨利的这番话很有酸葡萄的味道。也许，他最终能够留在北伦敦。

欧冠决赛失利后再来审视这个赛季，人们感觉“枪手”没有交出令人满意的答卷。他们未能捧起任何奖杯，英超仅仅名列第四，这样的成绩远未达到他们应有的水准。他们的欧冠之旅激动人心，但说到底，却是两手空空告别了这个赛季。

不过，温格还是将目光放在了积极方面上。法布雷加斯这样优秀的年轻球员已经初露锋芒，在这个赛季中取得了超乎人们想象的进步，球队在欧冠成绩的提升更是有目共睹。阿尔塞纳的娃娃兵们还有的是时间，“枪手”球迷获得的一丝安慰是，在未能击败巴塞罗那的情况下，温格也许会希望在阿森纳执教更长时间，以求最终品尝称霸欧洲的滋味。

“枪手”主帅对亨利 2006—2007 赛季继续效力阿森纳依然抱有希望。当被问到这名前锋是否会离开时，温格回应道：“我不知道。我认为他不会走。很快就会有答案了，我会跟他谈谈，因为我们要为下赛季做准备。我们队中有很多年轻球员，球队有着远大的未来，但我们需要蒂埃里·亨利帮助我们实现这些目标。他在队中有着巨大的影响力，能够帮助我们成为世界足坛的一股重要力量。”亨利的前途仍旧扑朔迷离，博格坎普则终于决定结束自己的职业生涯。荷兰人这 10 年来的卓越贡献，“枪手”球迷将永记于心。在人们的回忆中，博格坎普无疑是阿森纳历史上最伟大的球员之一。

酋长球场等待着“枪手”去那里踏上 2006—2007 赛季的征程，当然，这个夏天还有一件万众期待的事情。温格必须面对世界杯对新赛季备战工作造成的影响，而意大利的假球案，则勾起了温格对塔皮和马赛的不愉快回忆。

* * *

打入欧冠决赛，令温格欣慰地看到了球队在前一赛季的成长，但联赛仅列第四显然是不合格的答卷。对于新赛季，阿尔塞纳决定将取得更好的联赛成绩作为首要任务。这个夏天，阿尔塞纳再次抵挡住了入主皇马的诱惑，令所有“枪手”球迷倍感欣慰。

6 月底，皇马主席大选候选人比利亚尔·米尔的一名同僚对一家马德里电台声称："出于某些原因，之前一直没有披露这件事（指皇马与温格的联系）。温格是不会承认的，这件事会继续保密。温格对戴恩讲明情况后，海布里的副主席像鬣狗一样反应激烈，他一点都不喜欢自己所听到的话。戴恩很愤怒，但温格的合同中有条款规定，如果皇马的出价足够高，他就可以离开。倘若米尔当选主席，温格就会成为皇马下一任主教练。"温格坚称，这些传言纯属子虚乌有，他和皇马没有达成任何协议。法国人表示，整件事完全就是对方运用的一种竞选手段，他本人的注意力都在英格兰的新赛季上。

同时，俱乐部还留住了似乎要去巴塞罗那的亨利。法国前锋承认，能够继续与阿尔塞纳一起工作，是他决定留下的关键原因。亨利透露："我想过离开，但我倾听了自己内心的声音，我的心告诉我留下来。"温格给这套已经非常强大的阵容又补充了新鲜血液，其中包括托马斯·罗西基，这名捷克国脚是从多特蒙德转会而来。

阿尔塞纳没能留住的两名球员是坎贝尔和皮雷，他们都为俱乐部做出过卓越贡献。坎贝尔的私人生活遇到了严重问题，他对媒体表示自己需要"全新的挑战"。温格称赞这名后卫"为我们过去 5 年的成功立下了汗马功劳"，最终阿尔塞纳只能伤心地看着坎贝尔离开阿森纳，加盟朴次茅斯。皮雷则没有接受"枪手"开出的 1 年合同，转而与比利亚雷亚尔签约两年。和坎贝尔一样，温格对法国边锋赞美道："他不仅是一名伟大的球员，还是个好人。他的离开令我们非常难过。"

最有趣的一点在于，这是阿森纳在新主场酋长球场的第一个赛季。尽管人们对海布里仍然依依不舍，但经过数年的筹划和等待，现在是迎来全新开始的时候了。新球场能够容纳 60400 名观众，为球员和教练组提供了超一流的设施。

温格早就开始计划离开海布里。远在 1997 年，法国人就明确表示，俱乐部必须拥有一座更大的球场。根据《星期天邮报》的报道，阿尔塞纳当时说："真正的解决方案就是主场搬迁。我们别无选择，因为人们不允许我们扩建海布里。那些最顶尖的豪门比赛每场都比我们多卖 10000~12000 张门票，如果你想和他们竞争，你就没有别的选择。更大的球场容量能够为我们带来更多的资金。”温格对那些由于海布里容量有限而无法入场观赛的球迷也表示同情：“如果你总是不能让球迷买到球票，他们肯定不会开心。你不能总是让他们 9 月份就来预订 1 月份比赛的门票。”

2004 年，温格对正在进行的新球场计划表示欢迎：“这项企划是一场冒险和赌博，但同时也显示出我们在前进，在变得更好，在与最顶尖的俱乐部竞争。我们永远不会放弃，永远不会接受失败。”绝大多数主教练对这样的计划都会敬而远之，但阿尔塞纳却亲身参与进来。他周游世界，走访了米兰的米兰内洛等豪门大本营，开阔了眼界，有了更深刻、更清晰的想法，对于新球场的工程他一直紧密地参与其中。

这是一段漫长的旅程，但是，据说看到阿森纳终于开始在造价 3.57 亿英镑的酋长球场比赛时，一切等待都是值得的。温格是对的，俱乐部一直想要一座新的球场，卖出更多的门票能够带来更多的资金。阿森纳已是享誉全球的豪门球会，海布里 3.8 万人的容量是远远不够的。来自世界各地的球迷都赶到了北伦敦，来看亨利和法布雷加斯这些球员踢球。俱乐部为酋长球场的启动筹备了庆祝活动，内容之一便是制作了一个满藏阿森纳珍贵历史资料的“时间胶囊”①，上书一句箴言：“基础愈牢，堡垒愈坚。”

温格和他的球员们新赛季的第一项任务是取得欧冠小组赛资格。尽管资格赛的对手萨格勒布迪纳摩只是欧洲二三流球队，但阿森纳绝不会大意轻敌，否则一旦无法跻身欧冠正赛，将带来巨大的经济损失。欧冠是在欧洲踢球的每一个球员所梦想的主流舞台，阿森纳更衣室中没有人愿意去设想一个没有欧冠可踢的赛季会是什么样子。

球员们没有让人失望。阿森纳两回合比赛双杀萨格勒布迪纳摩，总比分 5 ∶ 1 晋级。小组赛抽签中，阿森纳与汉堡、莫斯科中央陆军和波尔图分到 G 组。3 支球队都具备一定实力，但温格清楚，阿森纳绝对是最热门的小组

---

① 即把物品或文字装入容器，密封后深埋地下，供若干年甚至几百年后他人挖掘出来，接收所要传递的信息或研究历史。

头名。看上去，阿尔塞纳组建的这套阵容有能力再次在欧冠取得不错的成绩。不过，很多个赛季，人们都对阿森纳抱有这样的期待，他们的表现却一次次让人大失所望。这支球队必须要从以往的错误中汲取教训，沿着上赛季的道路前进。

“枪手”的联赛开局很不顺利。首轮主场迎战马丁·奥尼尔的阿斯顿维拉，1 ：1 的结果显然不是阿森纳开启酋长球场新时代的理想方式。而且，若非完场前扳平比分，阿森纳会连 1 分都拿不到。接下来的几个星期，事情还在变得更糟，英超第二轮，阿森纳客场 0 ：1 不敌曼城。

至少，9 月初的时候，阿什利·科尔的肥皂剧终于结束，这让温格长舒了一口气。“枪手”将这名左后卫卖给切尔西，换回了 500 万英镑转会费以及中卫威廉·加拉。“枪手”和“蓝军”围绕“私会门”① 旷日持久的争吵，注定阿什利·科尔的转会只是时间问题。何况，从“蓝军”换来的加拉是一名很有实力的球员，他和图雷的组合备受期待。不幸的是，由于几次受伤的影响，加拉所起到的作用打了折扣。另一笔在夏季转会截止日完成的交易，则是和皇马为期 1 年的租借交换，雷耶斯投奔伯纳乌，巴西人儒利奥·巴普蒂斯塔则来到酋长球场。

9 月 9 日，阿森纳在主场与米德尔斯堡的比赛中只拿到 1 分，而且依然是在家乡父老面前先丢 1 球，下半场扳平比分才避免了更大的难堪。看起来，“枪手”还需要一些时间来适应新主场，对手们趁机占了不少便宜。形成鲜明反差的是，争冠对手们看上去更加强大了。切尔西签入了舍甫琴科和米夏埃尔·巴拉克，曼联则引进了迈克尔·卡里克，这两家豪门正在积分榜领跑。

战平米德尔斯堡，可不是下一场联赛理想的“热身”方式——“枪手”即

① tapping up，2005 年 1 月底，英国媒体抖出猛料：穆里尼奥和切尔西 CEO 彼得·凯尼恩秘密会见了阿森纳后卫阿什利·科尔。而按照英超联盟的规定，未经所属俱乐部允许，球员是不可以与其他俱乐部接触的。2005 年 8 月，英足总判罚阿什利·科尔 75000 英镑。而切尔西、穆里尼奥各被判罚 75000 英镑。2006 年 8 月 31 日，阿什利·科尔正式转会切尔西。

将做客老特拉福德挑战曼联。曼联在前 4 轮英超取得全胜，看上去已经准备好和切尔西竞争到底。温格一如既往地进行着细致的备战工作，他希望自己这支年轻的球队能以足够沉着冷静的心态去面对强敌。阿森纳拿出了赛季开始以来最出色的表现，令老特拉福德球迷安静了下来，阿德巴约接法布雷加斯妙传，攻入全场唯一进球。场边的阿尔塞纳喜不自胜，无法掩饰内心的喜悦。这场胜利极大振奋了全队的士气，温格感觉，球队能就此开始连续抢分。

果然，阿森纳下一轮联赛再次全取 3 分，这也是他们在酋长球场的首场联赛胜利。英超升班马谢菲尔德联 0 ： 3 惨败而归。阿森纳开始踢出了温格想要的风格。10 月 26 日，“枪手”在欧冠 2 ： 0 击败波尔图，那个星期晚些时候给阿尔塞纳执教阿森纳 10 周年提前送去了一份志庆礼物。这是令人难忘的 10 年，是属于美丽足球的 10 年。

包括贝尼特斯在内的其他教练纷纷向温格致敬。利物浦主帅对媒体表示：“温格是一名优秀的教练，他建设了一支踢着漂亮足球的球队，他在英格兰这 10 年获得了很多奖杯，这很不容易。作为英超最早的外籍教练之一，起初也许遇到了一些困难，但他的成功给我们这些后来者带来了更多的可能性。”

接下来，阿森纳又对查尔顿、沃特福德和雷丁连续取得 3 场胜利，“枪手”的速度和配合让对手们难以招架。温格正是凭借这样的足球赢得了很多中立球迷的尊敬。亨利说过，一些并非“枪手”球迷的人也会对温格球队的打法赞叹不已。

不过，11 月又是一个灰暗的时期，阿森纳的弱点被暴露了出来。这已不是“枪手”第一次在 11 月进入低潮。11 月 1 日在酋长球场，他们未能攻破莫斯科中央陆军的防线，之后又在厄普顿公园晚节不保，0 ： 1 不敌西汉姆。这场比赛中，温格留下了本赛季最令人印象深刻的瞬间之一，只可惜是以非正面的方式。他和“铁锤帮”主帅阿兰・帕杜在场边发生了争执，几乎动起手来。马龙・哈伍德进球后，帕杜从自己所在的技术区冲到温格的技术区的庆祝方式惹恼了阿尔塞纳，他无法抑制心中的怒火，推了西汉姆主教练一把。这是一个不愉快的下午，终场哨响后，温格拒绝与帕杜握手的做法让事情变得更糟。

阿尔塞纳在压力之下如此失态是相当罕见的。他事后立即感到后悔。有些人批评了帕杜跑到阿森纳教练席前面狂野庆祝的做法，但事实上，真正导致温格情绪失控的，是他对本队乏力表现的焦急和恼火。哈伍德攻入制胜球时，温格简直不敢相信他所看到的一切。

阿尔塞纳的一些做法的确是异于同行。同样是那个周末，弗格森迎来了执教曼联 20 周年志庆。之前，曼联官方电视台找来各路人士致敬弗格森，温格却拒绝参与其中，这引来了曼联方面的强烈反应。那年夏天，曼联方面邀请温格在节目中向弗格森表示祝贺，未想竟碰了一鼻子灰。这自然会让中立球迷觉得阿尔塞纳爱记仇，气量小。毫无疑问，他完全可以抽出一点时间说两句，不过，阿尔塞纳向来是个很有主见的人。

联赛杯击败埃弗顿以及英超战胜利物浦，提振了阿森纳的士气，但 11 月 18 日主场战平纽卡斯尔，令温格对本队无法将优势转化成胜势的问题越发焦虑。或许，酋长球场不具备海布里那样让对手感到胆怯的气场。还有更糟糕的事等着温格。“枪手”接下来又连负棒子队博尔顿和伦敦近邻富勒姆。他们的防守问题暴露无遗，球队的表现远远低于正常水准。与富勒姆一役，阿尔塞纳的球队开场 13 分钟便已 0 ：2 落后，就像一台忘了按下启动按钮的机器。

温格要求麾下改善表现，他号召球员们用实际行动去还击批评的声音。12 月 2 日，3 ：0 击败热刺是一次很好的回击，但比赛结束后，阿尔塞纳不得不去处理亨利的棘手问题。据称，法国前锋被告知自己的身体状态不足以参加德比后，一怒之下离开了训练场。温格拒绝对亨利的行为和亨利对“枪手”阵容的批评发表评论：“我没有听到他说的那些话，所以我无法做出评论。你们问他去吧。”

12 月 6 日，“枪手”在客场顽强地与波尔图战成 0 ：0，在英超与切尔西的强强对话前，这样的表现提升了球队的士气。与“蓝军”的比赛，是阿森纳在冠军争夺中缩小差距的机会，当然，实事求是地说，他们已经被落下太多了。阿尔塞纳与“蓝军”主帅穆里尼奥的关系很不理想，这也给这场比赛增添了谈资。

“枪手”在斯坦福桥斗志昂扬，显示出他们已经重返正轨。温格的球员们将流畅的进攻与无尽的体能结合起来，每一脚传球都让切尔西疲于应付，很快便令主队球迷安静了下来。弗拉米尼的进球为阿森纳带来了比分领先，这是他们充满灵气的进攻应得的回报。突然之间，一场重大胜利近在眼前。不过，主场不败是切尔西球员深以为傲的一项纪录，他们全线出击，努力寻求扳平比分的机会。完场前 6 分钟，他们做到了。加纳中场埃辛一记石破天惊的右脚外脚背远射直挂球门死角。公平地说，这种神来之笔是攻破阿森纳这条顽强防线的唯一办法。终场哨响后，温格既有失望也有自豪，倘能全取 3 分当然是再好不过的，但他的球队已经赢得了人们的尊重。他们带着一套周密的战术部署投入到比赛中，而且在全场比赛完美地贯彻实施了。

接下来 4 场比赛，阿森纳取得 3 场胜利，酋长球场又感受到了乐观的气氛。12 月 13 日客场击败威根一役，阿森纳取得了一场及时雨般的零封，尽管主场与朴次茅斯 2 ：2 战平，球员们拿出了完美的弥补过失的态度，一周后便以 6 ：2 的比分重创布莱克本。这场比赛令人们看到，一支状态出色的阿森纳会是何其不可阻挡的。尽管在比分为 3 ：2 时，局面曾令人有些担心，但没有人可以让温格停止微笑。节礼日，阿森纳再传捷报，客场 2 ：1 拿下沃特福德，令阿尔塞纳和他的球队度过了一段愉快的圣诞赛程。不过，如果希望本赛季触碰奖杯，他们仍需在新年到来后拿出更好的表现。

12 月 30 日，温格又从云端跌落谷底，他的球队在客场被战斗意志更强的谢菲尔德联 1 ：0 击败。温格原本以为，在他的努力之下，球队已不再会有这样的表现。然而，阿尔塞纳只能在场边无助地看着，他的球员们在身体对抗中被尼尔·沃诺克的球队压过一头，如此令人惊骇的场面似乎在提醒着温格：“枪手”仍有很多工作要做。他们未能在重压之下掀起充满血性的反攻，而是选择了屈服。

阿森纳主帅已无法容忍更多这种不思进取的表现。事情必须有所改变，温格毫不含糊地向球员们传递了这样的信息。他的训示立刻收到了效果，“枪手”又恢复了最佳状态。阿森纳强力反弹的第一个牺牲品是查尔顿，1 月 2 日，打出标志性风格的阿森纳以 4 ：0 的比分大获全胜。他们的一脚传递和令人眼花缭乱的配合搞得查尔顿后卫晕头转向，阿尔塞纳的球队正是依靠这样的打法闻名于世的。

更多的进球接踵而至。球队在连续两场与利物浦的比赛中获得重要的胜利。温格用行动证明，他能够设计出令贝尼特斯的球队就范的战术。第一场比赛是在足总杯第三轮，阿森纳技高一筹，3 ：1 轻松获胜。罗西基攻入两粒拿捏得恰到好处的进球，是球队头号功臣。接下来的周中，阿森纳依然是客场作战，结果在联赛杯 1/4 决赛中展现出更强大的破门效率，以 6 ：3 的比分赢得了一场荡气回肠的胜利。从皇马租借而来的巴普蒂斯塔上演帽子戏法，阿尔塞纳的球队在 3 天之内将利物浦从两项杯赛中淘汰出局，令他们的球迷完全安静了下来。

贝尼特斯遭受重创，而对温格来说，这是收获颇丰的一周。他的球队奉献着美丽的足球和源源不断的进球。在埃伍德公园与布莱克本的联赛，是“枪手”的下一个挑战。上半时，吉尔伯托 · 席尔瓦颇具争议地被红牌罚下后，“枪手”面临的考验变得更加严峻。不过，阿森纳展现出了赛季早些时候他们间或缺失的勇气和激情，依靠技术优势 2 ：0 取胜。图雷上半场的头球为 10 人作战的阿森纳取得领先；之后，亨利技惊四座的第二球锁定了胜局。很难相信，这就是那支 12 月脆败谢联的球队。以往，布莱克本经常会给阿森纳带来麻烦，但这一次，“枪手”完全不是他们所能招架的。

就在这段时间，《每日快报》报道了温格的一项执教秘诀。该报写道：“这位精明的主教练得出的结论是，教练给球员提供建议、传达指令的时候，如果想让他们听进去，那么讲话最多不能超过 7 分钟。”正是这种工作方法，令阿尔塞纳如此独一无二。

1 月 21 日，曼联来到酋长球场做客，寻求巩固英超领头羊的位置。这一天早些时候，利物浦在安菲尔德击败了切尔西，弗格森希望抓住机会扩大领先优势。不过，在温格的指挥下，球员们注意力非常集中，旨在保住主场不败的金身，并让对手在争冠道路上遭受一次挫折。

上半场比赛以0：0结束，曼联在下半场依靠鲁尼的头球首开纪录，但是，阿森纳并没有放弃。比赛最后20分钟，他们占据着绝对优势，最终令曼联屈服。范佩西在远门柱包抄到位，扳平比分，令主场球迷从座位上一跃而起。1分已经是一个令人满意的结果，但“枪手”并未就此停住脚步。借助于曼联不靠谱的防守，阿森纳在右路拿球，埃布埃送出恰到好处的传中，亨利的强力头槌攻破了范德萨的城池。酋长球场沸腾了，亨利和阿德巴约跳起欢快的舞蹈，温格的脸上满是喜不自禁的笑容。对阿森纳主帅来说，这是不可思议的一天。

阿尔塞纳获胜后保持着风度，他对媒体说:“曼联会对这个结果非常失望，但不要指望他们会因此崩溃。不管怎样，这对整个联赛来说是一个很好的结果，因为几支争冠球队还有希望。我们开局有些紧张，曼联则表现得十分老练，但我知道，我们会在下半场全力一搏。”温格对麾下的“雄狮”们展现出的顽强精神激动不已，这场对联赛领头羊的胜利令球队的士气为之一振。

弗格森对浪掷3分很不开心，几天后，听闻温格在比赛最后20分钟利用了曼联弱点的说法，弗格森做出了愤怒的回击。据说，阿尔塞纳告诉球员们，要在比赛最后阶段充分抓住曼联体能下降的机会。弗格森爵士十分生气:“我不知道他想表达什么。也许他是想让自己重新显得伟大起来——‘我是伟大的阿尔塞纳·温格’。”原本，切尔西统治英超的这段时间，温格和弗格森的矛盾有所缓解，但此事令他们的关系又变得紧张起来。一切和解的努力都归于徒劳。

球员们似乎太过陶醉于对曼联的胜利，阿森纳在接下来几场比赛中磕磕绊绊，但还是表现出了十足的斗志。联赛杯半决赛首回合，阿森纳派出一套非常年轻的阵容，结果在0：2落后的情况下顽强追平。这样的表现再次提醒温格，俱乐部有着非常美好的未来。次回合通过加时赛3：1取胜，让阿尔塞纳的麾下昂首挺进联赛杯决赛，他们将在加的夫千年球场与切尔西争夺冠军。

联赛中的两连平让温格十分失望，不过，主场击败威根，以及另一场加时赛胜利——足总杯对阵博尔顿——令阿森纳在与荷兰球队埃因霍温的欧冠淘汰赛前备受鼓舞。与其他英国球队相比，阿森纳的抽签结果相当不错，要知道，利物浦抽中了巴塞罗那，凯尔特人则要面对AC米兰。

然而，首回合比赛完全是一场噩梦。埃因霍温表现不俗，阿森纳则毫无章法。球员们状态全无，最终只能接受0：1失利的结果。温格无法理解球队前后脱节的表现，但他知道，次回合他的球队有能力在座无虚席的酋长球场完成逆转。阿尔塞纳承认首回合的比分已属幸运："我们本有可能遭到更严重的惩罚。"

两回合比赛之间的这两个星期，阿尔塞纳和他的球员们并未转运。阿森纳的一众小将在联赛杯决赛拼得很凶，但在这场势均力敌的比赛中，切尔西依靠更丰富的经验笑到了最后。这个年轻的阵容能够在联赛杯走这么远，令温格非常自豪，不过，他对比赛最后阶段发生的事情很不开心——两支球队都杀红了眼，阿德巴约和图雷均被红牌罚下，切尔西的约翰·奥比·米克尔也被驱逐出场。

阿森纳主帅赛后接受采访时说："我为球队的表现感到非常自豪。"法国人同时也谈到了场上的冲突，"突然之间，我们的球员情绪失控了，他们的球员也是这样，于是就演变成了肢体冲突。我不确信主裁判是否找对了惩罚对象，但不管怎样，他做出了判罚。"阿尔塞纳对边裁达伦·卡恩的意见要大得多，因为是他建议主裁判霍华德·韦伯罚下阿德巴约。"枪手"将卡恩斥为"骗子"，结果遭到了足总的处罚。

尽管阿森纳的年轻球员们打进联赛杯决赛已经殊为不易，但温格并不满足于此，他非常渴望拿下这座奖杯。阿森纳不愉快的一周还在继续，足总杯第五轮的重赛中，他们被布莱克本淘汰出局。

欧冠次回合做客伦敦，埃因霍温铁了心要保住首回合的领先优势。主教练罗纳德·科曼希望像那场主场1：0一样，再次让"枪手"无从发挥。埃因霍温拼得很凶，但阿森纳还是打开缺口，将总比分扳成平局。就在接近加时赛时，客队获得了一次难得的角球机会，巴西中卫阿莱士（讽刺的是，他的"所有权"掌握在切尔西手中）头球攻破"枪手"城池。酋长球场鸦雀无声，世界各地的阿森纳球迷都无法相信他们所看到的一切。阿森纳现在需要攻入两球才能晋级，但没时间了，结束了。他们没能复制 2005—2006 赛季打入欧冠决赛的壮举。终场与罗纳德·科曼握手时，温格清楚，他的球队真的不该倒在埃因霍温脚下。令阿尔塞纳更为尴尬的是，下一轮的比赛中，利物浦向世人证明，埃因霍温是一个很好对付的对手，红军以 4 ：0 的两回合总比分轻松晋级。

联赛杯决赛失利，欧冠和足总杯早早出局，联赛又被远远抛离，温格和阿森纳的眼前一片灰暗。英超是他们唯一要参加的赛事了，所以法国人将精力集中在了打好最后阶段的联赛上。他们有一个不错的开始，在维拉公园 1 ：0 报捷。公平地说，“枪手”本该取得更多进球，但面对一支缺乏锐气的维拉，他们还是接受了最小比分的胜利。

然而，接下来连番的客场失利令温格再次陷入绝望之中。3 月 18 日出征古迪逊公园，毫无生气的阿森纳 0 ：1 败在埃弗顿脚下。两周后，“枪手”再次做客默西塞德，这回是在安菲尔德被暴打了个 1 ：4。此战，阿尔塞纳在中卫位置终于又可以使用加拉和图雷这对搭档，但他俩对彼得·克劳奇都无计可施，这位高中锋门前效率奇高，上演了帽子戏法。阿尔塞纳对球队的防守很不满意。

毋庸讳言，此时的阿森纳已经没有奖杯可争，但温格还是希望球员们能为俱乐部的荣誉而战。然而，球队仍在继续沉沦，酋长球场的不败纪录在西汉姆面前戛然而止。“铁锤帮”正在拼命保级，他们对胜利的渴望帮助他们得胜而归。西汉姆门将罗伯特·格林表现神勇，化解了阿森纳的每一次射门。做客纽卡斯尔，“枪手”又带着 0 ：0 的白卷收工，但最终止住了三连败的势头。

利物浦、曼联和切尔西全部打进欧冠四强，激动人心的英超冠军争夺则在后两者之间展开。英格兰足坛对于赛季的最后几周充满期待。然而，酋长球场却是一派衰败景象，阿森纳正在向赛季终点蹒跚前行。对博尔顿和曼城的背靠背主场胜利令温格的心情有所好转，但他无法理解球队在整个赛季中为何如此缺乏稳定性。显而易见，球员们状态好的时候，总能轻松取得胜利。

4 月中旬传出一则令人吃惊的消息：戴恩离开了阿森纳。俱乐部主席希尔 – 伍德解释道："戴恩先生与董事会其他成员存在不可调和的分歧，分手是别无选择的结果，我们对此深感遗憾。"这则消息是对阿尔塞纳的沉重打击，他对自己好友的离开感到痛心。

4 月 21 日，阿森纳出征白鹿巷，这是本赛季第四场，也是最后一场北伦敦德比。阿森纳本该取得胜利，2 ：1 领先时，他们看上去完全掌控着形势，但耶纳斯完场前的进球，令热刺戏剧性地扳平了比分。阿森纳再度丢分，这一次，他们的球迷在死敌面前没有可炫耀的资本。之后，温格的球队主场 3 ：1 击败了富勒姆，这是他们本赛季的最后一场胜利。

5 月 6 日，切尔西造访酋长球场。曼联于前一天的午餐时间，以 1 ：0 打赢曼彻斯特德比。"蓝军"清楚，他们必须取胜方能保留夺冠希望。考虑到阿森纳总能在强敌面前拿出更好的表现，这个任务可绝不轻松。上半场尾声，哈立德 · 布拉鲁兹糟糕的防守给阿森纳送出大礼。这名切尔西后卫在与巴普蒂斯塔的身体对抗中处于下风——在禁区内用犯规阻止了巴西人。主裁判判罚点球，并将布拉鲁兹红牌罚下。吉尔伯托 · 席尔瓦罚入点球，"蓝军"突然间面对着 10 人作战且比分落后的局面。下半场，埃辛率领队友们勇猛搏杀，扳平了比分，但终究无法取得制胜一球。曼联时隔 4 年终于再获英超冠军。而切尔西的夺冠希望最终葬送在阿尔塞纳的球队之手，毫无疑问，穆里尼奥万分恼火。

温格已经开始思考下赛季的问题，他在审慎地评估着自己的阵容。英超最后一轮客场 0 ：0 战平朴次茅斯，不是一个理想的收官方式，但这正是阿森纳本赛季表现的缩影。在亨利经常因伤缺阵的情况下，进球成为困扰"枪手"的难题，在客场比赛中尤其如此。球迷们希望球队下赛季能有更加稳定的表现。

最终，曼联捧起了英超奖杯，切尔西成为足总杯和联赛杯的杯赛双冠王，利物浦则获得欧冠亚军。对手们的成功是令"枪手"更难下咽的苦果。温格努力将本赛季的一切抛到脑后，因为想要"枪手"重现往昔辉煌，他在这个夏天将有大量工作要做。

亨利和法布雷加斯的前途一直疑云密布，很多人感觉，西甲的引诱会让他俩双双离开“枪手”。温格的未来同样引起人们猜测，因为他的合同在2008年夏天即将到期，而他依然没有续约。阿森纳无疑进入了多事之秋。积极的一面是，一些极具才华的年轻球员给阿尔塞纳留下了深刻印象，打入联赛杯决赛预示着未来的希望。温格感觉，当阿森纳阵容齐全时，他们依然不逊于英超任何球队。更好的稳定性，将是阿森纳将潜力转化为成功的关键。

第八章　后亨利时代

LIFE AFTER THIERRY

2007 年夏天，当温格和阿森纳同意以 1620 万英镑的价格将亨利卖给巴塞罗那时，“枪手”球迷简直无法相信自己的眼睛。坊间很快便产生了各种关于谁能够填补亨利空缺的疑虑。通过这些年来在伦敦的出色表现，亨利占据了他在俱乐部历史上的一席之地，而他在阿森纳的支持者们也并不会因此而唾弃他。他的离去给酋长球场的天空留下了一片乌云，所有人都密切关注着温格的下一步举动。寻找另一个蒂埃里·亨利可不是一件容易的事情，但是，正如此前维埃拉的离去，阿森纳主教练展现了他勇于改变的特质。

亨利的离去如一江春水向东流，不可避免。如今，他的思想似乎也不如从前集中了，在一些比赛之中几乎隐身遁迹。法国人在之前一个夏天几乎要签约巴塞罗那，但是他改变主意留在了阿森纳。如今，他真的走了，阿尔塞纳开始为“后亨利时代”做好准备。温格知道，亨利一直是球队的头号球星，但是他也很清楚，这支阿森纳拥有着其他不少有天赋的球员，他们期盼着更进一步、承担更多职责。在训练中观看自己的团队时，温格看到了，即便缺少了俱乐部创纪录的头号射手，球队未来仍然光明。

阿森纳主教练解释说：“我们拥有潜力来适应失去蒂埃里的日子。我们会更多地专注于团队配合、分担责任。蒂埃里·亨利在俱乐部拥有伟大的 8 年时光，到了 30 岁时，也许他会缺少让年轻球队成长、提高的耐心。你可以理解这一点。”亨利永远不会被阿森纳所遗忘，但是，是时候开启北伦敦的新时代了。

不过，温格认为球队阵容已经足够出色的想法并没有获得所有人的认同。一些球员和媒体表示了他们的担忧。后卫加拉就是其中一个，他说：“可以确定的是不少球员在质疑俱乐部的未来。在我们周围，所有的球队都在招兵买马，但是，我们在亨利离开之后做出了什么弥补计划呢？我们需要招募富有经验的球员，因为年轻球员虽然有能力，但是赛季相当漫长，球队阵容不够雄厚。”

酋长球场迎来了复杂的时期。温格向他的球员们保证，他已经拥有了成竹在胸的计划，队长袖标被移交给了加拉。法国国脚后卫被赋予领导一支年轻的队伍，并超越过去两个赛季联赛第四的重任。加拉对于面前的挑战信心满满，他告诉记者:“我知道，在亨利离开之后，我会被要求担任球队的领袖之一，我已经准备好了。我是球队中经验丰富的球员，我来到这里就是为了在各个方面帮助更为年轻的队员们——这是我对温格所说过的。我是个天生的赢家，总是会对自己提出很多要求。我唯一的渴望就是成功，我希望阿森纳能够向冠军发起挑战。”

法布雷加斯正是温格挖掘的一颗中场宝石，在球队走出亨利的巨大阴影时，他受益最大。这位身材并不高大的西班牙人已经向阿尔塞纳展现了他可以应付在中场操控大局的压力，很多人认为，2007—2008 赛季也许能看到法布雷加斯跃升至他职业生涯发展的新高度。

阿尔塞纳抵挡住了花巨资去引进大牌球星的诱惑，只是进行了一些他典型的精明投资。克罗地亚前锋爱德华多·达席尔瓦和法国边后卫巴卡里·萨尼亚是他引进的两位外援。这两位在英格兰都不是家喻户晓的球员，但是很少有人会质疑温格挖掘了众多天才球员的事实。如今他在防线上有着强悍的选择，中路有图雷和加拉，埃布埃、克利希和萨尼亚竞争边后卫位置，达席尔瓦给阿森纳的进攻也带来了不错的选择。

而在其他地方，“枪手”的夺冠对手们已经加强了阵容。曼联签下了英格兰中场欧文·哈格里夫斯、巴西中场安德森和葡萄牙边锋纳尼，并租借了阿根廷前锋卡洛斯·特维斯两个赛季。利物浦已经引入了不少新面孔，包括高产射手费尔南多·托雷斯。切尔西通过引进史蒂夫·西德韦尔和克劳迪奥·皮萨罗等球员加强了后备力量。阿森纳是否能够竞争呢？

2007—2008 赛季开始时，温格非常奇怪地处在了压力之下。他没有引进任何一个大牌，即便是他自己阵中的成员，也对缺乏转会动作提出了疑问。阿尔塞纳却继续着他的工作，坚持既定计划。他没有引入一个与亨利同级别的球星，但是阿德巴约和范佩西，温格所拥有的这两位前锋已经取得了长足的进步，是时候为他去冲锋陷阵了。

在亨利离开俱乐部之后，球队的足球哲学也将发生改变。就像温格对《442》杂志所说："当你拥有一位像他这么重要的球员，而球队又是如此年轻时，球队的进攻必然是围绕着他进行。当他要球的时候，自然会从队友那里得到传球。如今他已经不在了，每一个球员都拥有主动权，可以更多地表现自我。"

不少人感觉"枪手"处在了转型期，成绩或许会受到影响，但是温格的期望并未降低。他告诉《每日星报》，他的球员们"可以赢得他们希望和想要的一切，那意味着赢得英超冠军和所有他们希望赢得的荣誉。球队的渴望是如此强烈，我的渴望要比以往任何时候都更加强烈，球队的天赋和潜力非常高"。

令温格高兴的是，阿森纳获得了一个胜利的开端。富勒姆是个难缠的对手，在对手早早取得领先后，"枪手"在最后时刻才逆转确保了 2 ∶ 1 的胜利。范佩西维护了阿尔塞纳的年轻化路线的正确性，他为球队扳平比分，赫莱布攻入了逆转比分的进球。年轻人展现出了伟大的精神，让阿森纳主教练为之骄傲。就像前一个赛季，"枪手"在主场很晚才拿下胜利，但是只要胜利纷至沓来，温格可以接受长时间的等待。阿尔塞纳告诉媒体："我们的开局很糟糕，富勒姆表现得十分出色，他们拥有一位出色的门将。除此之外，我们的适应性很强，90 分钟都没有放弃，无论身体还是精神都足够强大。"与此同时，富勒姆主教练劳里·桑切斯对于阿森纳球员的夸张表演表示愤慨。阿森纳客场战平布莱克本——在那场比赛里，"枪手"门将莱曼送给了主队一份大礼——之后，阿森纳一系列令人信服的胜利，让一些怀疑者开始重新考虑他们对于"枪手"前景的判断。

9 月 7 日，所有与俱乐部有关的人士都获得了更多好消息，阿尔塞纳终于和俱乐部续约成功，结束了数月以来的种种猜测。温格解释道："我的心一直紧紧地捆绑在这家足球俱乐部上，因此，签下一份新合同是我的本意。阿森纳是我生命中的最佳俱乐部。我被赋予了实施、执行我建队的思路，以帮助球队获得成功的全部自由。那意味着我有责任给球迷们带来冠军奖杯，也有责任帮助球员们将我们的潜力变成真实的奖励。"

阿森纳主席希尔－伍德和所有阿森纳球迷的反应一样，他称温格的新合同是"极好的消息"。希尔－伍德告诉媒体说："阿尔塞纳继续执教球队，我确定我们可以期待更多令人激动的球赛和球场上的成功。阿尔塞纳有着培养天才球员，并将他们变成世界级球员的特殊能力，这是一项在全世界受到敬仰的能力。"

这份新合同年薪 400 万英镑，周薪约为 7.5 万英镑，让温格的工资在英超中超过了切尔西主帅何塞·穆里尼奥之外的所有教练。更重要的是，这份合同可以让温格在阿森纳一直待到 2011 年，也能够给予他充分的时间，继续完成他和这套年轻阵容之间的出色配合。外界一直担心，认为如果阿尔塞纳走了，俱乐部的顶级球员会出现大规模的流失。如今，球队的未来看上去安全了。

前阿森纳左后卫温特伯恩坚决认为，这一新闻意味着他的老东家拥有了光明的未来。温特伯恩告诉《每日镜报》："这对于俱乐部和球迷来说是个重大的决定，毕竟阿尔塞纳续约之前存在着很大的不确定性。续约会减轻俱乐部的巨大压力。他们必须让阿尔塞纳续约，我认为他是一位了不起的主教练。"他也指出了温格对转会资金的使用非常明智，在温格时代，阿森纳俱乐部几乎平衡了账目。

而阿森纳俱乐部在经济状况上也处在了强势地位。当时，阿尔塞纳一直对他工作中与财务相关的部分小心翼翼，他甚至预测到了球员薪水的上涨，并计划进行调整未来球员的薪酬合同。在阿森纳，他不仅是一位主教练，也决定了俱乐部的收支盈亏。

而在球场上，法布雷加斯证明了自己是中场的意外发现，温格激动地看到西班牙人频繁地登上记分牌、取得进球。2007 年 9 月 15 日，北伦敦德比阿森纳 3 ：1 击败托特纳姆是赛季初球队状态的高光时刻。阿德巴约梅开二度，“枪手”又一次全取 3 分。

热刺主教练马丁·约尔不太情愿地称赞了阿森纳在门前的冷静：“我们之间最大的区别就是他们的临门一脚。我们在 1 ：0 领先、1 ：1 战平和 1 ：2 落后时本来可以打进第二球的。”与此同时，温格称赞了球队坚韧不拔的表现，他对媒体说：“这展现了我们的斗志和自信，我对于我们的比赛、我们的精神力量和团结一致感到很高兴。我们再次展现了这些特点。”的确如此。

阿尔塞纳享受着证明怀疑者们错误的过程，而他的年轻队伍继续保持着各项赛事不败纪录，他们踢出了大家对“枪手”最期待的水银泻地般的攻势足球。虽然，说亨利已经被遗忘了有些不尊重“海布里国王”，但是阿森纳球迷肯定比他们预期的更享受“后亨利时代”。欧冠联赛小组赛的抽签结果让“枪手”十分满意，他们和塞维利亚、布加勒斯特星、布拉格斯拉维亚分在同一组，如果他们能够继续保持火热的状态，温格对他的球员们顺利晋级淘汰赛十分自信。

9 月 20 日，切尔西和穆里尼奥和平分手的新闻曝光。穆里尼奥和切尔西老板罗曼·阿布拉莫维奇之间的关系十分紧张，但是，很少有人能预料到赛季初会发生这一幕。尽管在镜头前穆里尼奥时常表现傲慢，但是葡萄牙人却会被中立者、媒体以及大多数和切尔西有关系的人怀念。里克·威尔金森，一位切尔西季票持有者的一句话被媒体引用了：“是的，我为此感到非常惋惜。”

切尔西球员们同样沮丧，特别是弗兰克·兰帕德、迪迪埃·德罗巴和里卡多·卡瓦略。卡瓦略对媒体说：“毫无疑问，对我而言，何塞·穆里尼奥是世界上最优秀的主教练，我不敢相信我们失去了他。他热爱着切尔西。”因为对俱乐部在处理穆里尼奥一事上的失望，德罗巴甚至不愿意和俱乐部续约。阿布拉莫维奇若要赢得球队中不少担忧者的支持恐怕很不容易。他决定任命阿夫拉姆·格兰特，一位不知名的以色列教练担任穆里尼奥的继任者，受到了大伙的嘲笑，但是温格绝不会因此而否定切尔西的争冠机会。他知道他们拥有太多卷土重来的实力。

温格自己和穆里尼奥的关系远远谈不上亲切，当“枪手”试图跟上一骑绝尘的“蓝军”的脚步的时候，这两位教练在好几个场合发生过冲突。温格有数次在口头上抨击对手，而葡萄牙人则成功地激怒了阿尔塞纳。不过，阿森纳主教练还是表示并不希望看到穆里尼奥的离去。在接受《442》杂志的专访时，法国人承认：“这真的很让人吃惊，因为它就发生在切尔西经历的第一个艰难期。我仍然不知道他为什么离开，但是这并不是一种解脱。我认为如果他能够留下，本赛季会有趣许多。”对于英格兰足坛而言，失去拥有如此个性和魅力的穆里尼奥的确是一种遗憾。

阿森纳的欧战赛季开启于主场对阵塞维利亚一战，该队在西班牙以攻势足球著称于世，正如阿森纳之于英格兰赛场。巴西右后卫丹尼尔·阿尔维斯整个夏天吸引了切尔西的极大兴趣，前托特纳姆前锋弗雷迪·卡努特自从转会到塞利维亚之后表现不俗。不过西班牙球队还是无法媲美温格的球队，酋长球场的观众拥有一个难忘的夜晚。3 ：0 的比分诉说着一场精彩的、水银泻地般的进攻表现。上赛季被埃因霍温淘汰出欧冠令人伤痛、震惊，阿森纳球员们似乎对欧冠荣誉的更大渴望做出了回应。

切尔西在穆里尼奥离队之后举步维艰，利物浦和曼联仍然未能找到稳定的状态，阿森纳抓住机会在英超积分榜榜首获得了领先优势。切尔西已经输掉了两场比赛，利物浦则创造了三场平局。到 9 月末，温格终于奢侈地发现，他的球队如果拿下比其他球队少赛一场的比赛，可以将领跑的优势扩大到 5 分。尽管阿森纳尚未与他们最接近的夺冠对手有过直接交锋，但温格不可能预想到比这更出色的开局。

就在此时，俄罗斯亿万富翁阿利舍尔·奥斯曼诺夫有兴趣收购阿森纳一事激起了众多媒体的猜测。但是法国人以他习惯的平静方式一笑置之。他对于新老板或者可能带来的转会资金没有太大的兴趣。他的球队表现如此出色，温格让大家知道了消费热潮不会进入阿森纳的议事日程。而听到主教练对于自己的能力有如此高度的评价，也让阿森纳球员们为之一振。

前方的道路注定坎坷，但是阿森纳看上去已经做好准备迎接这条路上的任何挑战。尽管很多人猜想欧冠联赛将是温格最大的目标，他从未赢得过这项赛事的冠军，阿森纳主教练却明确表示了他的优先选择。温格没那么把欧冠放在心上："欧冠被高估了。这只是一个杯赛，而不是一项联赛，如果它是通过 38 轮比赛决出欧洲冠军，那会完全不同，你可以说谁赢得冠军谁就是真正的欧洲最佳球队。我认为要赢得英超冠军会更加困难。"

但是，温格当然希望凭借着他的年轻队伍夺得两项赛事冠军。2006 年，阿森纳曾如此接近欧冠联赛冠军荣誉，教练组和球员们都把他们的目光投向了再次打入欧冠联赛决赛中。阿尔塞纳看了看夺得 2007 年欧冠联赛的 AC 米兰，认为"枪手"和他们半斤八两。令人遗憾的是，淘汰赛的赛制决定了某些俱乐部通向决赛的赛程会比其他球队更加轻松。

在客场出色地以 1 ：0 击败西汉姆联后，阿森纳在罗马尼亚对阵布加勒斯特星队的比赛中，勇敢地以同样的比分获胜，接下来，又以 3 ：2 险胜斗志昂扬的桑德兰，延续了不败纪录。在与桑德兰的比赛中，阿森纳一开始便以 2 ：0 领先，但是，当"黑猫"将比分扳为 2 ：2 后，温格的球员们不得不利用他们全部的决心和技术才打进制胜一球。阿尔塞纳对球队被桑德兰扳平后并未气馁印象深刻，相反，阿森纳队以狂轰滥炸式的进攻回击对手。法国人赛后相当兴奋，当一位记者问他是否欢迎桑德兰主教练——前曼联队长罗伊·基恩——赛后和他聊一聊时，温格居然咧嘴大笑，并回答说自己任何时候都会欢迎罗伊·基恩！

博尔顿新任主教练萨米·李很难复制前任萨姆·阿勒代斯的成绩，他最不希望的就是在此时遇上状态上佳的阿森纳。"快马"[①]在防守中投入了重兵，但"枪手"最终凭借科洛·图雷的远距离任意球打破僵局。罗西基攻入了第二球，确保了阿森纳全取 3 分，不过，如果不是阿德巴约和其他人错过了一些令人惋惜的良机，比分原本可能更悬殊。

温格很清楚曼联再次找到了最佳状态，他的球队绝不能骄傲自满。当"枪

① 博尔顿队的绰号，博尔顿俱乐部的吉祥物也是马。

手”对阵博尔顿颇为不顺时，曼联在维拉公园将阿斯顿维拉撕成了碎片，鲁尼和特维斯的锋线组合全面爆发。C 罗也回到了他最佳的状态，“红魔”已经从他们慢热的开局中恢复了状态，开始动真格了。赛季初他们的进球是个问题，但是随着所有进攻球员状态的恢复，曼联找到了破门的良方。

布拉格斯拉维亚在欧冠联赛中遇上了最佳状态的阿森纳。酋长球场的 59621 名球迷目睹了“枪手”创纪录地以 7 ∶ 0 大胜对手，前三场小组赛拿足了 9 分。法布雷加斯梅开二度，英格兰新星西奥·沃尔科特少见地得到了首发机会，并打进两球。温格赛后自豪地对媒体说：“我们希望获得 3 分，队员表现出色，但是你不可能预料到这一情况。一切都对我们有利。我们在第一次有机会时就破门了。我希望西奥获得重要比赛首发的机会，他踢得很不错。他很冷静，在球门面前非常冷静。”

这是一场一边倒的比赛，也导致温格公开反对欧足联主席米歇尔·普拉蒂尼希望让更多欧洲小国家的俱乐部参加欧冠的计划。数周后，温格宣称：“你必须小心谨慎，不要通过引进更多较弱的球队来对欧冠联赛做太多改变，因为你会发现你踢了五六场比赛，却没有任何意义。这对于这项赛事来说会很危险。”在普拉蒂尼考虑将更多国内杯赛冠军和更多来自欧洲小联赛的球队引入欧冠联赛时，阿尔塞纳认为需要表达自己的观点。欧冠联赛对法国人来说是一项非常特殊的赛事，他不顾一切地想要确保欧冠不会被贬值。

回到国内赛场，温格将他的球员们带到了安菲尔德，去迎接本赛季迄今为止的最大考验。利物浦过去两个赛季的联赛排名都在阿森纳之上，中立者们也希望看看阿森纳在对阵其他顶级豪门时会有怎样的作为。在一场激烈的英超冠军争夺战中，球队丢掉任何分数代价都将是沉重的。但是在 2006—2007 赛季，温格的球员们在对阵英超三强时表现卓越——他们双杀了曼联，在对阵切尔西取得两场平局，并在主场击败了利物浦。阿森纳肯定不能在强强对话中服软，他们必须延续这一趋势，因为在做客默西塞德的比赛后，他们将迎来主场与实力最接近的争冠对手曼联的“泰坦之战”。

温格拒绝为这样的开局而得意忘形，尽管与 2003—2004 赛季无敌舰队的比较是不可避免的。不过，如果“枪手”能在安菲尔德赢球，将给联赛其他球队传递出重要信息。利物浦的赛季开局飘忽不定——经常是前一周表现卓越，下一周就会低于平均水准，但是史蒂文·杰拉德和费尔南多·托雷斯这样优秀的球员，往往在压力之下爆发，他们期待着重现上赛季在默西塞德 4 ：1 大败阿森纳一战的场景。温格则更倾向于回味他的球队在联赛杯中于默西塞德享受的 6 ：3 胜利，当时，他的弟子们让不可思议的安菲尔德变得鸦雀无声。

阿森纳队在充满敌意的氛围下步入了安菲尔德，他们希望继续保持联赛不败的纪录。不出所料，利物浦主教练拉法·贝尼特斯又一次调整了首发阵容，让托雷斯担任单中锋。范佩西受伤，“枪手”排出了 4-5-1 阵型，希望通过出色的传递控制中场区域。杰拉德早早地任意球破门帮助利物浦取得领先，然而，阿森纳也不会就此被击倒。前些年，温格的球队或许会在这种压力下崩溃，但是这个团队永远不会失去专注。事实上，“枪手”自始至终主宰了这场比赛，但是直到比赛结束前 10 分钟，才凭借着赫莱布的传球由法布雷加斯将比分扳平。在 2007 年 11 月 3 日迎来曼联之前，这是令球队相当提气的一分。

温格在赛后新闻发布会上也承认了这一点，他第一次表示自己感觉球员们可以向冠军发起挑战：“我们以更强大的状态结束了本赛季第一次重大考验，并且一直保持这种状态，我们拥有为冠军而战的天赋。总的来说，我们做得不错，我们会以更强大的状态迎战曼联。”

在酋长球场对阵曼联一战，“枪手”的反弹力表现得很充分。阿森纳在对阵英超冠军时两度落后且扳平比分，特别是在最后一刻，顽强地将比分扳成了 2 ：2。当克里斯蒂亚诺·罗纳尔多在离比赛结束不到 10 分钟时，帮助曼联取得 2 ：1 的领先后，阿尔塞纳的球队看上去即将迎来赛季首场联赛失利。但是，队长加拉在伤停补时的第二分钟意外地成了进球英雄。酋长球场的观众们重新站了起来，阿森纳球员们在阻止曼联全取 3 分后，没有掩饰他们的喜悦之情。

这是个扣人心弦的下午，充满着有趣的战斗。科洛·图雷和加拉熟练地防守鲁尼和特维斯，法布雷加斯和曼联的巴西中场安德森的对抗势均力敌。很明显，两支球队都准备好了为英超冠军而战，尽管《每日邮报》的记者马特·洛顿表示曼联在心理上略占上风。

有趣的是，弗格森的球队是第一支让阿森纳的流畅风格慢下来的球队。上半场，哈格里夫斯和安德森在中场一通忙碌，让阿森纳简洁、快速的传球不复存在。“枪手”在进攻中失去了惯有的速度，曼联全力以赴，让法布雷加斯、赫莱布和阿德巴约失望。仅此一次，阿尔塞纳的球队发现很难找到自己的比赛节奏。

温格对他的球员们回应冠军测试方式的表现做出了积极的表态：“我们的个性受到了两次考验。半场结束之前和比赛还剩 8 分钟时。总体来说，我认为这是个公平的结果。在两场重大的比赛中，我们不得不去追赶对手，我们两次都做到了，对此，我很高兴。我们仍然处在争冠行列中，因为我们在少赛一场的情况下位列英超榜首。”在对阵争冠对手的两场比赛 6 分中拿到 2 分，并不是个太坏的结果，特别是在前锋范佩西因伤缺阵时。

弗格森却对他的球队在最后时刻丢掉领先优势十分恼火，他批评了主裁判霍华德·韦伯的表现。弗格森对媒体说：“我认为霍华德·韦伯是一位有机会成为顶级裁判的人，但是今天是一场重大比赛，他却更加青睐阿森纳。阿森纳的第二个进球与韦伯的判罚有关，曼联前锋路易斯·萨哈被犯规，韦伯并没有判罚任意球而是让比赛继续，而阿森纳很快攻入了第二球。这本来是阿森纳对我们的犯规。”曼联主教练同样抱怨了阿森纳球迷：“当我们坐在板凳上，受到身后距离我们两三英尺的人的可怕侮辱。这是缺乏安保的体现。让你和你的教练组受到这样的羞辱真是丢人。”而这个抗议最终交给了英足总调查。

随后对阵雷丁的又一场彪悍表现让阿森纳回到了积分榜榜首位置。曼联前一天击败布莱克本后，一度在积分榜上反超阿森纳，但阿尔塞纳的球队在 3 ：1 击败雷丁后再次登顶。阿森纳的第二个进球是由阿德巴约打进的，这是一粒典型的温格式进球，球队的团队传切配合穿透了对手的防线。阿尔塞纳认为他的球队已经证明了自己的能力，他赛后告诉记者们：“球员们展现了他们能够应对压力。这是最大的考验——在不少人期待着我们丢分的时候，我们是本轮最后一支进行比赛的球队，能否应付这样的压力？这场比赛我们踢得很棒，就像我们习惯的那样。我们本可以打进更多进球。”

阿德巴约在对阵雷丁的比赛中终于打破了进球荒，多哥前锋急需给球队带来振作。他在对“皇室成员”①的进球前，已经有数场比赛的进球荒了，他很清楚，大多数媒体会计较自己的进球数据——尽管温格对于一个球员场上贡献的考量并不仅仅是进球。

范佩西很快伤愈归队，阿尔塞纳终于可以再次拥有进攻选择，范佩西也能够回到赛季初期高产的阿德巴约—范佩西锋线组合里。毫无疑问阿德巴约在锋线搭档缺阵后受到了影响，多哥前锋自然很欢迎荷兰人的回归。在范佩西受伤期间，温格更倾向于用一个额外的中场来填补范佩西的空白，而不是用爱德华多·达席尔瓦顶替他的位置，这也让阿德巴约在锋线上更加孤立无援。阿森纳球迷们希望球队的战术体系可以迅速从 4-5-1 转换为 4-4-2 阵型。

随着英格兰队在 2008 年欧洲杯预选赛征程处在彻底的灾难边缘，顶级俱乐部缺少本土培养的英格兰球员又一次成了话题的中心。欧足联主席普拉蒂尼感觉自己需要对温格严重依赖外籍球员的做法发表个人观点：“我并不喜欢阿尔塞纳·温格的体系。如果最好的俱乐部都去购买 15 岁或者 16 岁年龄段最优秀的球员，那么，欧洲所有的俱乐部都要完蛋了。”这一争论愈演愈烈，甚至引发了关于英格兰足坛引入外援配额制度来保护英格兰队未来的建议。普拉蒂尼也抓住机会，批评了英格兰计划申办 2018 年世界杯的举动，他表示这个国家配不上主办这一赛事。

而在配额制度上，阿尔塞纳明显和普拉蒂尼不在一个调子上。阿森纳主教练告诉《442》杂志：“我会狂热地抵制所有的配额制度，我发现它们都是彻底的垃圾，我认为体育的根本就是奖励表现最出色的人。如果你足够好，你就可以上场——不论你的名字、肤色或者护照是什么。”在《卫报》上，温格对在俱乐部层面上不应该进行外援名额限制进行了更详细的辩护：“俱乐部并不

---

① 雷丁俱乐部的绰号，这个绰号来源于俱乐部的根据地皇家伯克夏区。

是国家。俱乐部是面向全世界开放的，而国家队只能代表这个国家。举个瑞安·吉格斯的例子，吉格斯能踢多少场世界杯比赛？零场。吉格斯是不是世界上最出色的球员之一？是的。他已经选择了代表威尔士队出场。因此，对于这一类型的人来说这就是公平的。他们可以在俱乐部和世界上最优秀的球员们一起比赛。”外援和本土球员的矛盾不断地烦扰着阿尔塞纳，注定要继续折腾到赛季结束。自然有人会问：阿森纳主教练是否应该为英格兰队的问题受到一些指责呢？他的转会政策是不是损害了这个国家的足球发展？很明显，温格当然认为自己没有做错任何事情。

温格在11月中旬得到了一个好消息，法布雷加斯公开向“枪手”球迷承诺他忠于俱乐部，没有兴趣转会回到西班牙。由于此前皇家马德里和他的前东家巴塞罗那与该球员绯闻不断，阿尔塞纳很高兴看到塞斯克的直接表态，年轻的西班牙人告诉媒体：“我连想都没想过要回到西班牙。我不会倾听摆在我面前的邀约，因为我不需要获得我在阿森纳还没有拿到的任何东西。这与金钱无关——如果要钱我去年夏天已经去皇马了。我不会为钱所动，我只为足球所动。”西班牙人补充道：“我在这里踢球感到很开心。作为一名‘枪手’感觉很特别，也很骄傲。这是一家内部结构很小的俱乐部，就像一个家庭，但是从外面来看却很巨大。”

威根是阿森纳的下一个英超对手，他们在经过了动荡的数周后来到了酋长球场。主教练克里斯·哈钦斯因为一系列糟糕战绩被解雇，关于谁将成为新任主教练存在着一些猜测。最终史蒂夫·布鲁斯得到了这份工作，该队暂列积分榜第十八位，他们不出所料地排出了五人中场。法布雷加斯因为停赛错过了这场比赛，而赫莱布因伤缺阵。温格的球队直到最后时刻才拿到了3分，多亏了队长加拉的又一次建功，还有边路球员罗西基的进球。酋长球场终于可以放下心头的大石头了。当曼联客场输给博尔顿的消息传来时，这场胜利变得更加重要。“枪手”拥有了3分优势，还少赛一场。

做客塞维利亚一战对阿尔塞纳来说就没那么愉悦了。在已经确保了提前小组出线的情况下，他选择了轮换不少主力球员，但是塞维利亚下定决心想要从

“枪手”所在的小组中夺得头名。爱德华多·达席尔瓦的漂亮进球帮助温格的球队取得了领先，但是西班牙人顽强地以 3 ：1 逆转取胜，在积分榜上力压阿森纳夺得头名。

为防止受伤，法布雷加斯下半场被换下，他感觉到腿筋有一阵刺痛，阿尔塞纳则因为批评比赛官员们而被逐出场外。“枪手”主教练对自己受到惩罚大为不解：“我并没有和裁判发生口头争执。我不知道我为什么被罚下了，我真的很惊讶。第四官员让整场比赛变得很困难，我对裁判说：‘你能否向我解释一下我为什么被罚下？’”这在他的执教记录中是少有的污点，也让他回想起了在名古屋鲸八的那次场边禁赛。

总的来说，西班牙对温格和他的弟子们是个噩梦。小组赛还剩下最后一场比赛，“枪手”必须接受他们可能是小组第二的现实，并且发现自己面临着更为艰苦的淘汰赛抽签。阿尔塞纳却对此事没有太多顾虑，也根本没有为轮换大多数主力球员而后悔。

这一失利结束了“枪手”新赛季的各项赛事不败纪录。但是他们在英超中尚未输球，这必须是温格的第一目标。在塞维利亚轮换了加拉、阿德巴约、萨尼亚和其他一些主力球员后，阿尔塞纳可以在周末对阵阿斯顿维拉时派上更强大的首发阵容。

做客阿斯顿维拉有可能让阿森纳爆出冷门。马丁·奥尼尔的球队状态不俗，温格仍然缺少一队球员。温格认定在两翼活动的加比·阿邦拉霍和阿什利·扬为阿斯顿维拉的主要威胁，但对阿森纳后防线继续稳定的联赛表现很有自信。在备战过程中，温格提醒队员们切不可小瞧了阿斯顿维拉。不过上赛季的这一对决中，阿森纳获得了 1 ：0 的胜利，因此温格和他的队伍前往客场时满怀希望。由于曼联直到周一晚上才进行本轮比赛，因此，这是“枪手”率先扩大积分榜领先优势的机会。

阿斯顿维拉率先取得了进球，但是凭借着弗拉米尼和阿德巴约的进球，阿森纳带着 3 分离开伯明翰市。联赛不败在继续，温格赛后兴高采烈地对媒体表示：“我认为上半场十分美妙。我们踢得很快速，跑动很犀利。下半场落后时反弹得不错，队员们展现了足够的投入，冷静地应对了压力。这是对我们的重大考验。我们在比分落后时受到了真正的考验，我们配得上更多赞誉。”

当正受到舆论攻击的纽卡斯尔主教练萨姆·阿勒代斯对“枪手”派出他的球队时，很多人认为“喜鹊”的豆腐渣防线会让他们遭遇大溃败。但是温格知道，纽卡斯尔急需要证明自己，因此当阿德巴约在比赛中早早地首开纪录后，进球闸门并没有彻底打开。阿勒代斯的弟子们进行了顽强的抵抗，下半场通过史蒂文·泰勒的进球扳平了比分。“枪手”下半场的表现十分糟糕，纽卡斯尔不断侵扰、围追阿森纳球员，令阿尔塞纳的球队很难有时间处理球。

最终，温格认为 1 ：1 的平局是一个公平的结果，能够带着一分离开东北部甚至是有些运气成分。法国人赛后告诉媒体:“我必须承认，整体看来，纽卡斯尔的表现配得上一分。他们付出了艰苦卓绝的努力，为每一个球去奋力拼抢。我的球队今晚全力以赴了，但还是有些失望。”他有一些不开心是因为球队对纽卡斯尔的投入没有及时做出反应。阿森纳并没有按照惯常的方式来摆脱困境而这是温格通常的方式，“枪手”开始打长传、直传，直接找到中锋阿德巴约，这样太容易失去控球权。纽卡斯尔主教练阿勒代斯的观点则截然不同:“没有拿下这场比赛我感到非常不走运。我们拥有更好的机会，但是没有高质量的临门一脚。”

法布雷加斯因伤错过了做客圣詹姆斯公园一战——这是他连续第三场缺阵——阿森纳明显受到了法布雷加斯缺阵的影响，特别是下半场。毫无疑问，在法布雷加斯缺阵的情况下，球队在对阵威根、纽卡斯尔和维拉时，通过传球组织进攻的打法受到了极大限制。法布雷加斯的大局观和能量在阿森纳出色的赛季开局中发挥了关键作用，中场少了他，明显缺乏穿透力。

曼联在老特拉福德 4 ：1 大胜德比郡后，将积分榜上落后的劣势缩小到了 1 分，给即将做客加雷思·索思盖特的米德尔斯堡的阿森纳增加了压力——这是一支总是能够制造波澜的球队。多名球员伤情让温格的心情有些阴沉。法布雷加斯、赫莱布、范佩西和弗拉米尼都无法及时伤愈，阿尔塞纳给予了一些边缘球员信任，“枪手”希望将对曼联的优势重新拉大到 4 分。

阿森纳在对阵“伯勒”时成绩不错，而任何拥有加拉、图雷、罗西基和阿德巴约的阵容都应该拥有足够的自信。但是，这一天却注定是属于米德尔斯堡的大日子，温格的球队丢掉了新赛季联赛的不败纪录。主队拥有着梦幻开局，凭借科洛·图雷犯规制造的点球取得了领先。伯勒在第十六分钟扩大了比分领先，阿森纳只是在伤停补时阶段打进了一个安慰性的进球。“枪手”的糟糕表现让温格很无语，他抱怨球队所面临的拥挤的赛程：“我们今天为此付出了代价，我们的表现不太犀利。公平地说，米德尔斯堡表现得更加犀利，踢得很好，我们从一开始就缺乏自信心。对于结果我们没有任何抱怨。”在击败威根后，阿森纳一度拥有的 6 分优势，如今缩减到了 1 分。

阿森纳在错误的时间上挣扎着。接下来的周末，在利物浦和曼联于安菲尔德战罢后，“枪手”将于酋长球场迎来与切尔西之战。但是，温格没有害怕争冠对手，他告诉记者们他欢迎竞争：“这（良性竞争）是非常健康的。我相信本赛季将成为英超历史上最令人激动的一年。”他承认切尔西的实力和经验、利物浦的渴望和阵容深度、曼联球员的个人能力，但仍确信自己的球队能够应付对手的所有挑战。

在同一周，阿尔塞纳专门抽出时间来赞美意大利人法比奥·卡佩罗成为英格兰代表队的新任主教练。他宣布：“不需要我来告诉大家法比奥·卡佩罗就是能够驱动英格兰队前进的‘劳斯莱斯’，也许不会太顺利，但是他能够发挥出球员们的最大能力。他拥有丰富的经验，是个铁腕人物，遇到任何问题都能找出解决办法。”同时，温格也称英格兰队存在着一些大问题，如果英格兰队新主帅愿意，他可以和卡佩罗就此进行一些探讨。

当整个国家准备观看这个重大的足球比赛——英超四大豪门的对决时，温格对切尔西的来访进行了最后的准备工作。他公开表扬了切尔西新帅阿夫拉姆·格兰特从穆里尼奥离去后的表现，也知道“蓝军”会十分难缠。不过，迪迪埃·德罗巴的缺阵严重影响了切尔西的锋线攻击力，在过去的多次交锋中，德罗巴是阿森纳的克星。阿尔塞纳自己的球队也有着伤病困扰，但是他希望能够让法布雷加斯、弗拉米尼、赫莱布和范佩西及时复出。

赛前从安菲尔德传来了即时比分的消息，状态出色的曼联以 1 ∶ 0 小胜利物浦。在阿森纳与切尔西的大战开始前，这可不是什么令人振奋的好消息。让温格为之一振的是，法布雷加斯、弗拉米尼和赫莱布回到了首发阵容，而范佩西的身体状态让他只能坐在板凳上。

从裁判吹响比赛开始的哨声起，两队的竞争相当激烈，有不少凶狠的动作。然而，开赛没过多久，高质量的足球还是到来了。“枪手”在半场结束前取得了领先，加拉接队友开出的角球头槌破门，门将彼得·切赫判断失误没有碰到球。下半场扣人心弦，双方在比赛最后 20 分钟有不少进球机会。不过，最终的比分是 1 ∶ 0，阿尔塞纳认为他的球队配得上这场胜利：“我们上周末输掉了赛季第一场比赛，这是一次心理上的测试。从战术上来说，上半场我们被锁得死死的，下半场我们有四五次机会打入第二球。总体来看，我感觉我们拿到 3 分是合理的结果。”

在两周前，阿森纳曾以 6 分优势领跑英超，但是在“大满贯星期天”①前，他们只剩下了 1 分的领先优势了，“枪手”对能够继续保持对曼联的微弱优势心满意足。胜利是阿森纳结束糟糕一周的不错方式，给球队带来了士气上的鼓舞。因此，很多人认为英超冠军之争变成了二马相争，切尔西和利物浦已经退出了争夺。贝尼特斯的球队发现他们已经落后阿森纳 10 分了，而后者还少赛一场。

数天后是联赛杯 1/4 决赛对阵布莱克本，而更重要的联赛需要例行精心的准备。对阵布莱克本，阿森纳的年轻人们展现了一流的技术，他们以 10 人——德尼尔森在常规时间结束时被红牌罚下——在加时赛拼到了最后，以 3 ∶ 2 取胜。温格总是在这一赛事中不断尝试检验年轻球员的成色，而他们并没有令他失望。爱德华多·达席尔瓦梅开二度，包括制胜一球，而拉萨纳·迪亚拉在中场表现杰出。阿尔塞纳在球队赢得半决赛资格后欣喜若狂，他们的下

---

①“大满贯星期天”是天空体育对重要比赛林立的形容方式。

一个对手将是北伦敦死敌托特纳姆。

巧合的是，“枪手”的下一场英超联赛也是北伦敦德比。托特纳姆新任主教练胡安德·拉莫斯帮助他的俱乐部在积分榜上不断攀升，但是，做客酋长球场却是一项艰巨的任务。最终，阿森纳幸运地获得了 3 分，他们本有可能被对手吊打。罗比·基恩在比赛 1 ：1 时错过了一个点球，阿森纳替补尼克拉斯·本特纳一上场就头槌建功。同样，曼联在第二天获胜，因此“枪手”仍然只领先 1 分。

在对托特纳姆的比赛前一天，欧冠联赛第二轮抽签揭晓，阿森纳抽中了上赛季欧冠冠军 AC 米兰。这并不是“枪手”所希望的，但温格拒绝悲观主义。意大利人当然经验丰富，然而，阿尔塞纳却保持着自信：“这是个有趣的抽签结果。我相信我们如果表现出最佳水准就能够淘汰对手，这是个很好的目标，我们可以为这场比赛变得更加强大。这是个重大挑战，但是，如果你们问我，我们是否有机会将他们淘汰出局，我会说‘当然’。”这两回合比赛可以看到阿森纳快速、传球型风格与 AC 米兰耐心、犀利风格的对抗，以及那些扣人心弦的情节。

与此同时，一连串关键的英超比赛开始占据着阿尔塞纳的头脑。客场对朴次茅斯通常是温格的球队轻松获胜，但是，在 2007 年节礼日，他们却只拿到了一个 0 ：0 的结果，这是个苦涩的打击，阿森纳失去了积分榜头名。曼联的状态似乎不可阻挡，“枪手”需要尽快反弹，12 月 29 日，客场 4 ：1 大胜埃弗顿是个完美的回应。随着西汉姆联以 2 ：1 击败了曼联，阿森纳给 2007 年画上了完美的句号。他们回到了英超之巅，法国人承诺为了英超冠军要和弗格森大战八百回合。

2008 年开端，唯一失望的是科洛·图雷和埃布埃很快就将飞往加纳，参加为期 3 周的非洲国家杯。科洛·图雷的中卫位置是他人很难代替的。值得庆幸的是，英格兰中场大卫·贝克汉姆和阿森纳一起训练，开始为美国职业大联盟新赛季做准备，阿尔塞纳希望他的经验和水准能够对俱乐部的年轻球员产生积极影响。

全世界的阿森纳球迷都屏住了呼吸，希望2007—2008赛季温格能够激励球队，将其变成俱乐部历史上最伟大的赛季之一。球队有着如此多的荣誉可以争取。多年来，一直为可能离去的亨利忧心忡忡，如今法国人已经离开了，但是很明显，阿森纳的战斗还需要继续进行。

阿森纳的2008年第一战，是在新年第一天主场以2：0击败西汉姆联，球队的士气高涨。由于球队仍在参与所有4项赛事的竞争，温格也面临着从全局考虑的棘手任务，他需要让他的大牌球星们对最重要的比赛保持新鲜感。接下来的两场比赛都是杯赛，阿尔塞纳抓住机会，对球队阵容进行了轮换，这些赛事当然重要，但是，它们无法与英超的魅力或者欧冠联赛的荣耀相提并论。

尽管派出了较弱的阵容，阿森纳还是在足总杯第三轮淘汰了伯恩利，之后，在联赛杯半决赛第一回合1：1战平了托特纳姆。理论上来说，这意味着热刺占有了优势，第二回合比赛在白鹿巷①举行。不过，热刺也不可能低估如此火热状态下的“枪手”，一切取决于阿尔塞纳在比赛当晚派哪些球员首发上阵。

总体来看，温格成功地让他的球员们在接下来数周保持专注。主场1：1战平伯明翰令人失望，特别是在同一天曼联6：0碾压了纽卡斯尔，不过客场3：0击败富勒姆后，温格牢牢地稳住了船体。他知道随着争冠形势的变化，这种起伏会越来越频繁，特别是曼联看上去是一只甩不掉的尾巴。

连夺4项冠军的梦想在2008年1月22日终结于白鹿巷，托特纳姆在联赛杯中将“枪手”淘汰出局。阿尔塞纳选择了对他的年轻人们保持信心，但却沮丧地看到了主队发飙，在当晚，5：1大胜阿森纳后，托特纳姆锁定了决赛门票。雪上加霜的是，比赛中阿德巴约和队友本特纳在场上发生了内讧，阿森纳完全失去了控制。

虽然这场失利是在联赛杯——一项在温格的排序之中优先级最低的赛事中发生的，但是，围绕着阿德巴约和本特纳手足相残的事件，引发了英超的极大

---

① 托特纳姆热刺的主场，可容纳36200名观众。

震撼与关切。批评者们认为“枪手”需要学会做个得体的输家。

不过，未来还有大量的比赛，阿尔塞纳拒绝为此慌乱不安。在白鹿巷输球的那支队伍主要是阿森纳的二线阵容，只有少数主力球员，果然，随着主力的回归，阿森纳随后获得了四连胜。纽卡斯尔在酋长球场遭遇了背靠背的 0 ： 3 失利，凯文 · 基冈二度执教泰恩河畔继续让人失望。阿德巴约的梅开二度帮助阿森纳在足总杯获胜，而弗拉米尼的漂亮进球帮助阿森纳在联赛中击败了“喜鹊”。另一场胜利，是 2 月 2 日阿森纳在曼城 3 ： 1 获胜，给亦步亦趋的曼联带来了压力。

温格知道形势看上去大有希望。如果他的年轻队伍能够保持目前的状态，冠军将是触手可及的。但是，曼联通常在赛季的最后几个月无懈可击，“枪手”只要稍有疏忽，便会让冠军旁落。阿尔塞纳很高兴看到球队在一个少见的周一晚上的主场比赛中，不带任何自满地击败了布莱克本，在积分榜上领先曼联 5 分。

星期天，曼联在曼彻斯特德比战中输给了同城死敌曼城——在那个纪念慕尼黑空难 50 周年的令人情绪激动的下午，阿森纳却因此得到了实惠。不过，温格不会激动得失去理智。在对布莱克本的战后新闻发布会上，温格告诉媒体:“我们还有很长的路要走。我们并没有预料到本周末结束后会有目前的局面。但是，重要的是保持低调，这个联赛竞争非常激烈。”

温格的下一个挑战，是足总杯第五轮在老特拉福德面对曼联。温格清楚地意识到，即便在很多人眼中，英超和欧冠联赛更有魅力，但足总杯的直接对话，还是会修改为:意味着心理层面的“积分”优势。两位主教练都希望轮换自己疲惫的队伍，但是，曼联看上去对战斗准备得更充分一些。鲁尼气势如虹，阿尔塞纳看到自己的球队上半场以 0 ： 3 落后，随后，埃布埃因为对埃夫拉的严重犯规被红牌罚下。弗莱彻的进球帮助曼联完成了这场 4 ： 0 的大胜。赛后，当阿森纳将士们拖着沉重的步伐走回更衣室时，温格留下来收拾残局。

年轻的“枪手”遭到了死敌的羞辱，法国人希望从球员们的眼睛里看到更多战斗精神。媒体无情地攻击他们软弱的表现，温格不得不应付关于他和球员们不重视足总杯的指控。好几家报纸的专栏都指责了阿尔塞纳和他所挑选的球队在星期六比赛中的态度。

此时正是阿森纳重新回到欧冠联赛怀抱的最佳时机。阿森纳球员们希望获得非同凡响的反弹，也许，在欧战足球的氛围里能够制造出火花。他们在 16 强战中的对手是 AC 米兰——欧冠联赛卫冕冠军。卡洛·安切洛蒂的球队拥有着充足的经验，而“枪手”则拥有速度和跑动能力。一切都预示着这将是一场有趣的战斗。

回到 2007 年 12 月，当欧冠淘汰赛对阵抽签结果揭晓时，温格曾经拒绝退让，自那以来，他没有改变过自己的立场。意大利人拥有着不少实力超群的球星，拥有卡卡的技术和安德烈·皮尔洛的大局观，但是阿尔塞纳知道，他们在面对进攻速度快的球队时，表现十分脆弱，而他希望赫莱布、法布雷加斯和阿德巴约可以成为创造奇迹的人。

但是，第一回合在酋长球场的比赛中，最终比分是 0 ：0。在所有的赛前准备和计划进入实践阶段后，温格很失望他的球队未能破门，特别是在最后时刻，阿德巴约在极佳位置上头槌攻门砸在横梁上。保罗·马尔蒂尼和队友们展现了他们著名的勇敢防守，阿尔塞纳开始担心他的球队在圣西罗球场进球的把握。

他向媒体承认：“我们并没有利用好我们制造的机会，在最后 1/3 进攻区域或者射门区域有些用力过度，有些紧张。米兰的防守相当有经验。他们早就料到了自己会遭受压力，所以必须做好防守，他们早就习惯这种局面了，而他们也的确做到了。但总体而言，我们踢出了一场精彩的比赛，只是没能打进一球有些遗憾。如果是一个一切都对我们有利的夜晚，我们本可以打进两球或者三球。积极的一面是，我们在比赛的大部分时间给了他们很大压力，我们并没有丢球。”

温格所说的最后一点的确是关键因素。尽管温格对于 0 ：0 的平局有些失望，但是，他力挺自己的队员在米兰创造魔法瞬间，如果“枪手”在圣西罗打进一球，那么东道主必须打进两球才能晋级。意大利人如今是晋级的热门球队，但阿尔塞纳依然保持着积极的心态。

如果说周中的平局是个轻微的挫折，那么，周末的联赛则给温格和他的球员们带来了更严重的打击。在圣安德鲁斯球场对阵伯明翰的比赛仅仅开始3分钟，阿尔塞纳就被爱德华多·达席尔瓦的重伤震惊了。被马丁·泰勒铲倒后，克罗地亚前锋需要氧气和7分钟的治疗，很快他就因为严重腿伤被迅速送往了医院。温格脸色苍白，他的球员们都被惊呆了。

伯明翰凭借着詹姆斯·麦克法登的进球取得了领先，但是沃尔科特挺身而出，5分钟内连入两球。又是一次令人不快的结局，克利希魂不守舍地在禁区内放倒了斯图尔特·帕纳比。10人应战的伯明翰通过麦克法登罚入点球，将比分扳平。但是，最令人担忧的是队长加拉的反应，他严厉斥责了克利希，当对手准备主罚点球时，他却走向球场的另一端哭了起来。

阿森纳后卫——球队的队长——在比赛结束后数分钟，仍然呆坐在禁区里，直到温格将他劝说回了更衣室。

随后，前来酋长球场做客的阿斯顿维拉充分利用了主队的慌乱不安，阿森纳凭借着本特纳最后时刻的进球勉强得到了1 ：1的平局。与此同时，曼联不断挺进，将与阿森纳的积分差距缩小到了1分。

虽然这绝不是准备对AC米兰第二回合比赛的绝佳时机，但是，温格总能利用大场面的机会让批评者们闭嘴，而他也将这点传递给了自己的队员们。法国人将这场比赛作为对球员性格的终极考验——他们没有令他失望。

“枪手”是表现更出色的一方，再次削弱了卡卡和亚历山大·帕托的进攻威胁。法布雷加斯在中场无处不在，赫莱布自由驰骋，阿德巴约让米兰的四后卫甚为棘手。但是，致命的进球迟迟没有到来，紧张的加时赛看上去不可避免了。

突然，法布雷加斯发力了。在比赛还剩6分钟时，法布雷加斯在米兰的半场内获得球权，他带球突进，身边并没有对方球员，他在距离球门30码外射出了一脚低射，打进了球门死角。圣西罗一片死寂，温格和他的球员们激动不已。不仅如此，沃尔科特的长途奔袭帮助阿德巴约轻松破门，阿森纳取得了2 ：0的胜利。派对开始了。

当球员们离开球场时，温格对他们交口称赞。赛后，阿尔塞纳接受天空体育新闻的采访时说："他（法布雷加斯）出类拔萃，但是今晚很难单独拎出一个人来表扬。我相信整个球队都守得精彩、攻得漂亮，这是完完全全的团队表现。我当然非常高兴，我为我们的表现感到骄傲，我们在压力下取得了进球。"

经过过去数周的痛楚，温格做得相当出色，成功地将球队再次团结起来，他的人员管理和战术能力得到了充分证明。他们在联赛中仍然有希望，"枪手"球迷们希望将在米兰的胜利带来的兴奋能够带入接下来的比赛中。不过，不知道为什么，在接下来对威根和米德尔斯堡的两场比赛中，阿森纳没能再现圣西罗的英勇表现。

在 JJB 球场 0 ： 0 战平威根是个打击，阿森纳将主动权彻底让给了曼联。一周之后，阿利亚迭雷向前东家示威，"伯勒"几乎在酋长球场拿到了 3 分。科洛・图雷的扳平进球为阿森纳抢回了一分，但是，他们已经在最糟糕的时刻筋疲力尽了。他们过去 4 轮联赛无一胜绩，但是温格却拒绝悲观失望。其他人则展现了更多担忧，指出了球队近期平庸的成绩。球队如今是否在球场上缺乏领导能力?

"枪手"主教练忽略了各种批评，准备下一场重大比赛——在斯坦福桥对阵切尔西一战。曼联在当天早些时候坐镇老特拉福德对阵利物浦，当弗格森的球队以 3 ： 0 完胜对手，压力真的相当大了。阿森纳和切尔西都知道，他们如果未能全取 3 分就会迎来艰苦的战斗。

经过一个紧张却没有进球的上半场，温格在比赛进入一小时前，终于得以庆祝球队首开纪录，萨尼亚选择了在完美的时机攻入了他代表俱乐部的第一个进球。这位边后卫及时起跳，将法布雷加斯开出的角球顶进了球门，"枪手"似乎又在争冠战役中复活了。但是，对阿尔塞纳弟子们的反弹能力以及他们是否拥有赢得重大比赛的诀窍，坊间一直存在着疑问。不幸的是，法国人的大牌们令他失望了，切尔西凭借德罗巴的两粒进球取得了不可思议的逆转。

这对温格来说是个不得不忍受的苦果，他距离庆祝一场重要的胜利只差

17 分钟，但是，德罗巴迟来的表演意味着“蓝军”目前上升到第二位，阿森纳掉到了第三位。曼联领先切尔西 5 分、阿森纳 6 分。“枪手”是否还能鼓起勇气发起更大反击呢?

在媒体面前，温格看上去有些惊魂未定，他拒绝承认球队已经退出了冠军之争，他坚持表示:“我们将战斗到最后一刻，我们对于未来并不担心，很明显，此时此刻我们很失望。今天很不走运，我认为我们踢得不错，一度以 1 ：0 领先，他们的第一个进球是因为我们很不走运，我认为那球真的越位了。”

有一件事是可以肯定的，如果阿森纳不想失去最后一丝夺冠希望，那么，他们容不得再有半点闪失。温格需要策划完美无瑕的冲刺计划，此外，还要祈祷曼联遭遇倒霉的日子。不过，在 3 月 29 日做客博尔顿的比赛半场时，这样的结果看上去有些过于乐观了。快马以 2 ：0 领先，而迪亚比已经被罚下了。然而，阿尔塞纳重新召集他的部队，指出了让球队在整个赛季都有机会赢球的进攻打法，然后回到座位上，欣赏绝对出色的下半场。

他的球员们做出了积极的反应，将上半场两球落后的劣势变成了 3 ：2 的大逆转，展示了他们所有人的进攻能力，也彻底打消了那些认为他们已经退出了争冠行列的想法。加拉首先扳回一球，范佩西攻入点球，对方后卫吉罗伊德·塞缪尔的乌龙球助“枪手”完成了一场勇敢的大逆转。温格很高兴，他告诉记者们:“我不记得还有比这更出色的大逆转，在 0 ：2 落后的局面下，而且是 10 人比赛。我们在半场时就知道 2 ：2 还不够好，但是我们展现了自己的精神力量，不断前进。”上半场是个恐怖秀，但球员们展现出了伟大的战斗精神，完成了大反击，阿尔塞纳对球员们的表现感到非常骄傲。

温格所有的注意力都放到了下个对手利物浦身上。除了一场联赛交锋外，他们在欧冠联赛 1/4 决赛抽签中，遭遇了贝尼特斯的球队。胜者将在半决赛中面对切尔西和费内巴切的胜者。因此，阿尔塞纳准备在短短一周内三次面对利物浦。

抽签揭晓后，“枪手”主教练发出了一个战斗口号，告诉记者们说:“我们的实力强大到可以将卫冕冠军淘汰出局，因此让我们继续对战利物浦吧！我说过最理想的情况是对阵一支外国球队，因为这是欧战，但是，我也准备好了挑战任何对手。我们决心不惜任何代价，一定要晋级。”如今，奢谈的时间已经结束了。

在酋长球场进行的第一回合比赛中，阿尔塞纳派上了攻击型首发阵容，希望能通过快速的开局给对手当头一棒。比赛开始 23 分钟后，他的雄心得到了回报，阿德巴约的头球帮助阿森纳取得了领先。但他的快乐只停留了三分钟就变成了绝望，库伊特接杰拉德美妙的跑动、传球后扳平了比分。温格知道如此快地丢掉领先是个重大失误。

利物浦之后的防守做得很到位，但是“枪手”本应该赢得当晚的比赛。比赛最终以 1 ：1 结束，本特纳成功地在门线阻挡了法布雷加斯的射门，阿森纳还有一个点球申诉被裁判否掉了。就像对 AC 米兰一样，温格不禁想知道到底发生了什么。他们本应该有机会赢得比赛的。

阿尔塞纳表示“枪手”仍然有很大的晋级机会。他告诉记者：“这对我们是一个考验，但是，我们有决心做到。我觉得球队没有为我们制造的机会获得足够回报——我们本有机会赢得比赛胜利。但是我们有些不走运，裁判在点球的判罚上做出了重大决定。这真的很难接受，我们只能打碎牙齿和血吞。”

接下来的周末，阿森纳主场以 1 ：1 战平利物浦的二线阵容，争冠希望再次遭受打击，温格在球场边变得越来越愤怒和绝望。“在我头脑中，游戏还没有结束，至少从理论上还没有结束。这取决于其他球队的比赛结果。就我们在积分榜上的情况来看，胜利是必需的，但是你永远不知道会发生什么，你会希望最好的结果。我希望我们到周一时不会落后太多。”曼联做客米德尔斯堡被逼平，给了切尔西希望，但是英超冠军对温格的球员们仍然是可望而不可即。

一周内与利物浦的第三场比赛也是最跌宕起伏的。阿尔塞纳带着他的球员们前往安菲尔德，他们知道必须要进球，这对“枪手”从不是个问题。而球场另一端，他们也有着明显的顾虑，杰拉德和托雷斯看上去是主要威胁。

“枪手”的开局不错，打出了他们本赛季最出色的前半小时比赛。他们保持着控球权，不知疲倦地奔跑，将利物浦的防线压迫到最小范围。通过迪亚比火箭般的射门，他们取得了价值连城的领先优势。一切都朝着有利于他们的方向发展，温格祈祷噩梦般的六周结束，他们可以打进欧冠半决赛。

但是利物浦最终通过海皮亚的头球破门扳平了比分，两队的两回合总比分打成了平手。失去受伤的范佩西对“枪手”有着很大影响，但是赫莱布、迪亚比和阿德巴约看上去都很有威胁。防守的不稳定性又一次令温格忧心忡忡，托雷斯利用阿森纳中后卫森德罗斯的失误，帮助利物浦取得了 2 ：1 领先。但是这一次，温格无所畏惧的年轻人们斗志昂扬，沃尔科特第八十四分钟的个人长途奔袭帮助阿德巴约扳平了比分，让阿森纳处在了有利位置，客场进球数领先于利物浦。

但是，自从爱德华多・达席尔瓦 2 月末受伤以来，“枪手”的运气始终没有好转，在安菲尔德的最后 5 分钟比赛里，主裁判彼得・弗洛伊德菲尔特判给了主队一个很有争议的点球，他判罚科洛・图雷在禁区内对利物浦的瑞安・巴贝尔犯规。杰拉德将点球罚入，阿森纳不得不全线压上，巴贝尔通过防守反击，攻入了第四粒进球。温格眼睁睁地看着又一项冠军从手中溜走。1 月，四项冠军都还触手可及，如今，温格和他的球员们很可能以四大皆空来结束比赛。

灰心丧气的温格告诉记者们：“比分 2 ：2 时我感觉比赛结束了。但之后出现的一个有争议的点球，让我们开始失去专注。从两场比赛来看，我们真的很难接受这样的结局。点球判罚的重大决定始终对我们不利。这很难让人接受。更衣室里，球员们情绪都很低落，因为一周又一周，裁判的决定一直对他们不利。”

然而，更悲惨的事情还在等待着阿尔塞纳，他的心情变得灰暗，压力开始折磨他。4 月 13 日，他带领球员前往老特拉福德。大多数权威人士已将阿森纳排除在争冠球队之外了，毫无疑问，如果“枪手”不能击败曼联，那希望将彻底结束。和在安菲尔德一样，法布雷加斯和其他球员让他们的主教练很是骄傲，特别是上半场。下半场刚开始，阿德巴约帮助阿森纳取得领先，争冠的希望被重新点燃了。多哥前锋看上去是用手臂将球打进了大门，但是这个球被裁判判进了，在最近的判罚都不利于他们之后，你很难去嫉妒温格的球队以这样的方式首开纪录。

不出所料，“枪手”软弱的中路漏洞又一次暴露无遗。如果他们不更加冷酷无情些，总是会给对手可乘之机。加拉送出了一个点球，C 罗罚入这粒点球，阿森纳失去了领先优势。这一比分只持续了 6 分钟，给比赛奠定最终结局的是哈格里夫斯第七十二分钟的任意球，比赛结束了，温格的争冠梦想被现实狠狠地击碎。曼联如今在积分榜榜首 6 分领跑。

然而，温格却继续力挺他的队员们。虽然此前温格因为无数次捍卫自己的球队被媒体批评“护短”，但这次他们坚持不懈的努力倒是值得称赞。他告诉记者们：“这支球队非常美妙，他们不断前进，我为他们骄傲。我们退出了争冠行列，当然，我们知道这点。我们带着实力和斗志去比赛，但是，你能够对目前的结果做些什么呢？我们拥有足够多的机会，很不幸我们没有赢得胜利，我们必须接受这一切。过去的两个月里，我们有些偏离正轨，也没有太多好运，今天又是这种情况。我相信这支球队足够出色到可以去赢得冠军，如今，我们最大的目标是保持团队的完整。”

在随后的 4 场被温格定义为温和的比赛中，阿森纳全取 12 分，但并没有减弱阿森纳错过了夺冠最大机会的感觉。他们 2 ：0 击败了雷丁，6 ：2 大胜可怜的德比，主场 1 ：0 小胜埃弗顿，客场 1 ：0 击败桑德兰后，整个赛季结束。曼联则享受了他们的大日子，在击败威根后力压切尔西，连续第二年捧起了英超冠军。

尽管最后几个月失望不断，法国人在光明球场的赛后发布会上对媒体发言时，仍然对球队充满了赞誉。他说：“从实力上看，我们没问题，整个赛季表现得都很出色。我们转瞬间输掉了比赛，并不意味着我们没有出色的表现。想要有不错表现，需要有 3 到 4 支球队能够为最终名次展开竞争。今年，英超是最近 4 年或者 5 年来第一次，直到赛季最后一天才产生冠军，我们对此有贡献。我给亚历克斯 · 弗格森爵士的信息是祝贺他的成就，并准备好下赛季的战斗。”

但是对阿尔塞纳来说，围绕2007—2008赛季将永远有着“假设”一说。如果爱德华多·达席尔瓦没有受伤；如果范佩西可以保持健康踢更多比赛；如果不少可疑的点球决定按照有利于阿森纳的方向判罚。但是，最终这些假设都是毫无意义的。“枪手”终究有不足之处，他们需要在这个夏天重新评估自己的选择。

很多人或许淡忘了，前一年8月做各种预测的时候，几乎没有人预计到温格的球队在本赛季能够成为争冠的重要力量。他们走过了一段漫长的路，如果他可以将团队保留下来，特别是抵挡住外界对阿德巴约和法布雷加斯的兴趣，下赛季就有可能成为俱乐部历史上重要的一页。这是阿尔塞纳脑中的目标，在回到阿森纳主教练这个发烫的座位之前，他需要先去度个短暂的暑假。

第九章　掉队

ADRIFT FROM THE PACK

走出前一个赛季的失望对温格而言从来都不是那么简单。尽管他在顶级的赛事中摸爬滚打了多年，但是，错过冠军荣誉永远会伤他极深，特别是当他感觉到他的球队如此接近将一系列冠军收入囊中之际。

不论怎样，阿尔塞纳找到了纾解之道将焦点转移到前方的挑战中。新的赛季意味着全套的奖杯又一次尽在掌握中，但是，这个夏天对“枪手”而言远谈不上完美。弗拉米尼在阿森纳颇有希望的赛季中在中场发挥了关键作用，如今选择了自由转会加盟 AC 米兰。法国人是个不知疲倦的工作者，阿森纳的中路区域突然出现了一个大洞。通常情况下，吉尔伯托·席尔瓦将是填补这个空白的最佳选择，但是，他也将离开酋长球场，转会加盟希腊球队帕纳辛奈科斯。

在温格能够紧紧抓住法布雷加斯和阿德巴约毫无疑问，这两人是他最宝贵的人才的同时，在新赛季即将到来时，阿森纳的中场看上去变成了轻量级。在阿德巴约转会巴塞罗那被否决后，人们关于阿德巴约的态度存在着一些担忧。事情越发恶化，赫莱布成了第三位离开北伦敦的中场球员，他敲定了前往巴塞罗那的梦幻转会。阿尔塞纳以 1200 万英镑从法甲马赛签下年轻的法国人萨米尔·纳斯里，算是暂时平息了俱乐部球迷的不安。与此同时，曼联通过从托特纳姆引进前锋贝尔巴托夫加强了实力，而切尔西则引进了葡萄牙二人组德科和若泽·博辛瓦。

当然，阿森纳未来的成绩将最终裁定温格在转会市场上的运作智慧究竟如何。如果阿森纳获得光明的开局，一些年轻球员表现活跃，他将被称赞为天才，而他在监督球队最后几周的季前训练时，已经很清楚这条分界线的存在。

无论如何，很多权威专家都认为，法国人没有给防线和中场增加更多强度。他们质疑阿森纳的阵容相比于曼联、利物浦和切尔西太过薄弱，不知能否跟上对手的步调。而法布雷加斯的肩上也被赋予了更多压力。

季前，对斯图加特和皇家马德里的热身赛胜利，似乎说明阿森纳仍将是不可低估的力量，并且，阿尔塞纳仍然看好球队的夺冠机会。欧冠联赛仍然是温格的重要目标，他很高兴看到球员们轻松应对了与史蒂夫·麦克拉伦的特温特的欧冠资格赛。加拉在总比分 6 ： 0 的两回合胜利中各入一球。

温格告诉媒体："我们需要保持状态，因为他们在考验我们的耐心。我们保持着纪律性和专注，从未真正受到过威胁。我感到整支球队都很犀利。"

与此同时，阿森纳的英超赛季迎来了不太稳定的开局。揭幕战 1 ： 0 击败升班马西布朗的比赛并不太具有说服力，赢球靠的是新人纳斯里的英超处子球。接下来，做客富勒姆是令人遗憾的失利，对方后卫布雷德·汉格兰攻入了全场唯一进球。温格赛后大发雷霆，他告诉记者们："如果你希望在顶级联赛踢球，你必须在比赛一开始就具备正确的态度和个性。这恰恰是我们今天没能做到的，这是个很好的教训。这种类型的比赛你不可能承受在后防线或者防守定位球时的失误。我相信他们上半场比我们更加渴望胜利，那个角球（他们取得了进球）展现了这些。"

接下来的联赛，法国人得到了球队的积极反馈，范佩西的梅开二度帮助阿森纳击沉了纽卡斯尔。这场比赛打出了让阿尔塞纳成为世界著名教练的足球风格。温格称赞他的球员们以完美的传球和跑动"带来了我们热爱的比赛"，纽卡斯尔无言以对。

两周后，布莱克本输得更惨，0 ： 4 败下阵来，阿德巴约终于告别了迟钝的开局，在范佩西首开纪录后上演了精彩的帽子戏法。沃尔科特继续保持着出色的状态，在边路送上了令人炫目的盘带突破，阿尔塞纳的足球原则再次开花结果。他很快就指出了争取英超冠军非常有希望，他知道客场不敌富勒姆并不是致命的打击。新任布莱克本主教练保罗·因斯——英超第一位黑人主教练——当天对媒体这样总结道："好事情是我们不必每一周都面对阿森纳。"

温格继续放眼欧洲，阿森纳在欧冠联赛G小组中与基辅迪纳摩、波尔图和费内巴切抽到了一起，这是个一帆风顺的签运。“枪手”的欧冠联赛第一战开始于基辅迪纳摩客场，凭借加拉最后时刻扳平比分才拿到了值得称道的一分。阿尔塞纳又一次需要考虑球队的表现，在面对偏弱的对手时，阿森纳依然欠缺犀利的临门一脚，这是“枪手”在欧战中的老毛病了。他的球队总是不会趁乱破门，导致他们在客场付出代价。更出色的球队总是能惩罚他们。

当阿森纳征服了温格最头疼的球队——博尔顿——之后，阿森纳的不败纪录增加到了5场。凯文·戴维斯打破僵局的进球给“枪手”的精神和个性带来了真正的考验，但是，他们在两分钟内攻入了两粒才华横溢的进球。首先，一次大范围的跑动让本特纳助攻埃布埃扳平了比分——这是科特迪瓦人代表阿森纳出战的第一球。一分钟后，本特纳登上了记分牌，他接到德尼尔森的传中将球打进。巴西人在比赛还剩4分钟结束时打进第三球，锁定了胜局。

这些年来，在兰开夏做客时，阿森纳往往被肌肉男欺负得够呛，阿尔塞纳很高兴看到他的弟子们通过自己的方式解决了麻烦。德尼尔森在中场表现活跃，法布雷加斯自伤愈后回到了他典型的稳定状态。更重要的是，这场胜利帮助“枪手”登顶了积分榜，温格告诉媒体：“我认为这是球队很有说服力的、团结的、经典的表现，力量无处不在。”虽然还有很漫长的路要走，但是，怀疑者们必须重新思考阿森纳的夺冠机会了，阿尔塞纳又完成一次妙举。虽然球队经历了人员变动，但是，当球队状态上佳时，阿森纳的足球质量依然会令人着迷。

而球队在周中联赛杯对英冠球队谢菲尔德联队时，继续以华丽的表现展现俱乐部的未来有多么光明。“刀锋”[①]被“杀死”了，年轻的墨西哥前锋卡洛斯·贝拉上演了帽子戏法，本特纳打进两球，阿森纳6：0大败对手。阿尔塞纳采取的球队年轻化路线依然在源源不断地出产着拥有恐怖天赋的年轻球员，他可以对外界的一致好评引以为豪。他从未失去挖掘年轻球员的天

① 谢菲尔德联队的昵称。

赋本能。

不过，在接下来的周末，“枪手”的表现却因为英超新军赫尔城的造访从天上掉到了地上，后者制造了新赛季英超最大的冷门——全取3分。混乱之中，保罗·麦克沙恩的乌龙球给阿森纳带来了下半场开局的领先，尽管“老虎军团”① 的表现十分英勇，但不少人都期待着主队打开进球闸门。结果却是相反的一方做出了反应。赫尔城11分钟后凭借热奥瓦尼25码外的火箭弹破门扳平了比分，让酋长球场一片沉寂。温格激励他的球员们重新振作起来，夺回控制权，但是，客队却利用一次角球完成了逆转，丹尼尔·库赞将安迪·道森开出的角球顶进了球门。

4分钟的两个进球改变了比赛进程，尽管阿尔塞纳试图通过换上本特纳和贝拉来改变场上局势，而队员却没有做出任何反应。阿森纳无敌的感觉已经彻底落空了。赛后，可以看出温格很生气，法国人知道他的球队在关键时刻没能挺住，他称之为一场“令人震惊的失利”。

周中，欧冠对手波尔图感觉到了温格的失望所带来的影响，法国人要求自己的球员做出弥补。范佩西和阿德巴约各入两球，阿森纳4 ：0大胜，在前两场小组赛中拿到了4分。不过，在周末做客光明球场对阵桑德兰时，阿森纳的进攻会更加艰难。比赛大多数时候陷入僵局，尽管主队略占上风，但是0 ：0的平局看上去是最有可能的结局。

第八十六分钟，格兰特·利德比特的超级射门击中横梁下沿，弹进了大门，令温格无比沮丧。幸运的是，法布雷加斯在伤停补时第三分钟头球扳平比分，挽救了“枪手”。赛后，温格试图找到一些积极因素，虽然他也许有其他的想法，但是很多人认为，他的球队表现得低于平均水准，能够赢得1分应该感到庆幸。

随后背靠背击败埃弗顿和费内巴切，算是提振了酋长球场的士气。下半场的3粒进球击沉了“太妃糖”，而五位不同的进球者帮助温格的球队打垮了对

① 赫尔城队的昵称。

阵的土耳其人。“枪手”无畏且绚丽，他们开始找到进攻的感觉，但防守的问题依然存在。除了联赛杯，阿森纳在过去 7 场比赛中只有 1 场不丢球。虽然只有一场失利，阿尔塞纳认为球队如果要跟上领跑者切尔西和利物浦的节奏，就必须加强防守。

随着赛季接近 10 月末，“枪手”的状态突然飘忽不定。温格极度痛苦地看着他的球队在“令人崇敬”和“漏洞百出”间不断反转。做客厄普顿公园 2 ：0 击败西汉姆联确保了阿森纳没有落后利物浦。这场胜利归功于阿尔塞纳球员们的渴望，他们虽然有一系列的失误，但还是凭借朱利安・福贝尔的乌龙球和阿德巴约的迟来进球取胜。温格将多哥前锋一直摁在了替补席上，直到第 67 分钟才让他上阵，这是个很有鼓舞作用的举动，阿德巴约利用对手的疲态打进了制胜一球。

当阿尔塞纳称赞这场“重要胜利”时，他在周中就没那么高兴了，一场轻松的北伦敦德比被搞砸了，更加放大了他球队的中路软肋。在被大卫・本特利的吊射破门后，“枪手”凭借着西尔维斯特、加拉和阿德巴约的进球逆转了比分。托特纳姆则通过贝尔的进球将比分扳成 2 ：3，范佩西在比赛还剩 20 分钟时再下一城，阿森纳恢复了两球领先。看上去 3 分已经到手了。

然而，托特纳姆却并不服输。这支在新主帅哈里・雷德克纳普的带领下复活的球队，给了阿森纳和温格极大压力，“枪手”在压力下反而枯萎了。克利希的一次失误让耶纳斯缩小了分差，当伦农在比赛伤停补时的读秒阶段将比分扳平时，“枪手”主教练的这个夜晚被彻底毁掉了。对所有和阿森纳有关的人来说，这更像是一场失利。

赛后，温格对媒体发言时表现得有些心烦意乱。他承认：“不幸的是，我们没有得到回报，因为我们不够成熟，不够高效，我们在最后 10 分钟踢得太消极。虽然球队的潜力无限，但结果却说明球队欠缺经验。”他对球队进攻的表现很高兴，但是防守又一次在压力下崩盘了。国内和欧洲最优秀的球队会严惩这样的失误。这并不是一个新问题，需要尽快得到重视。

或许是仍然受到对热刺丢掉两分的影响，阿森纳在 11 月 1 日做客斯托克城一战又出了状况。阿森纳曾经令西汉姆联和托特纳姆望尘莫及、令人激赏的跑动消失了，剩下的只是犹豫不决和缺乏自信。“枪手”的狂妄自大无影无踪了。“陶工”[①]拿出了典型的勇敢、肆无忌惮的表现，还有罗里·德拉普危险的远距离手抛球“手榴弹”。对“枪手”来说，这被证明是强有力的组合，他们以1：2败下阵来。更糟的是，温格不仅丢掉了3分，范佩西还因为对斯托克城门将索伦森不必要的犯规吃到了红牌，而阿德巴约、沃尔科特和萨尼亚都带着伤病离开球场。温格十分恼火，虽然，他承认斯托克城通过长传球和远距离手抛球发动进攻是抓住了阿森纳的弱点，但他告诉媒体，他仍然觉得斯托克城球员的一些动作具有侵略性。

周中，欧冠联赛0：0战平费内巴切，结束了阿森纳悲惨的7天。虽然，现在说阿森纳的赛季已经偏离了轨道有些夸张，但是，球队的裂缝的确开始显现出来。所有这些意味着卫冕冠军曼联的造访具有更加重要的影响。对阿森纳来说，这几乎是一场必须拿下的比赛，即便赛季才刚进入11月。

令温格激动的是，他的球员们以华丽的风格直面挑战，制造了配得上最近10年阿森纳最佳水准的表现。他们有热情、速度、天赋和一些惊人的传球配合。很明显，阿尔塞纳给他的球队带来了完美的动力，所有的战术都获得了回报。

纳斯里是当场比赛的最佳球员，他包办了两粒进球，帮助阿森纳2：1取胜。这是一场扣人心弦的比赛，曼联发挥了自己的长项。如果鲁尼和C罗在门前把握机会的能力更强一些，这本可以成为阿森纳在酋长球场又一个灰暗的下午。温格站起来庆祝本队第二十二分钟的首开纪录，纳斯里的射门打在曼联队长加里·内维尔身上折射入网，后者对位防守这位年轻的法国人，经历了一个难受的下午。

下半场开始不久，纳斯里便以一粒恰到好处的进球扩大了领先优势，尽管巴西小将拉斐尔·达席尔瓦的凌空抽射给曼联带来一线生机，但阿森纳坚持到

---

① 斯托克城队的昵称。

最后，拿到了价值连城的胜利。终场哨响后的庆祝说明了一切，温格看上去很开心，很放松。

赛后，“枪手”主教练告诉媒体：“我对球队的表现感到很自豪。这是一场梦幻般的比赛，我们赢得了对阵一支强队的比赛，他们在进攻上非常有威胁。球队并非无懈可击，但是我们有斗志，也踢得足够聪明。我们希望保持连续性，继续赢得胜利。”

阿森纳的年轻人们听进了这些话，将好状态带到了周中，以 3 ∶ 0 击败威根。但是，在周末，资深球员回到主场对阵阿斯顿维拉却表现低迷，毁掉了 7 天前对曼联的出色工作。马丁·奥尼尔那支华丽的年轻球队信步走来，以阿森纳的方式拿下了 3 分，他们展现出了推进速度和进攻跑动，以及防守中的勇气。克利希的乌龙球和阿邦拉霍最后时刻的进球帮助维拉在酋长球场拿到了 3 分。

看着自己的球队又一次偏离了争冠的轨迹，温格十分失望。随着更衣室内部开始发生动乱，毁灭性的影响变得越来越大。戏剧的中心人物是加拉，他批评了一位队友。一直以来，温格以保护俱乐部隐私而闻名，他对此非常生气。家丑不可外扬，一旦公之于世，难免会引来媒体的关注。专家们有他们的观点，认为阿森纳的夺冠大计将受到更严重的考验。阿尔塞纳当机立断，剥夺了加拉的队长袖标，在球队备战做客曼城一战前，放逐了这名后卫。

酋长球场一地鸡毛。媒体蜂拥而至，温格无法阻止球队的覆灭成为所有封底报道热议的主题。做客曼彻斯特的失利给阿森纳带来了更大危害。“枪手”表现平庸，罗比尼奥玩弄了这支缺乏领导力和信念的球队。接过队长袖标的阿森纳门将阿穆尼亚被击败了三次，温格看着球队又一次失利。

阿斯顿维拉上升势头凶猛，阿森纳欧冠资格命悬一线。阿尔塞纳希望稳住局势，温格任命了法布雷加斯——因为停赛错过对曼城一战——为俱乐部新任队长。这是个明智的举动，法布雷加斯时代以在酋长球场对阵基辅迪纳摩的胜利开启，温格也是数周来第一次面带笑容，对于 1 ∶ 0 的胜利自然是欣然接受。阿尔塞纳面临入主北伦敦以来最艰巨的挑战。他的球队失去了自信，而在整个过程中，他们正向前四席位发起冲击。

回到国内赛事，他们即将在11月30日做客斯坦福桥挑战切尔西。“蓝军”在10月末终于结束了86个英超主场连续不败的纪录，被利物浦终结，他们急于开始下一次不败纪录。在阿尔塞纳的球队精神萎靡之际，这是他最不希望迎来的对阵。

但是“枪手”应付自如，将所有的负面因素都抛在了身后。法布雷加斯的影响力是一个重要因素，阿森纳看上去像一支团结的球队，特别是下半场。朱鲁的乌龙球让切尔西领先，很多“枪手”球迷最担心的事情发生了，主队切尔西掌握了比赛控制权。

半场时，阿尔塞纳将球员们召集到一起，指出他们只落后一球，激励他们在下半场取得快速的开局进球。受到温格训话的刺激，阿森纳以3分钟内两粒进球震惊了特里、兰帕德和切尔西其他球员们，逆转了场上比分。事实上，“枪手”在第五十九分钟之前很少制造门前威胁，但还是通过范佩西扳平了比分，有越位嫌疑的荷兰人射门穿透了门将切赫的十指关。

切尔西的上诉无效，也许还在为被扳平比分而慌乱，他们3分钟后再次丢球。范佩西突然出现在禁区，灵巧的变向低射打进了球门死角。斯坦福桥沉默了，温格站了起来。“枪手”继续出色的团队表现，将领先保持下去，阿尔塞纳骄傲地注视着球队。终场哨响起，庆祝开始了。在一个起起伏伏的赛季里，这是个重要的瞬间。

温格说：“这是一场梦幻般的胜利。没有比这更好的测试。我告诉球队要保持速度，比他们之前所做的要坚持更长时间——保持坚强。”

“枪手”再次受挫，是在联赛杯令人失望地以0：2不敌伯恩利被淘汰出局，之前他们凭借着阿德巴约的进球1：0击败了威根，保持了争冠的希望。阿森纳还有不少需要提高的地方，剩下的比赛还足够多。温格受到球队联赛状态提升的鼓励。而“枪手”在欧冠联赛中以0：2不敌波尔图，小组赛排名第二位，在第二轮淘汰赛中将面临艰巨的挑战。这不是一个完美的结果，但和上赛季的情况很类似，阿尔塞纳在圣西罗见证了球队击败AC米兰，因此，很难说清楚球队的吉凶祸福。

曼联、利物浦和切尔西在国内赛事中领跑，温格很清楚地意识到，如果阿森纳要参与这场荣誉的狩猎，就必须保持连胜状态。但是，接下来的三轮比赛阿森纳仅拿到了 3 分，落后的差距更大了。首先，温格的球队做客米德尔斯堡浪费了领先优势，被对手 1 ：1 逼平。一周后，范佩西的进球被罗比·基恩扳平，阿森纳在主场被利物浦逼平。

事实上，拿到对阵拉法·贝尼特斯的球队的 1 分对“枪手”是个体面的结果，法布雷加斯半场时因伤下场，之后，阿德巴约领到了第二张黄牌被罚下场。温格有些生气，但是他的球队竭尽全力表现出的韧性稍稍改变了他的心情。

而在与米德尔斯堡和利物浦两场比赛之间的，是欧冠联赛 16 强淘汰赛的比赛抽签。由于在欧冠联赛小组赛中排名第二，“枪手”在 16 强战中被抽到了与意大利球队罗马对阵，在上赛季对阵 AC 米兰的 16 强战中，阿森纳展现了年轻和速度可以征服对手的经验，阿尔塞纳看上去对类似的对阵十分兴奋。

“我们当然有很大的机会赢得这项赛事，就像这一水平的任何球队一样。”他说，不过他拒绝进一步谈论球队的夺冠机会。“但是欧冠联赛打到这个阶段已经变成了截然不同的赛事，就像一项杯赛赛事，如果你在 180 分钟比赛中走神 5 分钟，你就出局了。”

罗马队主教练卢西亚诺·斯帕莱蒂坚持表示他对抽签感到高兴，他补充道：“这个结果对我而言很好。现在谈论对手没什么用，我们必须展现出实力，我们准备好了为胜利做出牺牲。对阿森纳我祝贺他们拥有这样的体系。他们拥有不少年轻球员，而且这些球员正在成长为伟大球员的道路上，受到了所有欧洲大俱乐部的追逐。”

联赛赛程继续，温格在节礼日看到他的球队再次失去了大有希望的领先后，又一次咆哮——这次是对阵阿斯顿维拉，他们有可能从阿森纳手中抢过第四名。阿尔塞纳知道这一对阵是重新把握欧冠席位主动权的完美机会，他的球队也做出了反应，通过德尼尔森和迪亚比的进球，以两球领先。但是球队软弱的中路防守再次被对手利用，加拉禁区内对阿邦拉霍犯规，巴里在点球点上扳回一球，扎特·奈特最后一分钟扳平比分。

维拉主教练马丁·奥尼尔表示，他的球队配得上比平局更好的结果，而温格说：“上半场维拉创造了不错的机会，我们很走运，但是下半场我们没有遇到麻烦。最终结果令人失望。”

12 月 28 日，阿森纳主场迎战朴次茅斯，以 1 ：0 赢得胜利，但是他们遇到了波折。缺少法布雷加斯，阿森纳的创造力很有限，直到第八十一分钟加拉才攻入了决定性的一球。温格激励球队在门前要更加冷酷无情。

接下来，阿森纳取得了三连胜，“枪手”状态有些恢复。在足总杯中 3 ：1 淘汰朴次茅斯后，1 月 10 日，他们以 1 ：0 击败了博尔顿。又一次，阿森纳凭借着本特纳在第八十四分钟的进球才取得突破。虽然只是一场小胜，对温格却很重要，看到球队战斗到了最后一刻让温格颇受鼓舞。下一个周末，“枪手”成功地报了在酋长球场输给赫尔城的一箭之仇，他们做客 KC 球场取得了 3 ：1 的胜利——又一次绝杀对手，纳斯里和本特纳在最后 8 分钟各下一城。

过去的几周，“枪手”不断拿分，令人愉悦，但是，球队的整体表现并没有达到温格的期望。他知道“枪手”不能一直这么勉强地依靠最后进球过关，但是，球员们看上去似乎无法改进表现，再次放大了法布雷加斯对球队的重要性。连续 4 场平局让阿森纳球迷和阿尔塞纳十分沮丧。

“枪手”在足总杯第四轮客场 0 ：0 战平加的夫城。做客古迪逊公园，范佩西最后时刻的进球抢回了一分。如果阿森纳没有在比赛最后阶段攻入这些进球，那么，他们在积分榜上会位于何处，真让人胆战心惊。温格很欣赏球队的斗志，但就像他经常强调的，这并不足以赢得冠军。

阿森纳又一次在酋长球场收获 0 ：0 的平局，对手是詹弗兰科·佐拉的西汉姆联。阿尔塞纳尝试用一切手段去打破僵局，但是“铁锤帮”全体投入防守，给所有与阿森纳有关的人带来了一个失望的下午。进球遥遥无期，而阿德巴约的滑落状态给其他分担进球任务的球员带来了更大压力。

“枪手”在 1 月的转会市场上还十分安静，但是关于潜在转会目标的众多传言不胫而走。很多人认为温格应该寻找一名中后卫或者一名防守型中场来加强球队轻量级的中轴线，但法国人却有着其他主意。阿森纳最终做出的转会动作是引进了一位前锋，俄罗斯人安德烈·阿尔沙文以大约1500万英镑的身价从圣彼得堡泽尼特加盟阿森纳。阿尔沙文鼓舞人心的表现照亮了2008年欧洲杯，阿尔塞纳希望在酋长球场能够看到同样的“沙皇”。

2009年2月8日，阿森纳在北伦敦德比0 ： 0战平托特纳姆，通常火力十足的阿森纳在过去4场比赛中只攻入了一粒进球。埃布埃的愚蠢红牌对阿森纳没有任何帮助，他首先因为不满裁判判罚吃到黄牌，半场前又因为踢倒卢卡·莫德里奇吃到了第二张黄牌被罚下。科特迪瓦人在看到自己的破门被吹无效后有些心态失衡，红牌似乎是迟早的事情。“枪手”只能增加防守人数，板凳上的阿尔沙文失去了代表阿森纳上演处子秀的机会。考虑到当时的情况，这可能算是阿森纳抢到了一分，但是温格不可能高兴，特别是阿德巴约因为腿筋受伤一瘸一拐地下场。

法国人赛后拒绝被牵扯进埃布埃红牌的争论，尽管他认为第一张黄牌有些量刑过重。与此相反的是，他为埃布埃的进球被裁判吹掉而抨击了主裁判迈克·迪恩。他告诉媒体：“我很生气，我对我的球队很满意，但是对裁判取消那个进球的决定感到愤怒。我们的进球是正常的，你怎么能够取消这样一个进球？这样的决定是无法接受的。我希望对手们在酋长球场比赛时的进球也会被吹掉。”

2月16日，一年前腿部骨折的克罗地亚前锋爱德华多·达席尔瓦传奇般的复出点亮了世界足坛。他完成了漂亮的回归梅开二度，将加的夫城淘汰出足总杯，阿森纳在重赛中4 ： 0大胜对手。但是，英超的痛苦却在继续，他们0 ： 0战平了桑德兰。这是过去一个月里第四场0 ： 0平局，球迷们已经越发不安了。温格无法理解，为什么球队的进球突然干涸了。即便是阿尔沙文在他的英超处子秀上也未能打破僵局，尽管他有过不少破门良机。

阿尔塞纳在镜头面前摆出了勇敢的面孔，他告诉媒体：“我们拥有机会，但是没有令我们高兴的进球。我们没有丢球，但是我们希望抓住制造出的机会——我们需要带着更多的自由去比赛。”但是，他的声音中透露出失望。阿斯顿维拉以 0 ：1 输给了切尔西，“枪手”失去了给奥尼尔的球队施加压力的机会。英格兰中部俱乐部仍然在第四名位置上对阿森纳具有 6 分优势，温格知道，想回到欧冠的席位上，球员们需要一场艰苦的战斗。

法布雷加斯接近完全伤愈的新闻改变了酋长球场的士气，如果说护身符般的西班牙人缺席证明了一件事，那便是“枪手”太过于依赖他了。温格需要其他明星球员有更好的表现，特别是在一些重大比赛即将到来时。

下一场比赛是欧冠 16 强首回合对阵罗马一战，阿森纳球员们准备在酋长球场取得坚实的领先优势。正如人们所期待的，比赛一开始温格便让弟子们全力投入了进攻，客队被这种积极的风格完全压制了。如果“枪手”更冷静些，上半场也许就杀死对手了。最终，90 分钟的比赛仅仅因为菲利普·梅克斯对范佩西的犯规制造的一粒点球分出了胜负。

尽管 1 ：0 的优势远谈不上是糟糕的表现，阿尔塞纳还是为球员们挥霍了太多机会而着急，他告诉媒体：“我们今晚应该有些后悔。我对球队的表现感到高兴，但是我们还有进球的空间——我们知道我们可以制造机会，积极的因素之一是我们没有丢球，上半场我们的速度给他们制造了麻烦。下半场前 20 分钟，我们的机会不断。”

他们会期待着在罗马的奥林匹克球场率先打进一球，这样罗马必须打进 3 球才能晋级下一轮。与此同时，想要重返前四宝座，他们在联赛中也需要做出大量努力。但是前方又将是一场失望，富勒姆在罗伊·霍奇森的率领下享受了一个出色的赛季，在酋长球场他们确保了 0 ：0 的平局。在一场开放的比赛中，“枪手”弱点又一次被放大。尽管范佩西、阿尔沙文和本特纳全部登场，阿森纳仍然无法打破僵局。温格祈祷能够尽快再次拥有阿德巴约和法布雷加斯。他的球队在缺少这两员大将时总找不到进球的头绪。

当然，阿尔塞纳不希望在这场平局后变得慌张不安。他告诉媒体：“我们没有进球，球队的进攻信心不太足，球员们因此变得很紧张。球迷们很失望，我们也是。我们必须忍气吞声，接受这个结果，继续战斗。”

周中，西布朗被重振雄风的阿森纳队击倒。温格让队员们知道他们的临门一脚还需要提升，梅开二度的本特纳留下了一个值得回忆的夜晚。虽然防守的表现仍有令人不安的迹象，但阿尔塞纳享受了这个放松的夜晚，高兴地看到球队距离阿斯顿维拉只差了 3 分。“枪手”多赛一场，给奥尼尔的球队带来额外的压力。

温格在足总杯对阵伯恩利一战调整了首发阵容，但他的年轻球员们担起了责任，爱德华多·达席尔瓦作为场上最资深的球员担任了当天的队长，打进了杂耍式的第二球，确保了 3 ∶ 0 的胜利。如今，“枪手”主教练将注意力转向了罗马——他首先称赞了克罗地亚前锋的个性。

阿尔塞纳为爱德华多·达席尔瓦的康复提供了巨大支持，他很高兴看到爱德华多重回球队。温格向记者们承认：“我没想到他能以这样出色的方式回归。这归功于他的个性。他从不抱怨，是我们的好榜样。”

尽管温格对欧冠次回合较量的微妙之处有着顾虑，但他在公开场合对罗马之行还是显得很乐观。他的年轻球员们，包括本特纳、德尼尔森和埃布埃都充满自信地出场比赛，而罗马则失去了护身符弗朗切斯科·托蒂，并且，队长还在养伤。

比赛开始 10 分钟后，阿森纳两名中卫——加拉和科洛·图雷——沟通出现了问题，罗马队的巴西后卫胡安抓住机会帮助本队取得了 1 ∶ 0 领先，这可是个灾难性的开端。早早丢球是雷霆一击，整个球场都震动了，温格无力帮助他的队员。他只希望球员坚持原定计划，以正常的心态去比赛。但问题是，阿森纳的表现低于平均水准：传球失准、进攻脱节。“枪手”们害怕再犯致命的失误，他们下定决心将比赛推向点球大战。这是对他们勇气的真正考验。

两回合总比分 1 ∶ 1，比赛如愿以偿地被拖入了点球大战，两位守门员阿穆尼亚和多尼有机会成为英雄。阿森纳率先主罚点球，罗马队门将做出了扑救，他倒地封出了爱德华多·达席尔瓦的点球。这是个糟糕的开始，大卫·皮萨罗射入罗马队第一个点球，让事情更麻烦。但是在范佩西为阿森纳攻入第一球后，阿穆尼亚扑出了米尔科·武齐尼奇过于随意的点球，阿森纳似乎还有机会。沃尔科特、纳斯里和德尼尔森的成功点球得到罗马队同样的回应。比分变成4 ：4，点球大战进入了“突然死亡”阶段。

温格面色苍白，但是他的弟子们保持了镇定，科洛·图雷将点球射入，阿尔贝托·阿奎拉尼扳平比分；萨尼亚射入点球，里瑟再次将比分扳平。最终的制胜点球出现了，迪亚比将皮球打入球门，当马克斯·托内托的射门高出横梁飞出后，温格终于可以庆祝了。阿森纳打进了欧冠八强。

这对温格年轻队伍的成长来说是个相当重要的夜晚，也是他永远不会忘记的。他们冲向随队而来的球迷的看台，向他们鼓掌致意，法国人告诉媒体：“在早早丢球，又错过了第一个点球后，你需要特别的东西——强大的精神力量——才能够逆转赢得胜利。我为我们的精神力量感到自豪，虽然此前一直受到质疑。”

也许这一大步能够重新开启阿森纳英超的最佳状态。当温格的球队在酋长球场4 ：0大胜保级球队布莱克本后，看上去的确如此，他们在积分榜上已经超越了阿斯顿维拉，回归第四位。周中的振奋仍然激励着球员们，包括阿尔塞纳，此时，他们认为自己不会犯任何错误。接下来的对阵，阿森纳继续追逐足总杯荣誉。

赛季初，在酋长球场成就了著名胜利的赫尔城是阿森纳在足总杯1/4决赛的对手，尽管凭借着尼克·巴姆比的进球率先破门，他们没能重复此前的成功。范佩西为“枪手”扳平比分，加拉在比赛结束前6分钟攻入了一个有争议的头球制胜球，促成了阿森纳半决赛与切尔西的对阵。赛后，赫尔城主教练菲尔·布朗很生气，因为慢镜头显示法国后卫看上去越位了。

虽然赛后赫尔城继续抗议，但温格已经将注意力转移到了3月21日做客处于困境中的纽卡斯尔队。阿森纳自从2008年12月22日客场以0 ：3灾难性地完败于曼城以来，还没有在联赛中输过球，温格知道，如果本队在这一过程中将一些平局转化为胜利，“枪手”也许能够进入争冠的行列。四面楚歌的“喜鹊”尽管有过不错的机会，但仍以1 ：3败下阵来。马丁斯的点球被阿穆尼亚成功扑救，尽管尼日利亚人很快就扳平了比分，纽卡斯尔联队还是付出了代价，迪亚比和纳斯里的进球帮助阿森纳顺利过关。

阿斯顿维拉忙着自我毁灭，“枪手”偷偷地摸上了英超前四位置。他们的目光还投向了欧冠奖杯，对纽卡斯尔的联赛前，欧冠 1/4 决赛抽签揭晓，阿森纳和西甲球队比利亚雷亚尔抽在了一起，胜者将面对曼联和波尔图之间的胜者。赛季打到这个阶段，任何结果都很难说是对你有利的，但是温格知道，情况原本可能会更糟糕。

他告诉媒体：“第一场比赛先打客场也许是个好机会，但是，在这一水准的比赛中，你的发言很难有决定性。一切最终取决于你和球员的表现。我们已经吸取了经验，要淘汰任何西班牙球队都将是非常困难的。欧洲有不少大俱乐部没能打入欧冠八强。我们是仅有的 5 支连续 10 年入围欧冠联赛的俱乐部之一，因此走到最后是我们巨大的渴望。”

这一抽签带来了一些有趣的场景。首先，温格将和前“枪手”队员皮雷重逢，后者在比利亚雷亚尔享受着第二春。如果他们能够淘汰对手晋级，将在英格兰球队的半决赛与老对手曼联组成一组，摆在阿尔塞纳面前的比赛将令人激动万分。

4 月 4 日，在一轮国家队比赛中断后，阿森纳在联赛中 2 ∶ 0 击败曼城，不败战绩仍在延续，人们已经淡忘了他们在曼城主场轻易缴械的过往。温格很高兴能让法布雷加斯和阿德巴约回归首发阵容，“枪手”们都很满意。多哥前锋包揽了两粒进球，随着阿森纳关键球员们的伤愈，媒体专家们开始将阿尔塞纳的球队看作是足总杯和欧冠联赛的有力争夺者。

温格可以提前撤下队长法布雷加斯和明星射手阿德巴约，好让他们为周中比利亚雷亚尔造访英国首都时保存一些体能。坐镇主场第一回合对罗马①胜利过，但是，温格更高兴的是，“枪手”这次可以在决定性的第二回合中得到球迷的全力支持。他将精力全部放在了准备工作上，并确保球员们在战术上做足应付西班牙人的功课，因为对方在主场的表现十分强悍。

就像做客罗马时一样，阿森纳的开局进入状态的速度很缓慢。温格花了很

① 此处有误，阿森纳首回合先打客场，次回合才回伦敦。

多时间来激励球员们，让他们注意比利亚雷亚尔很可能打出快速开局，避免让主场观众成为影响比赛的因素。但是，10 分钟后，西班牙中场塞纳就以一记 30 码外不可阻挡的重炮轰门得手，帮助主队取得领先。这让“枪手”面临了阿尔塞纳所担心的主场气氛，更糟糕的是，在阿穆尼亚受伤被迫下场后，加拉也一瘸一拐地离开战场。

但是，上一轮淘汰赛中的经验似乎给了阿森纳更多钢铁意志和稳定性，温格看到他的球员们站稳了脚跟，法布雷加斯开始了穿针引线的工作。第 66 分钟，温格给这支球队注入的积极心态有了回报，法布雷加斯的传球找到了阿德巴约，多哥前锋以一记令人目瞪口呆的倒钩破门扳平了比分。“枪手”将这个比分保持到了终场，他们也被大多数人看好晋级半决赛。

当然，温格阻止了这样的轻率结论，但他承认球员们令自己感到骄傲。他向记者们透露：“这一结果让我们处在了不错的境地，但我们希望在主场晋级，重复我们在下半场的出色表现。我充满自信，尤其是在我们所展现出的实力之外，还有精神力量和对于胜利的渴望。我们知道比利亚雷亚尔是一支优秀的球队，因此我们会脚踏实地、专心致志地准备酋长球场的比赛。我们有机会让受伤的球员们恢复健康。”

正如阿尔塞纳所说，事情进展很顺利。客场 4 ：1 大胜威根展现了他们的进攻实力，4 名球员登上了记分牌。最重要的是，在对比利亚雷亚尔的第二回合比赛前，球队没有过度劳累，意味着温格的名单中没有增添新的伤员。虽然第二回合缺少了阿穆尼亚、加拉和克利希——因为背伤退出——让他有些不安，但是，他相信球队拥有足够的实力能够淘汰对手，晋级下轮。

事实证明他是正确的，“枪手”很轻松地摆脱了比利亚雷亚尔的纠缠。沃尔科特第十分钟就为阿森纳首开纪录，阿德巴约和范佩西下半场的进球——一粒点球——锁定了胜局。温格现在可以期待半决赛与曼联的泰坦之战了，“红魔”凭借着 C 罗惊人的一击，以两回合总比分 3 ：2 淘汰了对手波尔图。

赛后，温格兴高采烈地告诉媒体：“我们很好地运用了传球，给他们制造了很多麻烦。我们在防守反击上非常具有爆发性。我们派上了一支进攻型的球队，踢得非常有说服力。我对球队的比赛质量和速度印象深刻。比利亚雷亚尔的技术水准很不错，但是我们给他们制造了更多的困境。”

重大比赛纷至沓来，但阿森纳的几位主力球员仍然因伤缺阵，阿森纳在足总杯半决赛与切尔西的对阵中失去了威力，比赛是在温布利并不那么完美的草皮上进行的。沃尔科特帮助“枪手”首开纪录，但是德罗巴的力量又一次令温格受伤。虽然温格已经对这位前锋做了针对性的部署，但在看到马卢达扳平比分后，阿尔塞纳很生气，切尔西获得了控制权。之后，法比安斯基犯了一个致命错误，他出击时离开了门线。最终德罗巴先触到了球并盘过法比安斯基射进了空门，也将“蓝军”送进了足总杯决赛。

温格告诉记者们:“结果令人失望，因为我们有个完美的开局，在那之后，我们突然‘睡着’了。当你取得一球领先时，你不应该认为比赛结束了，但看上去比赛最终将以一场平局结束。我感觉我们丢掉了两粒廉价的球，在这样的比赛中，这样的丢球影响重大。任何错误的代价都将是惨重的。球场草皮不能决定谁赢谁输，但是当人们花钱来看其他人踢球，你必须给他们一块好草皮。”

阿森纳在确保了英超前四后，将做客安菲尔德面对还在争冠的利物浦，温格明确表示压力都在主队那一边。温格拥有最喜欢这类重大比赛大将的阿尔沙文。在这场令人震撼的比赛中，俄罗斯前锋独中四元，但仍无法帮助球队确保胜利，最终两队打成了 4 ： 4，大大削弱了“红军”① 的夺冠希望。

“枪手”主教练告诉媒体:“这是一场以疯狂的速度进行的具有顶级技术能力的比赛，你可以看到双方都创造了很多机会。我们只能说喜忧参半，高兴是因为我们打进了 4 粒进球，忧愁则是丢掉了 4 粒球。(阿尔沙文)攻入了 4 球，是因为他为出色的进攻配合收尾，他有着出色的个人技术，爆发力惊人，这让他非常有威胁。”

对米德尔斯堡的 2 ： 0 胜利，帮助阿森纳在欧冠半决赛对阵曼联前保持了旺盛的斗志，温格知道这也将是“枪手”本赛季剩下的唯一的夺冠希望。法

---

① 利物浦队昵称。

布雷加斯对“伯勒”梅开二度，阿森纳将联赛中的不败纪录刷新到了 20 场，也给第三位的切尔西很大压力。不论怎样，这场比赛的意义在于避免伤病，为欧战做好充分准备。

前瞻第一回合做客老特拉福德的比赛，温格承诺自己的球队会保持积极的态度。他向媒体透露：“我所希望的是我的球队能够带着自信、确定性以及对于进球的渴望去比赛。这是我们期待已久的时刻。这是我们希望展现我们拥有抓住第一回合比赛优势所需要的能力的时刻。”

因此，4 月 29 日温格带着阿森纳队前往老特拉福德，开始欧冠半决赛第一回合比赛，所有人的目光都投向了曼彻斯特。备战过程中没有太多弗格森和温格的传统对抗，但是，大多数媒体已经预料到一场紧张激烈的对抗即将到来。阿尔塞纳缺少了几名关键球员，包括加拉、克利希和范佩西，他们又一次因伤错过了关键比赛。不过温格依然保持着积极的心态，希望法布雷加斯、纳斯里、沃尔科特和阿德巴约能够帮助球队赢得一个宝贵的客场进球。

但是，曼联却状态神勇，将阿森纳死死地压在己方半场。特维斯的射门被阿穆尼亚漂亮地封出，第十八分钟，奥谢的射门帮助主队取得了领先。事实上，温格知道，如果不是门将的出色发挥，“枪手”半场时就已经落后对手 3 球甚至 4 球了。阿穆尼亚一次次拯救了球队，以关键的扑救阻止了 C 罗和鲁尼的射门。

而在球场另一端，范德萨没有受到任何考验，温格失望地看到球队在场上缺乏斗志。阿德巴约完全消失了，法布雷加斯受到了“重点照顾”无计可施，曼联不曾遇到过任何麻烦。但他们最终只获得了 1 ∶ 0 的胜利，“枪手”逃过了一劫。考虑到比赛一边倒的性质，阿尔塞纳赛后如释重负。

温格告诉记者：“我相信我们有不错的机会扭转这一局面。我向你们保证，你们将在酋长球场看到完全不一样的阿森纳队。曼联应该感到遗憾，因为他们没能打进第二球。接下来我们会让他们为没有打进第二球而抱憾。”他也认可了守门员阿穆尼亚的表现。

与此同时，弗格森则表示：“我们踢出了不错的快节奏，也许我们本应该打进 4 球，但是赛前我就希望以不丢球的方式取得胜利。我们知道球队可以前往客场并取得进球，而那是阿森纳的大问题。”这也是导致第二回合比赛至关重要的因素，发自肺腑地说，弗格森一定会为他们第一回合错过那么多机会感到后悔。

回到联赛中，阿森纳要比在欧冠中表现得舒适许多，他们在客场 3 ：0 大胜朴次茅斯，阿尔沙文保持了火热的状态，衔枚疾走地帮助本特纳梅开二度。丹麦人的第二个进球来自点球，阿尔沙文在禁区内因为肖恩・戴维斯的防守动作而摔倒在地。俄罗斯人希望告诉主裁判李・梅森这是个正常的拼抢并不是犯规，但是裁判还是判罚了点球。“枪手”开启了巡航控制系统，拿到这 3 分后，他们确保了下赛季的欧冠参赛资格。

温格在赛后看上去很放松，在谈到阿尔沙文的点球事件时苦笑了一下。他唯一失望的是，俄罗斯人之前已经代表圣彼得堡泽尼特出战过本赛季欧冠比赛，因此没有资格再代表阿森纳征战该赛季的欧冠赛事。如果阿尔沙文能够在重要的第二回合欧冠半决赛中支援法布雷加斯、阿德巴约和范佩西，“枪手”球迷们肯定会更加自信。

对阵曼联，一个统治性的开局至关重要。如果阿森纳在酋长球场能够早早取得进球，弗格森的球员们将面临艰苦的战斗。温格很清楚，自上次阿森纳欧冠主场输球已经过去了 27 场比赛，在赛前发布会上他承认：“对我们而言，没有完不成的任务。我认为我们在联赛主场击败曼联的那场比赛中，有过多次机会。所以，我们有机会去享受比赛，我们有机会踢出我们热爱的足球风格。我希望能打进决赛，我相信我们能够做到。”

可是曼联只花了 11 分钟就摧毁了这些梦想。朴智星和 C 罗的进球令酋长球场一片沉默，沮丧、震惊的温格注视着英超冠军克服困难，获得了两球领先的优势，阿森纳必须打进 4 球才能够晋级。年轻的基兰・吉布斯代替克利希打左后卫，他的意外滑倒给了朴智星首开纪录的机会，而第二球，则是阿穆尼亚被 C 罗超过 40 码的射门击败。游戏结束了。

温格试图在半场时帮助球员提升士气，激励他们为荣誉而战。但 C 罗再次抓住了一次犀利的防守反击机会，阿森纳只是因为意大利主裁判罗伯托·罗塞蒂判罚了一个点球才登上了记分牌，弗莱彻禁区内对法布雷加斯的犯规受到了惩罚。苏格兰人看上去已经赢得了球权，但是，被出示了直接红牌，意味着他将因停赛错过欧冠决赛。范佩西将点球罚入，但大多数阿森纳球迷早已走向了球场出口，温格只能深思为什么事情会变成这样。

接下来，阿森纳需要做出一些重大决定。大多数批评家都认为温格需要打开他的支票簿，引进一名空中优势明显的中后卫，一名“抢劫型”的中场，也许还有一名前锋——这取决于他对阿德巴约在阿森纳的前途的判断。而这一切都取决于他的转会额度的高低。

尽管“枪手”们都灰心丧气——没有人的沮丧程度能够超过温格，他首先需要考虑的是一系列的联赛赛程。迎战切尔西很可能是在周中绝望之后的完美比赛。“蓝军”刚刚经历了更加郁闷的欧冠出局，巴塞罗那凭借伤停补时阶段的进球，以客场进球多的微弱优势晋级。这样一场重量级的对抗，迫使两支欧冠出局的球队迅速振作起来。不过，胡斯·希丁克的切尔西做出了最强烈的反弹。

整场比赛中的潮起潮落可以总结“枪手”在这个赛季的表现。球员们展现了温格所热衷的美丽足球，却没有带来最终的结果。沃尔科特浪费了不少机会，而且并不是他一个人在挥霍。之后，于风暴中屹立不倒的切尔西在半场结束前连下两城，最终获得了 4 ： 1 的大胜。科洛·图雷的乌龙球让人有种似曾相识的感觉，经过了欧战，阿森纳对曼联缴械投降，每次镜头聚焦到温格时，他的脸上都写满了沮丧。

赛后，温格告诉记者：“这一周，我们体验了足球的一切元素，但只有负面的。我们创造了足够多的机会，本应该取得 2 ： 0 领先，却以 0 ： 1 落后。但是，积极的一面是，在向前进攻方面我们做得不错，尽管防守上我们没能有同样好的表现。”

与此同时，他没有逃避俱乐部连续四个赛季一无所获的事实。他补充说：“我们肯定会在夏天尝试加强阵容。我们会签下一到两名球员。我们准备好在我们想要的球员身上花些钱。对于下赛季赢得冠军荣誉，我仍保持着自信，那也是我们将继续努力工作的原因。”

考虑到他们近期的失败，这是个大胆的宣言，证明了温格并未失去对工作的热情。这些年，在他的默许下，阿森纳没有做任何阵容的漏洞填充。现在，没有理由再犯同样的错误。即将到来的夏天，将是温格教练生涯最重要的日子。

在欧战中做客老特拉福德，将“枪手”淘汰出局的对手，当然不是阿森纳最理想的下一战对手。最重要的是，曼联只需要拿到一分就可以夺得英超冠军，温格必须正视，作为旁观者，目送弗格森和他的球员们捧起英超冠军的可能性。事实证明，“枪手”为一场重要的 0 ∶ 0 平局做出了贡献，却无法找到致命一击来搞砸冠军的派对。曼联队长加里·内维尔捧起了冠军奖杯，媒体开始回顾曼联是如何在上赛季的成绩上努力提高的。

整个赛季，阿尔塞纳都忍气吞声，接受了所有的批评，但他在对曼联的赛前评论却表明，裂痕出现了。没有获得冠军让他受伤，他需要球迷相信自己的年轻化政策。但是，现在更大的问题是：“枪手”主教练如何利用这个夏天来填补阿森纳和榜首三强之间的鸿沟？

毫无疑问，阿森纳支持者中存在的动荡不安不断地伤害着温格。已经在俱乐部取得了如此多成就的他，原本指望球迷们能够对球队的构建工程给予更多的信任。他的理由很充足，英超前四、打进足总杯和欧冠联赛半决赛很难说是一个糟糕的赛季。在向记者们强调“枪手”和曼联的区别时，法国人有些激动，他说：“当你看到人们评估着俱乐部的情况时，你会感觉这真荒谬。你就待在那儿，你打进了欧冠前四，结果，你每一天都感觉自己好像杀了人（那样有罪）。如果你不和这样的情况保持距离，你会认为自己生活在怎样的世界？我们输给了资源比我们多十倍的曼联，他们是世界最佳。在体育界，你必须接受这些。平心而论，他们（球迷）好像感到羞耻。但是说‘是的，你们是最棒的’并没有什么好羞耻的。我们凭借着一支相当年轻的球队打进了前四——那是事实。我们必须有一点常识。我们的中场平均年龄是 22 岁——通常，这样的一支球队在英超参赛就是为了不降级。”

很快就出现了温格和皇马主教练位置联系起来的新闻。对阿森纳球迷而言，这样的猜测并不新鲜，西班牙巨人是法国人这些年工作成就的长期崇拜者。然而，这次的情况截然不同。阿尔塞纳承认这样的提议“很有趣”，一位助手说：“现在（他转投皇马）比以往任何时候都更有可能了。”没有人会怀疑阿森纳队中球员的天赋，但是球队太多的弱点被放大，突然之间，温格在北伦敦的任期似乎触上了礁石。

第十章　回到争冠行列

BACK IN CONTENTION

温格最终确认将留在酋长球场，但他还有其他问题需要应对。阿森纳球迷和权威媒体都认为“枪手”需要在转会市场上成为活跃分子。尽管温格永远不会承认，上赛季联赛排名第四，意味着阿森纳有着太多不足需要弥补，球队太年轻，阵容太单薄。曼联和切尔西受到伤病影响时，能够派上世界级的替补，而“枪手”却做不到，这是个需要解决的重要问题。

然而，阿尔塞纳这个夏天在转会市场上的活动看上去是在削弱球队实力，令俱乐部支持者们目瞪口呆。而其他俱乐部，皇家马德里最终得到了 C 罗，葡萄牙人以 8000 万英镑从曼联加盟西甲豪门，让英超诸强在实力上基本回到同一起跑线上。曼城冲击前四的势头凶猛，特维斯和加雷思·巴里都加入了曼城的革命。

温格以 4000 万英镑将科洛·图雷和阿德巴约打包卖给曼城，制造了新闻头条。前一个赛季“枪手”排名正好在前三之外，如今，阿尔塞纳却将他的两位颇具才华且经验丰富的球员卖给了阿森纳的对手之一。这让很多人挠头不已。

让“枪手”球迷失望的是，这并不意味着球队会在转会市场上挥霍。温格敲定了以 1000 万英镑从阿贾克斯引进托马斯·费尔马伦的转会，这名后卫称得上是科洛·图雷的升级版，但是，尽管温格对巴西防守型中场费利佩·梅洛有过兴趣，最终却并没有更多大牌球星到来。虽然人们质疑法国人永远都显得不明智，但看上去，这又是一个对球队实力有损害的夏天。如果范佩西、法布雷加斯或者加拉受伤了，谁能够填补他们的空缺？而这个夏天，这 3 位是否会涉及转会呢？

没有任何事情能够改变温格对于球队前景的积极心态。他告诉媒体："我对新赛季非常乐观，对球队的感觉很积极。我们必须总是倾听他人的观点，但也必须相信自己在比赛和训练中所看到的。"

阿尔塞纳喜欢向怀疑者们证明他们的错误，球队的开局也给人这种感觉。在季前热身赛上进球如云后，"枪手"将这种状态带入了新赛季的最初几周。阿森纳首轮做客被各种转会拆得四分五裂的埃弗顿，算是对一些悲观预测的嘲讽。法布雷加斯梅开二度，"枪手"创造了温格平生所追求的水银泻地般的攻势足球。

欧冠联赛资格赛第二回合对苏超凯尔特人的胜利，以及 4 ：1 大胜朴次茅斯，阿森纳接连取胜，给赛季初做客老特拉福德对阵曼联的考验做足了铺垫。温格喜欢和弗格森的较量，他知道如果能够从英超卫冕冠军的后院抢走 3 分，将有力地证明他的球队可以成为英超冠军的竞争者。

半场时，法国人没有比这更高兴的了。阿尔沙文炮弹般的射门帮助"枪手"取得领先，曼联很难威胁到加拉和费尔马伦组成的中卫线。但是，脆弱又一次吞噬了"枪手"。随着曼联加大压力，阿尔塞纳看到他的球员们枯萎了。球队缺少明显的领袖，中场缺乏世界级的抢球好手，这让人们开始重提温格今夏的转会交易。鲁尼从点球点上扳平了比分，迪亚比莫名其妙地将头球顶进自家大门，将 3 分拱手送给了弗格森的球队。

对阿尔塞纳而言，这是不可容忍的。在加拉最后时刻的进球被吹掉后，温格被红牌罚下。法国人踢了一个水瓶，被裁判罚上看台，这就是阿森纳灾难性的下半场比赛。赛后，采访带有典型的温格式犀利，他炮轰了点球的决定，有些奇怪的是，他重点提到了达伦·弗莱彻在中场的身体对抗。谈到自己被罚下时，阿尔塞纳承认："踢那个水瓶并不是因为我认为加拉没有越位，而是因为我很失望。我知道不允许这么做。"

批评者们很快指出同样的老问题——在压力之下的脆弱以及经验的匮乏——让"枪手"受伤颇深。还有一点值得注意的是，当弗格森拥有派上贝尔巴托夫和朴智星等成名球星替补上场的奢侈时，温格能够依赖的替补球员只有拉姆塞和本特纳这些初出茅庐的年轻人。

一场失利算不上特别大的挫折，毕竟，曼联已经做客输给了伯恩利，但随着国家队比赛周之后再次遭受失利时，不出所料，各种问题出现了。9 月 12 日，阿森纳回到曼彻斯特，面对一支重生后生机勃勃的曼城。当温格的弟子们面对像阿德巴约和科洛·图雷这样熟悉的面孔时，注定将是一场激烈、活跃的比赛。

阿德巴约离开阿森纳时，所受到的待遇多少是有些刻薄的，这位前锋和温格对转会谈判所讲述的故事相差甚远。在当天所有参加比赛的球员中，没有人比阿德巴约更加兴奋。当范佩西的进球扳平了米卡·理查兹的首开纪录后，温格希望运势能朝着有利于阿森纳的方向发展。但 20 分钟后，曼城取得了 4 ：1 的领先，曼城大球场被震撼了，这一切主要归功于阿德巴约。

前阿森纳射手整个下午都很难压抑自己的情绪，在头球顶入曼城本场比赛的第三粒进球后，阿德巴约一路狂奔，跨越了大半个球场，冲到“枪手”球迷所在的看台前，以滑跪的方式公然挑衅庆祝。整场比赛他都忍受着客队球迷的咒骂，但是，这样一个疯狂的瞬间让阿德巴约受到各种批评和英足总的惩罚。罗西基此后为阿森纳扳回一球，最终，温格还是连续两场带着愤怒离开曼彻斯特，其中一部分原因是，阿德巴约在比赛早些时候用脚蹬踏了范佩西的脸部。

赛后，温格不可能对这场失利中的争议事件保持缄默，他谈到了阿德巴约对范佩西的犯规，告诉记者们：“伊曼纽尔·阿德巴约应该为他的所作所为受到惩罚。我很吃惊他居然会对阿森纳有如此仇恨的态度，因为未来的几年，他会意识到阿森纳在他的生命中发挥了非常积极的影响。那也是我深深感到惊讶和震惊的原因。”

“我们很失望，因为范佩西的头部受伤，大家都很担心。你永远不知道这会不会影响球员的健康，你希望球员能得到保护。”他还强调，那种挑衅式的庆祝进球动作“看上去也不太好”。

温格需要应付的问题之一，是“枪手”容易让一场失利影响到他们下一场比赛的心态，这是当务之急。败走曼城后的第四天，欧冠小组赛就要开战。阿森纳与希腊奥林匹亚科斯、荷兰阿尔克马尔和比利时标准列日分在了H小组，从纸面上来看这似乎是欧冠抽签最容易的小组。但是，首场比赛，他们却迎来了噩梦般的开局。

做客标准列日时，温格的球队被比利时人的闪电战开局打蒙了，才开场5分钟主队就以2：0领先。前45分钟里，阿森纳仍未走出曼城一战的阴影，但是，本特纳半场结束前的破门带给了“枪手”希望。下半场3分钟内的两粒进球给阿尔塞纳的脸上重新带来了笑容，他们以3：2的胜利涉险过关。

温格知道，这场胜利或许是他们新赛季的关键时刻。他如此表述道：“在一家大俱乐部，你承受不起连续太多失利。在0：2落后之后发生的这一切，将加强团队内部的信心。”

这场比赛的大逆转看上去给“枪手”带来了好运，就像阿尔塞纳所预计的那样。事实上，它激发了球队走上13场各项赛事不败的征程。连续4场比赛不丢球，让紧张不安的防线安定了下来，4：0大胜威根是这一进程的高光时刻。尽管所有人都在谈论温格这个夏天有限的转会花销，“枪手”仍然以他们娴熟的传球和聪明的跑动撕碎了对手。在阿森纳，“演员”阵容或许会发生变化，但剧本永远都是同一套。

6：2横扫布莱克本，是阿森纳开启10月的最佳方式，6名球员登上了记分牌。来自防线和中场的贡献减轻了前锋们的进球压力。10月31日，托特纳姆造访酋长球场时，温格已经在联赛杯中完成了对利物浦的胜利，“枪手”在欧冠小组赛的排名也很有利。很快，阿尔塞纳提醒他的球员们，接下来还有严峻考验。随着时间推移，他越来越确信自己的阵容至少能够获得一项主要荣誉。范佩西的梅开二度为阿森纳赢得了北伦敦德比的胜利，阿森纳在少赛一场的情况下，只落后领头羊切尔西5分。

残酷的是，范佩西在2009—2010赛季不太可能带来更大贡献了。在代表荷兰国家队比赛时，他的脚踝韧带严重受伤，上了诊疗台，这令温格十分生气。范佩西已经成为球队非常重要的球员，他的受伤，让阿尔塞纳在接下来的数月要面对一些非常头疼的事情。

阿森纳的不败战绩终结于做客桑德兰一战，温格的球队在新赛季第一次未能取得进球。尽管全场比赛他们享受着 57% 的控球率，但是光打雷不下雨，很明显，范佩西的缺阵对“枪手”影响很大。看上去，阿尔塞纳在夏天未能加强攻击线的代价是沉重的，阿森纳落后领头羊切尔西 8 分了。

尽管温格的比赛计划在欧战里非常奏效，在联赛中却完全不同。11 月 29 日，切尔西造访酋长球场，给“枪手”带来一次缩小与领头羊积分差距的机会。但是，德罗巴又一次恐吓了阿森纳，给温格的争冠雄心带来重大打击。同样的弱点继续阻止“枪手”迈出下一步，法国人却忽略了同样的问题。切尔西在中场更为强大，攻击线上有着更多选择，临门一脚也冷酷无情。卡洛·安切洛蒂的球队完全配得上 3 ：0 的大胜。

突然间，在赛季还没进入 12 月时，阿尔塞纳就已经需要开始反驳“枪手”夺冠无望的论调了。他说：“我们是斗士，必须在下一场比赛中展现出来。我们仍然处在非常不错的位置上。切尔西会丢分，我对此很确定。”温格还指出了一个被裁判吹掉的进球，那个球原本有望改变比赛的进程。

结果，阿森纳落后切尔西 11 分。在这场失利后，他们甚至被托特纳姆反超，落到了第三位。接着，球队又在联赛杯 0 ：3 不敌曼城，这段日子里，他们的表现让人大失所望。但是，正如温格所期望的，他的球员们在逆境中表现出了真正的性格。法国人尝试在训练场上提升士气，他获得了回报。直到 1 月末，阿森纳都没在联赛中输球了。

阿森纳从 2 ：0 击败斯托克城开启了这一段旅程，进球的是阿尔沙文和拉姆塞。一周后，阿尔沙文在对阵利物浦一役中再次进球，此前一个赛季，俄罗斯人以安菲尔德的大四喜显示出了对这座球场的钟爱，他再次上了头条新闻——不过，这样的高光时刻是在温格对球员们的一顿怒斥后才到来的。

利物浦在半场结束前首开纪录，“枪手”们远不在最佳状态，阿尔塞纳对此恼火不已。上半场比赛结束后，全队回到更衣室里，法国人非常生气，质问球员们，要求他们立刻有所转变。也许是很少看到温格如此动怒，因而受到极大震撼，下半场 5 分钟内，“枪手”们就扳平了比分，阿尔沙文在比赛进行到一小时前攻入了制胜球。

这个逆转令人印象深刻，球员们将其归功于温格半场时的激烈训话。法布雷加斯告诉媒体："我从未见他那样生气。这的确有效，也许他应该多发发火。"在这样关键的时刻，阿森纳抓住了那个周末切尔西战平、曼联输球的机会。

阿尔塞纳自己倒是很想掩饰他的爆发，他承认："我相信有时候你必须对球队做出必要的反应。我总是试图保持冷静，我在这里13年了，竟然还能让球员们感到吃惊，这倒真是不错。"从这一点来看，他的球员们还真是需要在更衣室里多挨些骂。

遗憾的是，这种快乐并没有持续多久，"枪手"做客伯恩利丢掉了两分。更令人担忧的是，法布雷加斯在帮助阿森纳首开纪录后，因为腿筋受伤不得不下场。缺少了队长，阿尔塞纳的球队像无头苍蝇般不知所措。在球员们表现得更稳定之前，温格知道，他无法说服其他人相信阿森纳能够赢得冠军。

接下来的3场比赛攻入10球，再次说明了那个大多数人早就知道的事实——当阿森纳处在最佳状态时，他们可以碾压任何对手。在法布雷加斯缺阵的情况下，"枪手"3 ∶ 0击败了赫尔城。在西班牙人复出之前，他的队友们需要站出来担起责任。

即便赛季才进行到12月初，阿森纳已经没有什么犯错的余地，温格很清楚这一点。主场与斗志顽强的阿斯顿维拉一役，眼见比分一直维持在0 ∶ 0，阿尔塞纳做出了极端的选择，派上了尚未完全伤愈的法布雷加斯。缺少了法布雷加斯的"枪手"在场上如此混乱，更加凸显了阿尔塞纳的球队缺乏板凳深度。察觉到这一点的温格做出了拿队长冒险的决定。要说到数据，法国人的钻研程度不逊于任何教练，他很清楚主场丢分会造成的后果。不论如何，这个决定都是大胆而又绝望的选择。

法布雷加斯一上场便扭转了比赛局面，西班牙人的梅开二度证明了主教练的决定是正确的。但是，这是需要付出代价的。当法布雷加斯加剧了腿筋伤势，一瘸一拐走下球场时，温格显得非常不安。这个话题被不断讨论着，你很难不去联想，正是因为温格当初不愿意加强阵容，才迫使他不得不拿法布雷加斯去冒险。

西班牙人因此继续缺阵两周，但是温格却坚持做出了自己认为正确的决定。他表示：“我觉得我做了正确的选择，如果再让我选择，我还是会这么做。你会做你认为能够赢得比赛的事情。”

如果兰帕德受伤，切尔西可以用巴拉克、马卢达、埃辛等人。同样地，弗格森在大多数位置上也有着不错的选择。但是，“枪手”对三到四名球员组成的核心团队却是如此依赖，随着范佩西的受伤，如今则是法布雷加斯，阿森纳要在争冠行列中跟上其他球队的节奏，似乎已是不可能了。

但温格不会服输，那根本不是他的选择。即便是失去了他最优秀的两位球员，他也有在接下来4轮比赛中抢到10分的办法。倒霉的朴次茅斯在弗拉顿公园遭遇1 ：4的惨败，这场胜利让“枪手”在少赛一场的情况下只落后领头羊切尔西4分。尽管法布雷加斯的受伤令人沮丧，但阿森纳距离榜首只有咫尺之遥了。

法国人相当自豪的是，纳斯里、爱德华多和不断自我提升的拉姆塞在法布雷加斯缺阵时挺身而出。先是一场和埃弗顿的草率平局——一场甚至可能是失利的比赛——接下来是背靠背对博尔顿的胜利，其中第二场是在两球落后的不利局面下取胜的，在那之后，温格的球队升至英超积分榜首的位置了。

但是，令人失望的事情随之出现，温格的问题是，他的球队总是会有三四场比赛的低迷状态，而不是在一场挫折的比赛后立刻振作。英超的竞争压力如此之大，足总杯提供了另一条通往冠军道路，然而，阿尔塞纳却选择了在足总杯第四轮做客对阵斯托克城的比赛中，派上以二线球员为主的阵容。温格拥有伤愈归队的法布雷加斯，给了弗朗西斯·科克兰、杰伊·伊曼纽尔－托马斯和克雷格·伊斯特蒙德等小将首发的机会，此外还有一队的替补球员西尔维斯特、贝拉和新近重新加盟阿森纳的中后卫索尔·坎贝尔。斯托克城充分利用了这一优势。里卡多·富勒梅开二度，斯托克城3 ：1取胜，又一项冠军荣誉从温格身边溜走。

在多年无冠的背景下，温格如此安排阵容自然有些令人费解，但是，温格赛后进行了自我辩解，他告诉媒体："我不会后悔派上这样的首发阵容。我们有10名球员受伤，后面还有非常困难的赛程。接下来，我们在短时间内有4场非常重要的比赛，那才是我们专注的比赛。"这一信息再明显不过，英超和欧冠才是阿森纳的目标。

尽管对阵斯托克城一战轮换了9名主力球员，"枪手"接下来的3场联赛只拿到了1分。客场0 ：0战平阿斯顿维拉并不是个糟糕的结果，但是，阿森纳的任何摔跤都会让切尔西和曼联喜闻乐见。他们错过了重返积分榜榜首的机会，更糟糕的是周末曼联将做客酋长球场。

近些年来，温格主场联赛对阵曼联享受过成功，包括前一年的2 ：1取胜。但是这一次，英超冠军将阿森纳撕成了碎片，他们抓住了"枪手"的每一次错误，利用防守反击战术，冷酷无情地惩罚了主队。阿森纳球员回防不及时的死穴暴露无遗，曼联阻断"枪手"的进攻后，靠反击进了两球。纳尼在右路通过绚丽的个人技术为曼联首开纪录，之后又助攻鲁尼打进了致命的第二球。朴智星下半场攻入了第三球，尽管随后阿森纳扳回一城，但是也只能接受1 ：3失利的结果。

媒体权威们很快就根据这场"男人对男孩"的比赛结果，将阿森纳排除在争冠行列之外，但现在就下此定论还是言之过早了。温格也是这样的观点，在赛后谈到自己的失望时，他告诉媒体："我们给了他们太多空间，我们太天真了。在比赛后，很难直接说清楚我们为什么没有达到正常水准。现在分析还太早了，但是，我相信我们存在着一些心理的原因。这是个巨大的打击，也很失望，球员们希望赢得胜利，他们情绪很低落。我们必须从这场失利中走出来。这是顶级足球的一部分。"

这是阿森纳2009—2010赛季最艰难的时刻，在对曼联的失利后，他们先打切尔西，再战利物浦。在酋长球场被"蓝军"狂风扫落叶后，做客斯坦福桥对于阿森纳更容易却步，温格知道他的球队无法承受再次下滑的节奏。

在一场缺少进攻火花，防线又被德罗巴恐吓的比赛中，阿森纳两手空空是顺理成章的。他们的足球风格有时很华丽，却无法制造进球。在对阵“蓝军”的两场比赛中，温格的球员们一球未进，而且被打入 5 球。

对阵利物浦的及时胜利稍稍改善了温格的心情，但他意识到，球队只能等待着榜首两强的摔跤了。他唯一能做的就是让自己的球队保持积极态度，一次专攻一场比赛。对红军的胜利开启了阿森纳又一段华彩乐章，接下来 7 场比赛中，他们赢得 6 场胜利，两个月里联赛未逢一败。

法国人已经注意到，英超豪门不能再像以前那样我行我素了，看上去，本赛季英超冠军将是英超历史上的最低分冠军。因此，阿森纳仍有希望。

在欧战中，阿尔塞纳对球队的前进步伐十分满意。不出所料，他们从小组赛中轻松晋级，在第二轮抽签中与波尔图狭路相逢。温格准备着手计划如何击败葡萄牙人。

1 月冬季，转会窗匆匆关闭，阿尔塞纳抵挡住了诱惑，没有花掉任何可用的转会资金。由于前方赛程紧密，或许在另一名前锋身上投入些钱会颇有意义，但你很难质疑温格的智慧，“枪手”走出了 16 强战首回合客场 1 ：2 不敌波尔图的困境，在接下来几周先后击败了桑德兰、斯托克城和伯恩利。

做客斯托克城一役让阿尔塞纳再次沸腾起来。对主队的身体对抗方式，他表达了和当年对萨姆·阿勒代斯的博尔顿同样的愤慨。他的怒火集中在拉姆塞令人惊恐的受伤上①，那是由斯托克城后卫瑞恩·肖克罗斯铲球动作过大造成的直接后果。“枪手”们拿到了 3 分，但是温格却被罚上了看台，赛后他对记者表示:“肖克罗斯的铲球太可怕了。省省吧，别跟我说他是多么好的人。你们看到拉姆塞受的伤了吗？失去了一个像拉姆塞这样 19 岁就有如此水平的球员是很难接受的。这对我来说不是足球，我拒绝容忍这样的足球。英足总必须采取行动。”

---

① 比赛进行到第六十六分钟，主队后卫肖克罗斯中场抢断本特纳的传球后带球有点大，皮球被“枪手”中场拉姆塞断下，但是肖克罗斯直接上前，由上往下踹在了拉姆塞的右小腿上，直接导致后者小腿骨折。

这对拉姆塞是个毁灭性的打击，赛后很长时间温格才冷静下来。对方球队的身体对抗多年来一直让法国人很不安，因为身体对抗的侵略性与恶意犯规的界限很模糊。但是，他的球队却没有沉浸在争议中，而两年前爱德华多·达席尔瓦断腿惨剧后，他们似乎很久未能平复心情。

主场3：1击败伯恩利，让阿森纳处在了争冠的风口浪尖上，他们只落后领头羊曼联两分。榜首前三名球队和其他球队已经拉开了差距，最后的几个月将是扣人心弦的争冠形势。但是，更多伤病问题却影响了温格的精神状态。法布雷加斯对伯恩利一战受伤下场，给他历经波折的赛季再次带来挫折，而且，是在赛季进入了最关键的阶段。

3月9日，波尔图带着首回合2：1的胜利做客北伦敦，在确定法布雷加斯无法出战后，很多"枪手"球迷担心球队会被淘汰出局。但是，阿尔塞纳一直反对那些认为球队一旦缺少西班牙人或者范佩西便过于平庸的观点，他认为他们的缺阵可以让其他人涌现出来，在酋长球场可以展现出阿森纳真正的阵容厚度。没有人因此比本特纳获益更多，虽然赛季初他经常受到嘲笑，丹麦人却受益于温格的信任，上演了帽子戏法，帮助"枪手"5：0血洗波尔图，晋级欧冠八强。

在球队一波又一波的猛攻打垮波尔图的后防线时，温格不断地站起来庆祝。纳斯里以绝对个人英雄主义的表演创造了当晚的高光时刻，但是，这个夜晚最高兴的人是阿尔塞纳。这场比赛让他知道，他对年轻人的信任没有被辜负，这些球员踢出了他要求的足球风格。他告诉媒体："我们踢出了流畅的足球，获得了很棒的开局，早早地进球给了我们自信。我们踢得非常有观赏性，赢得很漂亮。"

这个特殊的夜晚让"枪手"进入了欧冠1/4决赛的抽签，他们抽中了巴塞罗那。这立刻就被定位为1/4决赛最受期待的对决，专家们很快就对见证世界上风格最华丽的两支球队的对决垂涎欲滴。西班牙人作为欧冠卫冕冠军是绝对的热门，但是，温格也拒绝让步。他说："我们尊重巴塞罗那的成就，但在欧冠中，明天的事才是最关键的。我相信，重要的是，在比赛当天所有人看到一场漂亮的比赛，并且是我们赢得了胜利。我们专注于自己，而不是对手。1/4决赛中，你总是会碰上一支出色的球队，巴塞罗那就是这样一支优秀的球队。”

“如果你去博彩店试着花点儿钱买几注彩票，你会看到我们在和巴塞罗那的对阵中不是热门球队。他们当然很优秀，但我们也是。对我而言，如果我们拿出最出色的表现，就有 50% 的概率赢得比赛，我们有机会击败他们。”

就像 2008 年淘汰欧冠卫冕冠军 AC 米兰一样，阿森纳需要在最佳状态下才有可能晋级。与此同时，英超也让温格分心，因为他在绘制不太可能的冠军路线图。对赫尔城和西汉姆联的胜利展现了“枪手”永不言败的精神。做客赫尔城一战，温格几乎放弃了，但本特纳在最后时刻建功，帮助阿森纳获得并列榜首的位置，不过切尔西少赛一场。在对阵“铁锤帮”时，费尔马伦被红牌罚下，温格十分紧张，但他的球员们依然找到了胜利的方式。

但是，“枪手”做客伯明翰 1 ∶ 1 战平，和榜首的积分差距被拉大到了 4 分，曼联和切尔西当天都强有力地赢下了各自的比赛，而凯文 · 菲利普斯的进球阻止了温格的争冠雄心。这是当头一棒，但阿尔塞纳很快就专注于周中对阵巴塞罗那的欧冠淘汰赛，希望找到阻止利昂内尔 · 梅西的办法。法国人认为他的球队能够凭借传球和跑动击败任何对手，这绝对是一场迷人的比赛。

酋长球场的前 45 分钟比赛，或许是在欧冠历史上最一边倒却又没有进球的半场比赛。教练席上的温格简直不敢相信自己的眼睛，巴塞罗那完全压倒了他的球队，创造了一次又一次机会，让阿森纳吃尽苦头。然而，阿森纳门将阿穆尼亚是不可击败的，在梅西和哈维等巴萨球员对球门形成威胁时，是他一次又一次地拯救了主队。

中场时，不论温格说什么都不好使，下半场开局，巴塞罗那终于找到了他们的射门靴。兹拉坦 · 伊布拉希莫维奇梅开二度，看上去比赛已经不在“枪手”掌控之中了。然而，阿尔塞纳的弟子们证明了他们的主教练给球队注入了真正的个性和天赋，阿森纳最后 25 分钟重新杀回了比赛中。

首先，沃尔科特扳回一球。在比赛结束前 5 分钟，一瘸一拐——即将迎来又一次休战——的法布雷加斯罚入了一粒点球，将比分扳成 2 ∶ 2。温格大部分时间都是在沮丧中度过的，但是，当他的队长攻入了扳平球时，他开始欢呼。第二回合将是艰苦的斗争，但“枪手”至少可以带着希望启程。

尽管法布雷加斯将错过余下赛季的消息传来，阿尔塞纳却保持着乐观的态度。这场比赛中，他的球队看上去很紧张，他们一次又一次丢失球权，有时候甚至沦为看客。然而，比赛最终以 2 ∶ 2 告终，看上去出线还有希望。温格称赞了巴塞罗那的出色表现，但他告诉记者：“我们必须（在第二回合）全力以赴。若能晋级，这将是一项伟大的成就，但我们相信自己能做到。”

阿森纳不打算放手英超冠军，他们击败了狼队，继续紧跟着对手。之后，他们所有的思绪都放在了巴塞罗那上。在诺坎普①击败西班牙人很可能成为阿尔塞纳执教生涯最伟大的成就，但是，阿森纳不能再出现第一回合开局的低迷、畏惧。所以，这是一个必须有不同寻常的演出的日子，随队远征的“枪手”球迷也的确见到了这样的演出，不过，这不同寻常的演出是来自举世无双的梅西。

比赛前 20 分钟，一切都按照温格的计划发展。相比一周前，他的球队给巴塞罗那带来了更大压力，随后，令主场球迷惊讶的是，本特纳帮助阿森纳取得了领先，但只维持了两分钟。从那时起，梅西彻底摧毁了阿尔塞纳精心布置的计划。小个子阿根廷人令人崇敬地在上半场上演了帽子戏法，下半场则再进一球，完成大四喜。看到自己的球队被切成碎片，温格痛苦万分，但是，他也为梅西的表现所震撼。至少这一次，阿森纳被一支踢出超级足球的球队打败了。

温格赛后承认：“我相信我们输给了一支比我们更优秀的球队，他们拥有世界上最出色的球员。一旦梅西跑动起来，将不可阻挡。他是唯一一个在如此高的速度下还能变向的球员。”阿穆尼亚和不少“枪手”球员也有类似的感触。阿森纳当晚就被淘汰出局了，但足球却是最大的赢家——不过这并不会给温格带来太多的安慰。

如今，阿森纳又到了英超决胜时刻。又一个四大皆空的赛季蓄势待发，温格很快就强调了快速走出兵败巴塞罗那阴影的重要性。曼联和切尔西也都被淘

① 巴塞罗那主场，可容纳 109815 名观众。

汰出欧冠，因此，联赛成了榜首三强最关注的赛事。

“枪手”得到了一周时间来备战客场对阵托特纳姆的比赛，阿尔塞纳对他的球员们休息充分、动力十足感到自信。阻止他们的死敌争夺联赛前四，也是一份额外的动力，随队前来助阵的“枪手”球迷们为此群情激昂。但是，这是阿森纳又一次重大比赛失利后宿醉的典型案例，很快大家就发现了托特纳姆才是对胜利更饥渴的球队。

你不得不承认，赛前“枪手”的夺冠希望已经很渺茫了，但白鹿巷的表现彻底结束了他们的争冠旅程。代表托特纳姆上演处子秀的丹尼·罗斯以一记惊人的凌空抽射破门技惊四座，加雷思·贝尔则为热刺扩大了领先优势。尽管复出的范佩西扳回一球，但主队将胜利保持到了终场。即便阿森纳的夺冠希望在理论上还没告终，但也是命悬一线了。

赛后，人们可以明显感觉到温格的受伤，他告诉记者:“我们必须忘掉联赛冠军争夺，并尽可能地争取以最高的排名结束赛季。夺冠的希望很小，但是你永远不知道会发生什么。这场比赛证明我们还不够成熟，如果要赢得联赛冠军，就不能输掉这样的比赛。”

“我们本赛季取得了一些进步，但是，今晚我们失去了太多球员。只有发生奇迹我们才有机会。我们的弱点被充分暴露了出来，我们会继续战斗下去，但是拿到 1 分还不够——我们需要 3 分。”

毫无疑问，温格表示球队伤兵太多是有道理的，他在关键时刻失去了范佩西、法布雷加斯、加拉、亚历山大·宋和一些其他球员。但是，专家们则认为，一支争冠球队必须更好地应对挫折——这意味着你需要打造一支更为强大、更富有经验的队伍。

剩下的赛季已经没有太多东西可以去争夺，“枪手”最后 3 轮比赛只拿到了 1 分，做客威根，居然在两球领先的大好局面下被对手上演了大逆转。接下来是战平曼城，随后又在客场 1 ：2 输给布莱克本。温格称，对威根一战是“本赛季最令人失望的时刻”，球员们在比赛最后时刻用身体语言表明，他们的斗志已经消失殆尽了。

阿尔塞纳率领球队在赛季最后一天获得了一场 4 ：0 的大胜，确保了联赛第三名。赛季末针对“枪手”的分析，不出所料地集中于一个话题：“枪手”已经连续 5 个赛季未能夺得任何冠军。这不是一个欧洲顶级俱乐部应有的成绩，而曼城、托特纳姆和阿斯顿维拉等球队则蒸蒸日上，接下来的日子对阿森纳来说，没有什么是理所当然的了。

回顾过去 9 个月的风风雨雨，温格告诉媒体：“我们本赛季只是有一些小的薄弱环节。我们希望提高自身实力，但并不需要增加大批球员。我们本赛季的表现已经超出了想象，但是仍然很失望，因为我们距离冠军只差一个月的时间，最后却一无所获。”

“我们本赛季展现了出色的状态和强大的个性，却有太多的失球。如果你一个赛季丢球 40 个以上，你肯定拿不到英超冠军。”

一部分“枪手”球迷一定会对温格阐述的转会计划发出不满之声，但法国人却始终坚持信任球员们。阿森纳究竟需要多少新面孔？人们对此莫衷一是——也许一到两名大牌球星就能帮助温格渡过难关。毕竟，他看上去即将以自由转会的方式签下颇受好评的波尔多前锋马鲁万·沙马赫。除此之外，值得记住的是，球队在 2009—2010 赛季的表现比前一年有明显的提升，而且是在两大天才球员受到严重伤病困扰的情况下。

摆在法国人眼前的将是一个有趣的夏天，他正策划着下一步计划。温格将部分精力转移到南非世界杯上，这对他倒是件好事。之后，他可以重新将精力集中到调整球队阵容上，他相信，现有这套阵容稍作加强便可以征服英超乃至欧洲。

温格知道 2010—2011 赛季也许是他执教生涯中最为关键的一个赛季，他已经迫不及待地希望拥抱新的挑战了。

第十一章　局外人

ON THE OUTSIDE LOOKING IN

“新加盟的球员不会很多，如果有，他们必须是真正的顶级球员。”这是温格 2010 年 5 月所说的话，当时阿森纳即将连续 5 个赛季一无所获。前一个夏天出售阿德巴约和科洛·图雷的转会费藏在俱乐部的口袋里，酋长球场的贷款已经还清了，消息灵通人士声称，俱乐部的转会资金接近 4000 万英镑。在又一个受到伤病打击的赛季结束后，为范佩西找到一个锋线“备胎”被视为第一要务，还要在防线和中场中路增加“肌肉男”。

阿尔塞纳的第一笔签约是一位射手，从波尔多自由转会引进了长期目标沙马赫——他的到来在前一个赛季结束前就已经基本敲定了。26 岁的摩洛哥前锋连续两个赛季为 2009 年法甲冠军攻入了 16 粒进球。温格告诉媒体:“沙马赫是一位拥有真正实力的前锋，他拥有一切能在英格兰取得成功的能力。他的制空能力很强，是一位不错的团队型球员。”

尽管阿森纳一直与埃弗顿的中场杰克·罗德韦尔和图卢兹身强力壮的穆萨·西索科传出“绯闻”，但是中场的引援却未能实现。比签约更让温格高兴的是，队长法布雷加斯不会转投巴塞罗那，尽管这个夏天围绕着法布雷加斯有着大量转会传闻。“我说服他留下，”阿森纳主教练非常愉快地告诉媒体，“我相信我们能够让他留在这里很多年。”

与此同时，阿森纳的中路防线发生了彻底的改变，温格将森德罗斯、加拉、坎贝尔和西尔维斯特这四名后卫全部扫地出门，而法国二人组塞巴斯蒂安·斯基拉奇和洛朗·科斯切尔尼加起来的转会费是 1500 万英镑。30 岁的斯基拉奇——来自西甲塞维利亚，符合温格的所有标准和要求。温格解释道：“我们需要一名拥有实力和经验的中后卫，价格也得合适，他满足所有条件。”24岁的科斯切尔尼则凭借在洛里昂的一个出色赛季加盟阿森纳，他代表俱乐部更为长期的投资。温格表示：“他已经证明自己在精神上足够强大，他是个斗士，一位非常强壮的竞争者。”

这自然不是很多阿森纳球迷所期盼的大规模疯狂的买进球员，但是，温格解决了一些重大问题。这个夏天，除了新贵曼城，英超的大多数球队都采取了谨慎消费的态度。季前，纳斯里和沙马赫都用进球取得了好的开局，而18岁的中场杰克·威尔希尔结束了成功的外租博尔顿的锻炼，抓住机会，以与他年龄不相符的沉着老练给人留下了深刻印象。又一年即将开始，大多数媒体专家都将阿森纳看作英超冠军争夺的局外人，但温格却充满自信地表示：“人们总是带着夺得一项冠军的希望进入新赛季。我相信我们能成功。”

由于法布雷加斯和亚历山大·宋因小伤缺阵，温格选择了在一场艰苦的做客利物浦的揭幕战中派上威尔希尔首发。尽管主队整个下半场都因乔·科尔被红牌罚下少一人应战，但第四十六分钟，大卫·恩戈进球后，“枪手”却很长时间找不到还击的办法。随着时间一分一秒地过去，利物浦门将佩佩·雷纳最后的乌龙球给温格的球队送来一分，但这对新赛季来说是个吃力的开局。范佩西作为替补上场是阿森纳值得庆祝的理由，但伤停补时阶段因为第二张黄牌被罚下，让科斯切尔尼经历了一个不值得回忆的英超处子秀。

不过，接下来的一个月，温格的球队变得不可阻挡——法国人有了特殊的庆祝理由，他和阿森纳续签了三年合同。沃尔科特上演了代表阿森纳的第一个帽子戏法，“枪手”以6∶0横扫升班马布莱克浦，自2010年3月以来的第一次客场获胜，击败了可怕的布莱克本，随后又以4∶1大胜博尔顿。亚历山大·宋在博尔顿一役攻入了阿森纳的第三球，那是他们在温格时代的第1000粒英超进球。

“枪手”看上去似乎很是自娱自乐，法布雷加斯、亚历山大·宋和阿森纳当月最佳球员威尔希尔一同策划的流畅的短传配合式足球，正是阿尔塞纳热爱的风格。不幸的是，像前一个赛季一样，每当他的球队展翅高飞时，温格总会遭受关键球员受伤的霉运。范佩西和沃尔科特因为脚踝伤势双双缺阵六周，中后卫费尔马伦在代表比利时国家队出场时阿基里斯跟腱断裂。

在欧冠中，阿森纳与乌克兰顿涅茨克矿工、葡萄牙布拉加和塞尔维亚贝尔格莱德游击队分在同一组，阿森纳欧冠首战布拉加顺风顺水。但是，做客桑德兰的比赛，被证明是温格和他脆弱的阵容所遭受的众多挫折中的第一次。法布雷加斯早早进球，这让阿森纳看上去又要迎来一场胜利，但是，西班牙人的受伤和亚历山大·宋被红牌罚下动摇了“枪手”的优势，达伦·本特在比赛进入读秒阶段扳平了比分。赛后，温格对伤停补时的长度非常失望，而不是日益严重的伤病。他表示：“它（进球）是在补时 4 分钟之后打进的。”

以二线阵容出战的阿森纳，在联赛杯第三轮中轻松击败了以三线阵容应战的托特纳姆，但是，回到联赛中，面对充满自信的西布朗，温格的球队在失去法布雷加斯后看上去无所适从。门将阿穆尼亚的两次失误让他们 0 ∶ 3 落后，即使纳斯里梅开二度也无力挽回败局。温格赛后总结说：“这是糟糕的表现，不论是防守还是进攻。”阿森纳在欧冠做客贝尔格莱德游击队的比赛中重新找回了感觉，以 3 ∶ 1 击败对手，但是，他们所有的注意力都集中在即将到来的与联赛领头羊切尔西的榜首大战上。

在费尔马伦、法布雷加斯、沃尔科特和范佩西缺阵的情况下，用《每日电讯报》（*The Telegraph*）记者亨利·温特的话来说，“阿森纳像蝴蝶一样飞舞，而切尔西像蜜蜂一样蜇人”。虽然阿森纳所有的传球都很漂亮，但是，他们的进攻却缺乏致命一击。整场比赛，德罗巴都在折磨着中后卫斯基拉奇和科斯切尔尼，并于第三十九分钟为切尔西首开纪录。此后，巴西后卫阿莱士的直接任意球破门，给安切洛蒂的球队带来了关键的 2 ∶ 0 胜利，让他们领先阿森纳 7 分之多。温格称赞了自己的球队，也看到了需要吸取的教训：“在这一层次的比赛中，你稍不留神便会受到惩罚。你必须更高效一些。”

在连续两场英超失利中丢掉 5 球后，温格迎回了朱鲁和本特纳，球队艰难地在主场 2 ∶ 1 击败了伯明翰。在看到自己的球队 0 ∶ 1 落后时，温格很高兴球队做出了充满个性的回击，通过纳斯里的点球和沙马赫的赛季第五球反败为胜。切尔西和曼联当轮双双打平对手，这对“枪手”而言是一场重大胜利，唯一的瑕疵是，威尔希尔最后时刻因为对对方前锋尼古拉·日吉奇的一脚丑陋铲球吃到了红牌。但是，温格并没有为这位年轻人太过担心：“他犯了个错误，主动走出来说了对不起。他拥有坚强的性格，我相信他能很好地处理这个问题。”赛后，在相当繁忙的10月赛程开始前，法国人还透露了关于球队多名伤兵的最新伤情：“法布雷加斯赶上周二比赛的机会微乎其微。萨尼亚还有10天才能够复出。费尔马伦也需要10天。阿穆尼亚还有几天就可以回来，但是范佩西看上去需要更长时间。”

这些伤员赶上欧冠复出的可能性为零，但是，“枪手”们发挥了很强的团队力量。在酋长球场以5：1横扫小组中呼声很高的顿涅茨克矿工队，一路上打破了不少纪录。沙马赫成为第一位连续6场欧冠联赛取得进球的球员，而阿森纳前3场欧冠小组赛打进了14球，也创造了欧冠赛事新高。法布雷加斯和沃尔科特复出后，获得了少量很有价值的出场时间，这对温格来说则是锦上添花。

阿森纳的出色状态在继续，他们做客争冠对手曼城，获得了3：0大胜。阿森纳充分利用了对方年轻后卫德德里克·博雅塔作为最后一人犯规被红牌罚下的优势，轻松地取得了胜利，让他们成为紧追领头羊切尔西的第二军团的领跑者。温格对他的球队“聪明”的比赛方式充满赞誉，并特别提到了当场最佳球员纳斯里、中场亚历山大·宋和德尼尔森，以及饱受批评的门将卢卡斯·法比安斯基。阿森纳这种活跃的表现在继续，联赛杯客场4：0大胜纽卡斯尔，凭借着亚历山大·宋的制胜球击败了西汉姆联。温格对连续3场比赛不失球特别高兴，两位新援后卫斯基拉奇和科斯切尔尼看上去已经很好地适应了新环境。

尽管10月份的第一场比赛切尔西遭遇挫折，但对温格和他的球队来说，这仍是一段非常成功的日子。然而，他们在11月份迎来了一个糟糕的开局，欧冠联赛客场输给了顿涅茨克矿工，联赛中，在主场令人震惊地以0：1不敌纽卡斯尔。上半场，纽卡斯尔前锋安迪·卡罗尔利用阿森纳门将法比安斯基的失误头球破门，帮助“喜鹊”夺得了2001年以来的做客阿森纳的首胜。即便是范佩西60分钟后的登场，也没能够帮助阿森纳利用他们的控球优势打破僵局。温格后来告诉媒体：“我们一直没能把速度提高到第二挡。”“枪手”在酋长球场丢掉了更多分数，在积分榜上下滑到了第三位。

阿森纳很快就在做客狼队和埃弗顿时找回了胜利的感觉。与狼队一战，沙马赫的两个进球赢得了喝彩。而在对埃弗顿的一战中，球队的“纪律、投入、团结、渴望、百分百专注”让温格感到高兴。但是这种快乐是短暂的，他的球队在主场再次受挫，在北伦敦德比中，丧失了两球领先的巨大优势，被对方3 ： 2逆转。在赛后采访中，温格质疑了球员们在关键时刻的心理韧性：“当我们必须有表现时，我们没能够做到，这令人担忧。我们将自己放在了正确的位置上，却失败了。”而欧冠客场0 ： 2输给布拉加对“枪手”来说则是结束了他们恐怖的一周。所以，他们在最后一轮对阵贝尔格莱德游击队的比赛中，必须取胜方能晋级。

回到英超中，阿森纳以4 ： 2击败了阿斯顿维拉，但是下半场主队的反扑又一次让温格担惊受怕。不过沙马赫赛季的第十球和威尔希尔代表俱乐部的英超处子球是球队庆祝的理由。在联赛杯中，强大的阿森纳以2 ： 0击败威根打进了半决赛，之后，又主场2 ： 1击败富勒姆，登上了英超积分榜榜首。在法布雷加斯缺阵的情况下，是纳斯里在比赛中再次凭借个人天赋闪光。比赛过程并不顺利，但是温格单独称赞了后卫朱鲁：“当我们必须防守高空球时，他是具有统治力的。我相信他会成为一名非常出色的中后卫。”在欧冠中，阿森纳对阵贝尔格莱德游击队完成了出线任务，沃尔科特替补出场，帮助球队取得了3 ： 1的胜利。不过，这意味着他们只获得了小组第二，十有八九会在16强赛中遭遇艰苦的对阵。温格告诉媒体：“我非常清楚我们会遭遇哪支球队。”佩普·瓜迪奥拉的巴塞罗那在前一个赛季将他们淘汰出了1/4决赛。温格的猜测当然是正确的。

将焦点重新转移到英超，温格非常乐观：“我们仍然处在有利的位置，因为我们还要在主场对阵切尔西、曼联和曼城，还有利物浦。在这个联赛中，我们比以前有着更多的话语权。”

所有这一切都为周一晚间做客曼联的比赛做好了铺垫，这将是决定英超第一和第二的比赛。在一场相当拘谨的对决中，朴智星以一个意外的进球帮助弗格森的球队重返榜首。温格在最后半小时换上了范佩西和法布雷加斯，但他们都无法驱动球队做出必要的还击。这是一场不走运的失利，意味着阿森纳过去11 场对阵曼联和切尔西的比赛从无胜绩。接下来的对手是“蓝军”，温格要求他的球员们“从今晚的比赛中汲取力量，在周六的比赛中反弹”。

阿森纳的确反弹了，获得了一场辉煌的胜利（3 ：1）。温格终于可以在本赛季派出他的最强阵容（除了费尔马伦），范佩西、法布雷加斯、沃尔科特、纳斯里和亚历山大·宋全部首发。阿森纳的开局很不错，但未能将机会转化为进球。不过，亚历山大·宋、法布雷加斯和沃尔科特在半场前的 15 分钟先后破门，击败了每况愈下的切尔西。这是阿森纳自 2008 年 11 月以来，第一次战胜他们的伦敦对手，保持了对领头羊曼联的压力。阿尔塞纳对球队的斗志和实力感到满意。

客场 2 ：2 战平威根，阿森纳错过了抢分机会，斯基拉奇最后的乌龙球给了 10 人应战的保级队价值连城的一分。温格选择在节日期间轮换阵容，给本特纳、沙马赫、阿尔沙文、德尼尔森、罗西基和迪亚比首发机会。但是，结果却低于球队平均水准，出现了两个定位球丢球。“我们上半场丢球后做出了很好的还击，”温格告诉记者们，“但下半场没能制造出足够多的机会。”随着大牌球星们回到球队，“枪手”新年第一天做客伯明翰打得干净利落，范佩西斩获了他赛季的第一球，纳斯里攻入了他的第十三粒进球，一场 3 ：0 的胜利帮助温格的球队位列第三。但是，距离两家曼彻斯特俱乐部还有距离。6 天里，他们在9 分中抢到了 7 分，这并不是灾难，但温格知道，主场输给曼城肯定会是灾难。

这场较量最终以 0 ：0 收场，温格后悔错过了太多的机会。“他们就是冲着 0 ：0 来的，他们的目的达到了。”温格对这场令人失望的比赛的分析相当准确，范佩西、法布雷加斯、纳斯里和沃尔科特试图打破僵局的努力纷纷落空。全场比赛，阿森纳拥有 61% 的控球率，数次击中了门框。温格对未能拿到 3 分表达了失望之情:“我感觉我们有表现，却没有结果。”他的球队带着第三位、落后曼联 4 分的局面进入了杯赛世界。

四条战线奋力前进，温格和他的球员们最不希望遇到的便是重赛。但就像对阵曼城一样，“枪手”没能在足总杯第三轮对阵利兹联时找到临门一脚。事实上，他们只是依靠法布雷加斯在最后一分钟罚入点球避免失利。在四天后的联赛杯半决赛第一回合比赛中，阿森纳更加糟糕，客场 0 ：1 输给了伊普斯维奇。尽管拥有沃尔科特和法布雷加斯，“枪手”仍然无法打破英冠对手的大门。在又一次让范佩西轮休的情况下，进球对温格来说成了一个大问题。自从 11 月以来，沙马赫一直延续进球荒，而本特纳和贝拉作为锋线“备胎”并不高产。

阿尔塞纳将他的“荷兰法宝”范佩西放回了联赛的首发阵容，客场，阿森纳以一反常态的冷酷表现 3 ：0 击败了西汉姆联。这场胜利让“枪手”只落后曼联一分，落后曼城两分。范佩西梅开二度，沃尔科特打进一球，他们的组合继续开花结果。温格知道重要的是保障他们俩的健康。在杯赛中表现突出，年轻的波兰守门员沃伊切赫·什琴斯尼收到了英超首发的奖励。阿尔塞纳称之为一次“出色、成熟的表现”，他对球队的夺冠机会充满自信:“英超冠军就在我们手中，我们还将在主场对阵所有豪门球队，我们现在要开始主场的强劲表现。”而联赛不是唯一的目标，在足总杯重赛中，以 3 ：1 击败利兹联后，阿森纳仍在四项锦标赛的争冠路上。范佩西在主场 3 ：0 大胜威根一战中再次爆发，上演了他的第一个英超帽子戏法，还射失了一粒点球。法布雷加斯同样耀眼，对自己的球队反超曼城，温格有着充分的乐观理由。三天后，他们 3 ：0 击败伊普斯维奇，自 2007 年以来，阿森纳第一次打进了一项锦标赛决赛。

在谈到他的守门员选择时，温格在 1 月末表示:“此刻，沃伊切赫（什琴斯尼）是主力门将。他并没有做错什么要让我把他踢出主力阵容。”足总杯第四轮，“枪手”击败了英勇的赫德斯菲尔德，不过明星球员纳斯里腿筋受伤，以及后卫斯基拉奇吃到红牌，令这场胜利失色不少。

2 月初，温格的球队展现了他们的心理力量，在路易斯·萨哈有争议的进球帮助埃弗顿取得领先后，阿森纳凭借阿尔沙文和科斯切尔尼下半场的进球，2 ：1 逆转了对手。温格告诉媒体："我们准备好战斗了，今晚再次展现了这一点。"亚历山大·宋的受伤是连续三场英超胜利中唯一的扫兴之事，他们巩固了自己的位置，成为曼联的主要挑战者。

下一场比赛，阿森纳做客纽卡斯尔，上半场阿森纳凭借沃尔科特、朱鲁的进球和范佩西的梅开二度，以 4 ：0 领先对手。接下来是赛季决定性的半场之一。首先是朱鲁因伤被换下，随后迪亚比因为"瞬间发疯"（掐了对方中场乔伊·巴顿的脖子）吃到红牌。科斯切尔尼一人送给对方两粒点球，贝斯特的进球让纽卡斯尔在比赛结束前 5 分钟突然复活了。随后，乔伊·巴顿的任意球被阿森纳解围，谢赫·蒂奥特以他最甜蜜的凌空抽射将球打进了什琴斯尼的球门左上角。比分是 4 ：4，阿兰·帕杜和他的弟子们陷入了狂喜，而温格和弟子们却为之绝望。赛后，温格保持了坚忍的态度，他告诉媒体："我们有些惊慌失措，也有些不走运。"曼联同一轮的失利让阿森纳的平局更加烦恼。

接下来对阵狼队，温格的球员们表现不错，凭借范佩西梅开二度，赢得了 2 ：0 的胜利。朱鲁回到了防线的要害位置，威尔希尔和法布雷加斯继续主宰着中场区域。鲁尼在曼彻斯特德比中，以十分壮观的倒钩制胜球，让曼联继续以 4 分优势领跑。阿森纳在后面紧紧跟随。

接下来是欧冠联赛 16 强战的第一回合比赛，阿森纳将对阵梅西和巴塞罗那。在酋长球场，大卫·比利亚的进球帮助巴萨在上半场取得了 1 ：0 领先，但是，阿森纳凭借着下半场的出色表现，以 2 ：1 逆转。温格的替补球员上场后激励了球队，本特纳在锋线上给对手制造着麻烦，阿尔沙文在范佩西扳平比分后，在最后时刻攻入制胜球。法国人称之为"一个特别的夜晚"，并将胜利献给忠实的支持者们："球迷们今晚的表现非常积极，支持球队，他们发挥了特别的作用。"而巴塞罗那相当重要的客场进球，意味着第二回合在诺坎普的决战将更加迷人。

不过，阿森纳还是需要应付国内的战局。足总杯第五轮，乔纳森·特霍伊惊人的扳平球给莱顿东方带来了他们想要的重赛。在联赛中，斯基拉奇成了意外的英雄，他在第八分钟的头球破门帮助“枪手”从斯托克城身上拿到 3 分。而对阵斯托克城的伤病诅咒在继续，法布雷加斯和沃尔科特很早就离开了球场。温格赛后更倾向专注于“非常非常重要的”3 分。

2 月份的倒数第二天是联赛杯决赛日，温格期待着结束球队 6 年的冠军荒。法布雷加斯和沃尔科特因伤缺阵，阿尔塞纳选择了让膝伤初愈的范佩西提前复出。荷兰人帮助球队将日吉奇的进球一笔勾销，扳平了比分。但是，70 分钟后就因伤被迫下场。“枪手”苦求制胜球未果，反倒是在第八十九分钟，门将什琴斯尼和后卫科斯切尔尼的防守配合失误，让伯明翰爆冷，获得了胜利。当场最佳球员——伯明翰门将本·福斯特将任意球开到了阿森纳禁区，什琴斯尼和科斯切尔尼配合不默契，导致球落到了对方前锋奥巴费米·马丁斯脚下，后者轻松地将球打进空门。对温格和他的球员们来说，这次爆冷失利所造成的心理伤害将持续很长时间。

随后，领衔二线阵容的本特纳上演了帽子戏法，阿森纳在足总杯重赛中 5 ： 0 大胜莱顿东方，晋级下轮。但在联赛中，阿森纳无法找到主场击败桑德兰的进球，纳斯里的复出也未能带来好运。糟糕的临门一脚令温格担心，但是幸运的是，曼联又一次遭遇了失利，这意味着两队的差距只剩下 3 分了。

法布雷加斯和范佩西双双在对巴塞罗那的欧冠 16 强战第二回合比赛中复出，但是，他们都没能取得辉煌的成功，加泰罗尼亚球队在主场 3 ： 1 取胜。44 分钟的顽强防守徒劳无功，法布雷加斯将球送给了伊涅斯塔，后者给了梅西，完成致命一击。下半场，布斯克茨的乌龙球曾经给阿森纳带来了短暂的希望，然而，范佩西因为无视裁判的哨声继续射门，吃到了第二张黄牌被罚下场，这个判罚有些过于严厉。荷兰人抱怨说他是因为观众的声音太吵没有听到裁判的哨声。

巴塞罗那凭借着哈维和梅西的进球取得了全面优势。在比赛还剩数十秒时，阿森纳替补本特纳挥霍了一次本可以帮助球队淘汰对手的黄金机会。不出所料，温格赛后将一腔愤怒全部撒向了裁判：“他杀死了一场生机勃勃、梦幻般的足球比赛。”队长法布雷加斯则独自承担了责任：“我为今晚的结果负全责。这是我生命之中最糟糕的夜晚之一。”

先后被淘汰出联赛杯和欧冠联赛后，足总杯对阵曼联的 1/4 决赛对温格来说有着特别的意义。然而，一支并未派出最强阵容的曼联展现了阿森纳最欠缺的临门一脚，凭借着法比奥和鲁尼的进球取得了胜利。除了法布雷加斯之外，阿森纳拥有全部主力球员，比赛中控球完全占优，却又一次没能破门。温格“对手并无优势”的说法已经有些软弱无力了。两个星期内被淘汰出三项杯赛，阿尔塞纳的思绪重新转移到联赛上。“如今我们需要尽快做出反应，赢得下一场比赛。”温格告诉媒体。

但是，背靠背战平西布朗和桑德兰绝不是温格想要的结果。阿森纳虽然将他们的英超不败纪录延续到了 13 场，却连续丢掉了重要的 4 分。虽然客场 3 ：1 击败布莱克浦让阿森纳保留了争冠希望，但是曼联已经领先他们 7 分了。

坐镇主场 1 ：1 战平利物浦，毁掉了阿森纳最后的夺冠希望。在 90 分钟 0 ：0 战平后，裁判因为杰米·卡拉格头部受伤给了 8 分钟补时。在最后时刻，范佩西从点球点上为阿森纳取得了领先。然而，第一百零二分钟时，库伊特攻入了一粒扳平比分的点球。温格赛后没有去强调多出来的 4 分钟补时：“我们对此无能为力，必须继续去战斗……我们已经丢掉了两分，这是现实。”

阿尔塞纳将北伦敦德比的回程比赛看成复仇的机会，同时也是他的球队为挽救命悬一线的夺冠希望而必须拿下的比赛。在如梅花间竹般的上半场，沃尔科特、纳斯里和范佩西的进球帮助“枪手”取得了 3 ：2 的领先。下半场的点球则帮助热刺扳平了比分，尽管沃尔科特的速度制造了一连串的机会，但是，阿森纳又一次无力打进制胜球。在已经没有其他赛事分心的情况下，阿森纳最近 6 场英超比赛打平 5 场，彻底停下了前进的脚步。失望透顶的温格所能说的只是：“我们会在下一场比赛中疯狂地战斗。”

不幸的是，面对保级对手博尔顿，阿森纳没能展现足够的战斗精神。借将丹尼尔·斯图里奇帮助博尔顿首开纪录，范佩西扳平比分，而塔米尔·科亨在第九十分钟的头球破门为“快马”全取了 3 分。心理脆弱、防守定位球软弱，光有控球却缺乏临门一脚——阿森纳的老问题始终没有解决。但是，温格却跳起脚来为球队辩护，他告诉媒体："如果你们要责备谁，那就责备我，不要找球员的麻烦。球员们整个赛季的表现都很出色。"法国人不太情愿地承认，"枪手"的争冠希望如今已非常渺茫了。

还剩下最后 4 轮比赛，复活的切尔西很可能赢得亚军，而阿森纳看上去只能压住第四位的曼城。温格希望球员可以在迎来联赛领头羊曼联时提高他们的水平。他没有失望，拉姆塞取代法布雷加斯迎来伤愈复出后的英超首发，打进了比赛中的唯一进球。"我们会继续战斗"是温格赛后表达的信息。

令人遗憾的是，这变成了他疲劳的球队的最后一次战斗。阿森纳最后三轮比赛只取得了 1 分。在对斯托克城的失利中，他们输给了空中威胁，对阵阿斯顿维拉则是不敌对手防守反击的速度，即便是费尔马伦复出，阿森纳的脆弱防守让他们超越了前一个赛季 40 个丢球的纪录，这也是最让温格烦恼的问题。只有范佩西的进球能拖动球队前进，在最后一天 2 ∶ 2 战平富勒姆一战的进球，意味着从 2011 年 1 月 1 日以来，他已经攻入了 18 粒英超进球，追平了 C 罗和亨利的英超纪录。但是，阿尔塞纳需要范佩西的配角们做出更多贡献。

阿森纳最终以最后 10 轮比赛拿到 11 分的成绩结束了 2010—2011 赛季。连续 6 个赛季，温格的球队接近过不少荣誉，但最终还是个鸭蛋。"我们很沮丧，很失望，但我们并没有过分到别人认为的不够出色。"温格分析道，"我们必须解决阵容中存在的一些问题，我们会尝试去做到未竟之事，但这并不简单，即便有钱可用。我们没办法购买 5000 万英镑的球员。如果我们发现了合适的球员，我们会花钱的。"这并不是阿森纳球迷们所期待的强悍、大胆的声明，但至少温格承认队中有些问题需要得到处理。

阿森纳的联赛赛季平局太多（11 场平局），原因是脆弱的气质、糟糕的防守，在范佩西和沃尔科特容易受伤的同时，其他球员缺乏临门一脚的技能。2011 年，沙马赫在英超只有 1 粒进球，本特纳和贝拉很难发挥作用，只有纳斯里在中场做出了很大的贡献。前一个赛季打进 15 粒进球后，法布雷加斯本赛季只有 3 个英超进球。对温格来说，最重要的积极因素是有纳斯里、朱鲁、什琴斯尼和威尔希尔这类年轻球员的发展。2011 年的夏天，温格的首要目标是留下“明星三人组”——法布雷加斯、纳斯里和范佩西。第二和第三目标则是让所有球员保持健康，以及保持这种状态。

第十二章　从大逃亡中反弹

BOUNCING BACK FROM THE EXODUS

2011 年的夏天没有国际大赛分心，温格面临的是一场持久战。巴塞罗那继续他们对法布雷加斯的执着追求，曼城仍在从其他球队挖人。7 月，克利希成为下一个跟随科洛・图雷和阿德巴约加盟曼城的阿森纳球员，他的转会费是 700 万英镑。年轻的英格兰左后卫基兰・吉布斯的崛起减轻了这次转会的影响，温格告诉媒体："盖尔（克利希）带着我们的尊重和最美好的祝愿离开了。"

德尼尔森即将被租借回巴西，埃布埃签约加拉塔萨雷，温格在裁剪球队阵容上做得不错。坚持不与阿森纳续约的纳斯里仍然是温格计划中的关键部分："我希望可以让他在这里再待一年，即使我们冒着一年后从他身上一无所获的风险。我们的目标是夺得冠军荣誉，我们需要很优秀的球员来做这些。"

从转会进项来看，阿森纳又一次和一些公认的优秀球员联系在一起：克里斯托弗・桑巴和加里・卡希尔这样的高大中卫，包括斯科特・帕克和扬・姆维拉在内的强力后腰，以及埃登・阿扎尔这样技术出色、充满创造力的进攻好手。最终加盟的是阿扎尔在里尔的队友热尔维尼奥，他成了温格 2011 年夏天的第一笔重要引援，转会费 1050 万英镑。这位位置多变的科特迪瓦前锋帮助法甲俱乐部夺得了法甲联赛和杯赛双冠王，温格对这笔买卖非常满意："热尔维尼奥是一位可以胜任前场不同位置的球员。他擅长一对一，很强壮，是法甲最佳助攻手，打进了 15 粒进球。"

新赛季开始的日子日益临近，温格仅有的其他引援是未来之星卡尔・詹金森和亚历克斯・奥克斯莱德－张伯伦。从南安普敦签下的张伯伦对"枪手"而言肯定是一只妙手，但是，脆弱的防线，以及萌生去意的大牌球星才是球迷最紧迫的关切，张伯伦不是解决这些问题的人选。温格希望大家能多些耐心，然而，威尔希尔在季前的重伤只会带来更多担忧。年轻的英格兰人将因为脚踝手术至少缺阵 5 个月。阴霾中仍然有着光明，那就是身体健康、不断进球的范佩西，阿尔塞纳本赛季要依靠他的明星射手领衔球队。

英超赛季开始于做客圣詹姆斯公园，比分是令人失望的 0 ： 0。温格没有让法布雷加斯和纳斯里出场，“枪手”肯定会怀念他们的创造力。温格称之为“稳定的表现”，但是，焕然一新的球队仍然缺乏致命一击。热尔维尼奥令人失望的处子秀从糟糕变成更糟。后来，他因为给了纽卡斯尔中场乔伊·巴顿一记耳光被红牌罚下。

两天之后，法布雷加斯以 3500 万英镑转会巴塞罗那，完成了旷日持久的回归，酋长球场陷入了一片黑暗，但是，纳斯里回到了阿森纳做客利物浦的阵容中。尽管科斯切尔尼早早受伤下场，阿森纳仍坚守着阵地，直到下半场中途伊曼纽尔·弗林蓬被红牌罚下，阿森纳少一人。拉姆塞的乌龙球和苏亚雷斯的进球帮助红军拿到了 11 年来做客阿森纳的第一场胜利。这运气太差了，温格对裁判的一些决定感到愤愤不平是有道理的，随着压力越来越大，阿森纳主教练告诉媒体：“我绝不会离开阿森纳。”

此后，纳斯里以 2500 万英镑转会曼城。温格为放走这名中场球员的原因进行了辩护：“如果一个球员没有长期合同在身，你怎么能指望他全身心投入？”新赛季开赛在即，转会窗口一周之内便会关闭，温格必须尽快行动，特别是球队已经打进了欧冠小组赛。范佩西和沃尔科特的进球，帮助“枪手”以两回合 3 ： 1 的总比分淘汰了意大利球队乌迪内斯。阿森纳球迷信托基金的发言人蒂姆·佩顿呼吁：“好好利用转会账户上的 8000 万英镑加强阵容。”

在老特拉福德，球队耻辱地遭遇了 2 ： 8 的失利，俱乐部自 1896 年以来最糟糕的一战。之后，这样的呼吁变成了愤怒的要求。因为伤病和停赛，温格在首发阵容派出了詹金森、弗朗西斯·科克兰和阿尔芒·特劳雷这三名缺乏经验的球员。充满自信的曼联则充分利用了这一优势，鲁尼上演帽子戏法，阿什利·扬梅开二度。温格被球队令人震惊的低迷表现深深刺痛，他承认“我们下半场崩溃了”。《卫报》(*The Guardian*)的著名评论员凯文·麦卡拉称之为“阿森纳的降级之日”，认为“枪手”已经失去了他们的豪门地位，暂列积分榜第十七位看上去可以支持这种观点。

8 月混乱的最后两天，温格将本特纳租借到桑德兰，引进了巴西左后卫安德烈·桑托斯、韩国前锋朴周永、德国后卫佩尔·默特萨克、西班牙中场米克尔·阿尔特塔和以色列边锋约西·贝纳永。阿森纳只花了 8000 万英镑转会资金的 1/3，但是默特萨克和阿尔特塔都被视为精明的和有经验的引援。这两名球员也被直接放进了对阵斯旺西的首发阵容，阿尔沙文的诡异进球帮助温格的球队获得了新赛季第一场胜利。在欧冠联赛中，阿森纳做客拥有着马里奥·格策、香川真司和罗伯特·莱万多夫斯基的多特蒙德，拿到了很有分量的一分。

不过，阿森纳放松的神经很快就紧绷起来，雅库布的梅开二度帮助布莱克本在阿森纳的下一场联赛中取得了 4 ：3 的胜利。温格的球队空有控球优势，热尔维尼奥打进了他的英超第一球，但是，下半场 20 分钟内的 3 粒进球(包括两粒乌龙球)让阿森纳又一次俯首称臣。“防守上我们很脆弱，因为完全没有自信。”温格赛后承认，他感谢球迷在困难时刻对球队的巨大支持。

阿森纳在随后的联赛杯中迅速找回了胜利的感觉，3 ：1 击败什鲁斯伯里，并且联赛 3 ：0 击败博尔顿，范佩西攻入了他代表阿森纳的第九十九粒进球和一百粒进球。赛后，温格迅速称赞了他的领军人物：“此刻很难想象失去他的景象。”荷兰人在法布雷加斯转会后被任命为俱乐部的新任队长，但是，在夏天的人员流失后，温格也感到了进退两难。接下来，“枪手”击败奥林匹亚科斯，取得了三连胜，18 岁的中场张伯伦成为在欧冠中取得进球的最年轻的英格兰球员。

近期状态的恢复给温格执教阿森纳 15 周年的纪念日带来了更好的庆祝气氛。他表示，能够在一家拥有如此强大价值观、如此伟大的俱乐部执教，他感到非常骄傲和幸运。

但两天后，他的球队又一次遭受了挫折。托特纳姆漂亮地赢得了一场北伦敦德比的胜利。由于队内伤病的问题，阿尔塞纳将亚历山大·宋从中场位置推回到了中后卫上。但是，中场缺少了喀麦隆人，很难与帕克、卢卡·莫德里奇、拉斐尔·范德法特进行对抗。又一次，阿森纳防线被打垮了，门将什琴斯尼对热刺后卫凯尔·沃克的制胜球负有极大责任。温格的失望之情溢于言表，他告诉媒体“我们输掉了一场本不该输的比赛”。这一结果让阿森纳掉到了第十五位，只高出降级区两分。

国家队比赛周可以让阿森纳队员暂时抛开国内的麻烦，带着新的自信和渴望归来。在1：2不敌桑德兰的比赛中，又是范佩西拯救了球队。在这个摆脱伤病困扰的赛季开局中，荷兰人彻底爆发。尽管他的合同2013年夏天就到期，温格却更关注于当下：“重要的是他如何表现。”

拉姆塞的绝杀进球帮助阿森纳做客马赛拿到了1：0的胜利，赛程过半，位列欧冠F小组头名位置。他们也没有在联赛中再次出现欧战后遗症，热尔维尼奥和范佩西的进球帮助他们击败了很难缠的斯托克城。做客伦敦死敌切尔西则代表一个充满希望的月份里的重大挑战，球队的超级表现预示着阿森纳已经扭转了不利局面。

上半场以1：2落后，下半场却可以漂亮地庆祝，“枪手”上演了大逆转，以5：3取得最终胜利，排名一下跃升至积分榜第7位。上演帽子戏法的英雄范佩西上了头条新闻，拉姆塞和沃尔科特也不断在进攻中制造威胁。在球场的另一端，阿森纳的脆弱防守仍然十分显著，他们最初10轮联赛丢掉了21球。温格需要默特萨克尽快去适应英格兰比赛的快节奏以及身体对抗，进一步引援看上去是很有必要的。

11月份，阿森纳以连续两场不失球开局，首先是0：0战平马赛，之后又令人信服地以3：0击败西布朗。阿尔特塔、亚历山大·宋和拉姆塞主宰着中场，范佩西和沃尔科特不断攻城拔寨，温格和他的球队气势如虹。他告诉媒体：“我们变得更加强大了。”客场2：1击败诺维奇是他们最近12场比赛的第十场胜利，范佩西的梅开二度让他在2011年的进球数达到31粒。而在2：1击败多特蒙德小组出线，连续第十二个赛季打进欧冠淘汰赛后，阿尔塞纳对“球队良好的态度和精神”赞不绝口。

正当一切都向着积极的一面发展时，阿森纳却突然滑了一跤。费尔马伦的乌龙球让纪律严明的富勒姆在酋长球场捡到一分。四天后，曼城射手塞尔吉奥·阿圭罗反击中的进球将年轻的阿森纳淘汰出联赛杯。温格没有归罪于球员们不够努力，而是希望他们总结经验教训："这是个不公平的结果，但是我认为我们太天真了。"

客场 4 ：0 完胜威根是对这失意一周的完美回应。温格很高兴看到阿尔特塔、费尔马伦、热尔维尼奥和范佩西一起登上记分牌。他表示："现在，球队和赛季开始时有着很大区别，我们仍然能继续进步。"

阿森纳以 1 ：0 战胜埃弗顿庆祝了俱乐部成立 125 周年。这个赛季，阿森纳第一次升入了积分榜前四。范佩西的凌空抽射破网弥补了沃尔科特、热尔维尼奥和拉姆塞挥霍的不少机会。这是阿森纳在最近 8 场英超比赛中的第七场胜利，甚至是在温格囿于克利希、吉布斯和萨尼亚受伤，被迫派出四中卫的情况下取得的。接下来是客场对英超冠军挑战者曼城。在一场势均力敌、难分伯仲的比赛中，大卫·席尔瓦的进球证明了曼城能够保持百分百主场全胜纪录和夺回英超第一的实力。赛后，温格抱怨了因为朱鲁受伤造成的后防线的配合失误，并质疑了主裁判的判罚，其中包括范佩西的一个进球被吹为越位在先。

又一次，温格的球队在重大失利后发动了勇敢的反击。在繁忙的圣诞赛程中，阿森纳很少赢得让人心服口服，但还是在对阿斯顿维拉、狼队和女王公园巡游者的 9 分中拿到了 7 分。范佩西以 35 粒英超进球和各项赛事 50 粒进球结束了 2011 年。在经过了可怕的开局后，阿森纳以第四名进入了 2012 年。温格很快提醒所有人，这是"了不起的成就"。事实上，法国人并没有退出任何一项冠军的争夺。

2012 年 1 月，阿森纳一鸣惊人，"海布里国王"亨利浪子回头，从纽约红牛被租借回来。34 岁的亨利很难成为温格的典型转会目标，但是，温格深知他的老射手的进球能力和经验会是关键因素："我确定，在这两个月，他会成为球队一笔重要的财富，不论是在更衣室里还是在球场上。"

但是，阿森纳的新一年却以糟糕的客场 1 ：2 输给富勒姆开始，朱鲁的红牌导致富勒姆连下两城逆转比分。沃尔科特和热尔维尼奥本该在上半场就杀死比赛，令温格特别愤怒的是，裁判没有判罚一个对阿森纳有利的点球，他对朱鲁的第二张黄牌也提出了质疑。温格抱怨道："我们今天受到了裁判的一些糟糕决定的影响。"亨利在足总杯对阵利兹联一战上演了回归的处子秀，打进了全场的唯一进球，用温格的话来说，"谱写了更多传奇"。

然而，在联赛中，阿森纳 2012 年的糟糕开局还在继续，以 2 ： 3 客场输给了斯旺西。范佩西和沃尔科特攻入了更多的进球，但是，球队还有更多的丢球。这不是迎来排名第二的曼联的最佳时机。最终，阿森纳被丹尼·维尔贝克的进球绝杀了。在糟糕的上半场比赛后，"枪手"统治了下半场，范佩西 70 分钟后扳平了比分。温格用阿尔沙文换下张伯伦的决定不得人心，并因此作茧自缚，俄罗斯前锋对曼联后卫安东尼奥·瓦伦西亚的糟糕防守让维尔贝克攻入了制胜球。

赛后，阿森纳主教练立即捍卫了他的决定，表示："我当了 30 年教练，做出过 5000 次换人。我不需要证明每一个换人是否正确。"不过，温格还是承认，这一失利让俱乐部处在了困境之中。

三连败后，温格的球队最不希望的就是在下一场对阵阿斯顿维拉时以 0 ： 2 落后。不过，范佩西和沃尔科特又一次联手，给下半场带来了辉煌的大逆转。温格对球员们的坚决、果敢感到高兴："球员们展现了不少个性。"

温格需要球队在 2 月份表现更出色，首先是客场 0 ： 0 战平博尔顿。阿尔特塔的伤愈复出是积极的因素，但是，阿森纳糟糕的临门一脚让他们付出了代价。"从现在开始，我们要把英超的每一场比赛当成是一场杯赛决赛。"温格告诉媒体。他的球员们以最漂亮的方式做出回应——7 ： 1 痛打布莱克本。范佩西上演了帽子戏法，而张伯伦则攻入了个人的英超第一球。温格很快就称赞了年轻的英格兰人的进步，但是他的话题围绕的是球队的连续性。

阿森纳凭借着客场 2 ： 1 击败桑德兰，回到了第四名的位置。温格欢迎萨尼亚伤愈归队，但随后他看到默特萨克下半场一瘸一拐地下场。亨利在他的告别战中攻入了最后一球，他在 6 场比赛中为阿森纳打进了非常有用的 3 球。

而球队“特殊的精神和素质”让主教练印象深刻，他激励自己的球员们在欧冠做客 AC 米兰时继续保持这样的表现。令人遗憾的是，温格赛后却表示“这是我们在欧战中最糟糕的表现”。冷酷无情的“红黑军团”①严惩了阿森纳，造成了他们在欧战的最大失利。4 ： 0 成为“枪手”第二回合回到酋长球场无法翻越的高山。

2 月份，温格看到阿森纳的赛季又一次暗淡无光。足总杯第五轮，阵容强大的阿森纳无法彻底走出欧战的尴尬，桑德兰充分利用了这一机会。科克兰和拉姆塞的受伤，给“枪手”带来了糟糕的一天。不过，阿尔塞纳还是对疲惫的球员有些同情:“赛程对我们而言太困难了。”

一周之后，阿森纳又以 0 ： 2 落后，这一次是北伦敦德比。但是，在半场前的 27 分钟里，温格的球队连下五城。尽管困难重重，阿森纳确保了联赛三连胜，为温格赢得了英超当月最佳教练的荣誉。他对球员们所表现出的个性感到自豪，特别称赞了罗西基。

这场胜利似乎激励了温格的球员们。尽管科斯切尔尼早早地打进了一粒乌龙球，做客安菲尔德的“枪手”还是通过一场奋战赢得了辉煌的逆转。范佩西的进球让他本赛季的联赛进球数达到了 25 粒。温格也称赞了本场比赛的另一位当场最佳——守门员什琴斯尼，正是他扑救了迪尔克·库伊特的点球。没有人会相信阿森纳在欧冠 16 强战次回合还有翻盘的希望，但是温格的球队几乎把 AC 米兰拉下了马。张伯伦由始至终都是个巨大威胁，“枪手”发现他们上半场取得了 3 ： 0 的领先，但 AC 米兰在下半场防守顽强。赛后，温格对于球队缺乏板凳深度感到失望:“中场球员开始疲劳，我们的板凳上却没有出色的替补人选。”听到温格承认他的球队需要加强阵容，之前一直要求球队在 1 月冬季转会窗口引援的球迷万分恼火。这即将成为阿森纳又一个无冠的赛季。

但是，阿森纳对第三名的追逐还在继续，“枪手”还有可以追求的目标。2 ： 1 击败纽卡斯尔，让他们在还剩 10 轮的情况下只落后托特纳姆 1 分。费

---

① Rossoneri，AC 米兰昵称。

尔马伦在第九十五分钟攻入了制胜球，在温格看来，这是对“我们争取胜利的不懈努力”的回报。这是连续第四场联赛阿森纳在落后情况下发动反击——阿尔塞纳一定希望球队在赛季初也能够表现出这样顽强的意志品质。

做客埃弗顿，拿到了英超六连胜后，阿森纳跃居英超积分榜第三位。又是费尔马伦攻入了制胜球。阿森纳拥有一条由什琴斯尼、萨尼亚、费尔马伦、科斯切尔尼和吉布斯组成的稳固防线，球队看上去终于有能力保住领先优势了。“1 月份，我们有 4 名边后卫因伤缺阵，”温格重点强调，“现在，我们的后卫复出了，这改变了比赛。”

接下来的一场比赛，左后卫吉布斯为球队首开纪录，阿森纳轻松地以 3 ： 0 大胜阿斯顿维拉。温格很高兴地看到沃尔科特和阿尔特塔的进球减轻了范佩西的压力。但是，在阿森纳表现出本赛季最稳定的状态时，他们在客场对阵为保级挣扎的女王公园巡游者的比赛中又一次跌倒了。这一次，阿尔塞纳对结果没有任何抱怨：“我们的表现不够出色，不足以赢得这样的比赛。”

球员们受到了温格措辞严厉的批评。于是，他们在主场对争冠球队曼城时拿出了更为出色的表现。罗伯托・曼奇尼的球队表现让人很失望，“枪手”创造出了更好的破门机会。阿尔特塔的远射攻入了制胜球，马里奥・巴洛特利被红牌罚下。这是一场重大胜利，但温格告诉球员和球迷：“任务还没有完成。”做客狼队取得一场舒服的胜利，让阿森纳对热刺的领先优势扩大到了 5 分。范佩西追平了阿森纳前辈伊恩・赖特在对阵其他 19 支英超球队中的 17 支球队取得进球的纪录，沃尔科特则获得了他的赛季的第十一粒进球。

但是，阿森纳还是没有展现出温格所寻求的稳定性。在下一场比赛中，“枪手”没能够走出恐怖的开局，1 ： 2 输给了威根。又一次，其他的进攻球员在范佩西陷入困境时没能取得进球。温格已经采取行动来解决这个问题，他敲定了卢卡斯・波多尔斯基的转会，这位经验丰富的德国前锋下赛季将从德国科隆队加盟阿森纳。

与此同时，阿森纳在对阵切尔西、斯托克城和诺维奇时未能找到制胜一球。由于“蓝军”要参加欧冠半决赛，罗伯托・迪马特奥的二线阵容只希望拿到一分。失望的温格得出结论："他们杀死了比赛，我们没有尽快地打破僵局。"

在斯托克城的平局之后，法国人承认他的球队过于依赖范佩西。他的球队正在以低迷的状态为这个赛季收尾，温格再次激起了阿森纳死忠球迷们的愤怒。他的回应有些挑衅："坐在看台上攻击他人总是容易，这是世界上最简单的体育项目。"

主场 3 ：3 战平诺维奇根本无法改变人们的负面心理。温格抱怨自己的球队在主场很少获得点球，"枪手"球迷对球队无力保住胜局十分失望。突然间，托特纳姆在少赛一场的情况下，只落后阿森纳两分了。

阿森纳最后一轮做客西布朗，以并不令人信服的 3 ：2 的胜利结束了这个赛季，确保了第三名的位置，而热刺的欧冠希望落空了。在温格执教阿森纳的英超第六百场比赛中，人们看到了一场刺激的比赛，但法国人对球队的防守失误很不开心。尽管拥有默特萨克和费尔马伦的经验，温格的球队仍在 38 轮比赛中丢了 49 球，比前一个赛季多了 6 球。在进球的问题上，温格也有需要解决的问题。除了英超金靴范佩西，阿森纳的其他球员只打进了 44 粒进球，沃尔科特打进 8 球，费尔马伦和阿尔特塔各入 6 球。从临门一脚来看，热尔维尼奥的处子赛季是个巨大的失望，沙马赫 19 场比赛只攻入了 1 球。

不过，温格第一时间就给出了他在考虑了各种因素后做出的评判。总体来说，阿森纳比前一个赛季排名提升了一位，多拿了两分。拉姆塞和沃尔科特在伤愈后发挥了他们的潜力，罗西基和阿尔特塔这样年纪更大的球员看上去恢复了青春的活力。"我对本赛季球队的表现感到很自豪。俱乐部内部心理的稳定性、团结和统一受到了考验。我们一度位列第十七位，前 7 轮比赛输掉了 4 场。当你踢了 7 场比赛，还剩下 31 轮比赛时，很难想象最终能排名第三。"问题是，他们本赛季状态回勇，靠的主要是范佩西的神勇表现，然而，范佩西却仍未与俱乐部续约。随着职业生涯最佳年华即将过去，范佩西仍未赢得过任何荣誉，他对未来保持着开放性选择："我热爱这家俱乐部。不论发生什么都永远不会改变。"又一个夏天，温格将面临令人心烦意乱的转会流言。

温格已经敲定了波多尔斯基的加盟，他将注意力集中到了球员的身体健康上。2011—2012 赛季，阿森纳受益于范佩西、沃尔科特、亚历山大·宋和费尔马伦等主力球员在半数以上的比赛中出场。温格对媒体说："我们第二部分的签约是为了照顾好受伤的球员，让他们能够及时赶上下个赛季。"温格主要指的是两位有天赋的中场——迪亚比和威尔希尔。只要拥有一套完整、健康的阵容，温格相信"枪手"能够真正向冠军发起挑战。

第十三章　继续无冠

THE DROUGHT GOES ON

2012年7月4日，范佩西确认了阿尔塞纳·温格最担心的事情。“我已经仔细考虑很长时间了，”范佩西在他的个人官网上写道，“我决定不和阿森纳俱乐部续约了。”范佩西的转会传闻一直延续到了8月，曼联最终击败了尤文图斯和曼城，完成了与范佩西的签约。看到自己的头号射手转投了自己的英超主要对手，这的确是一颗难以下咽的苦果。但是温格仍然保持镇定，他表示：“失去如此有实力的球员永远不是件好事，但是他只剩下一年合同，因此，我们别无选择。”

幸运的是，阿森纳主教练已经采取措施，改进球队的进攻。除了已经证明了破门能力的波多尔斯基，温格还给球队带来了拥有身高和力量的法国前锋奥利弗·吉鲁。吉鲁以1200万英镑从法甲冠军蒙彼利埃加盟，温格认为他能够给“枪手”带来不同的进攻威胁：“他拥有非常出色的身体素质，在空中的优势独树一帜。”将贝拉出售给皇家社会，再次说明了温格对他的进攻选择感到满意。

8月初，西班牙中场组织者桑蒂·卡索拉以1500万英镑加盟“枪手”，成为阿森纳这个夏天的第三笔引援。他个子小但技术细腻，前马拉加中场是温格的经典引援。“枪手”在前锋位置上的人员绰绰有余，但是，最令球迷们担心的是，球队缺少防守型中场。

当亚历山大·宋紧随范佩西离开阿森纳，以1700万英镑加盟巴塞罗那后，人们的这一担心就更加明显了。迪亚比和威尔希尔可以踢阿尔特塔的位置，虽然他们很有天赋，但很容易受伤。“枪手”这套阵容要应付整个繁忙的赛季，看上去十分脆弱。温格却没有如此担忧，他表示："失去伟大的球员总是令人失望，但我们在中场拥有不少球员。"又一个夏天，两位关键球员被出售了，但是引进了波多尔斯基、吉鲁和卡索拉，温格已经收获了世界级的代替者。人们满怀希望地期待着一个成功的赛季。

赛季揭幕战对桑德兰一战，温格将三名新援都放在首发阵容中。遗憾的是，焕然一新的球队完全没有默契，令人失望地以 0 ：0 战平对手。做客斯托克城重复了这一结果，阿森纳似乎相当怀念范佩西。沃尔科特拒绝接受一份周薪 7.5 万英镑的新合同，没有给温格带来任何帮助，尽管这看上去是温格最不担心的事情。"他并不会为金钱着迷，"他告诉媒体，"我认为西奥热爱俱乐部。"

对温格来说，积极的一点是，费尔马伦和默特萨克领衔的后防线保持了两场零封，而在第三场对阵利物浦的比赛中，"枪手"终于以 2 ：0 打开了新赛季的进球账户。新人波多尔斯基和卡索拉在一场具有统治力的演出之中双双破门。对此，温格很高兴："随着比赛的进行，球队变得越来越犀利。"球员们从国家队比赛周归来后，以 6 球横扫升班马南安普敦，波多尔斯基、沃尔科特和热尔维尼奥（两球）都登上了记分牌。4 场比赛过后，迪亚比仍然健康，"枪手"保持不败，主教练充满着自信："我们有机会争冠，但是首先我们必须展现出连续性。"

阿森纳的欧战赛季以客场 2 ：1 击败吉鲁的老东家蒙彼利埃开始。在一场不太具有说服力的胜利中，波多尔斯基和热尔维尼奥获得了进球。回到英超，温格知道做客卫冕冠军曼城，将是球队面对的第一次重要挑战。阿森纳必须感谢取代了生病的费尔马伦首发的科斯切尔尼，正是他最后时刻的进球为球队获得了当之无愧的 1 分。又一次，球队的斗志是温格最受鼓励的部分："我们今天拒绝输掉比赛。"

联赛杯 6 ：1 屠杀考文垂给了温格一些进攻搭配的难题，吉鲁攻入了代表新东家的第一粒球，沃尔科特在他更青睐的中锋位置上梅开二度。"属于他的时代总会到来，"阿森纳主教练告诉媒体，"此刻我们必须多些耐心。"

三天后，阿森纳遭受了新赛季第一场失利，给原本十分出色的9月份画上了一个不圆满的句号。主场对阵切尔西，虽然热尔维尼奥一度扳平比分，但下半场胡安·马塔的任意球破门为“蓝军”赢得了胜利。温格对球队防守定位球的表现很不满意，科斯切尔尼对丢球负主要责任。“在重大比赛中那样失球，是不可接受的。我们只能责怪自己。”

球员们在欧冠联赛中迅速做出反应，以3：1击败了遭遇伤病困扰的奥林匹亚科斯。热尔维尼奥攻入了第五场比赛的第五粒进球，波多尔斯基和拉姆塞也取得了进球。客场3：1击败西汉姆联，人们再次看到了卡索拉的出彩表现。他先是助攻吉鲁和沃尔科特进球，随后自己也有建功。“我希望英格兰每一个年轻的足球运动员看看他的表现。”是温格对他的评价。经过7场联赛，“枪手”以12分位列第五，虽然落后第一集团，但是，对比前一个赛季同期以7分排名第十五位，已经是明显进步了。阿尔塞纳看到了乐观的理由。

国家队比赛周似乎打乱了阿森纳的联赛节奏。做客诺维奇一战，他们缺少了紧迫性和创造力。“金丝雀”①拿到了他们赛季的第一场胜利，最先进球的是格兰特·霍尔特。吉鲁和波多尔斯基仍然在寻找英格兰足球的进球感觉，而热尔维尼奥似乎已经结束了进球狂潮，退回到令人失望的状态了。

对温格来说，好消息是，威尔希尔伤愈可以坐上板凳席，坏消息是张伯伦受伤了。欧冠对阵沙尔克04，温格本场只能在看台上失望地完成3场停赛的最后一场。进攻毫无威胁，防守脆弱不堪，“枪手”遭受了0：2的失利。在赛季最繁忙的时刻，阿森纳的状态真的令人担忧。

糟糕的一周终于结束了，对阵女王公园巡游者，阿尔特塔终场前的进球帮助“枪手”取得了一场重要的胜利。17个月来，威尔希尔第一次代表阿森纳首发。但是，这并不足以刺激球队取得进球，直到对方的斯特凡纳·姆比亚被红牌罚下。赛后，温格为进球乏力的锋线辩护，声称这只是短时间的信心缺失。三天后的联赛杯中，进球不再是问题，在一场贡献了12粒进球的比

---

① the Canaries，诺维奇队的昵称。

赛中，阿森纳击败了雷丁。虽然，以二线阵容出战的阿森纳在40分钟内以0 ：4落后，但是，沃尔科特的帽子戏法帮助球队上演了大逆转，阿森纳在加时赛中打进3球，最终以7 ：5的比分取得了一场疯狂的胜利。

11月份伊始，阿森纳便要做客范佩西的新东家曼联。荷兰人以一个早早的进球震惊了他的老东家，帕特里斯·埃夫拉锦上添花，给阿森纳带来了温格时代最差的英超开局。最近6场比赛输掉3场，10场比赛只拿到15分可不算是争冠球队的状态。主教练赛后的分析听上去是否很熟悉："我们有过不少球权，但就是不够高效。"巴西后卫安德烈·桑托斯上半场结束后和范佩西交换球衣的举动，被本队球迷视为阿森纳失去正确心态的标志，同时也预示着这名左后卫糟糕的"枪手"生涯时日无多。

对阵沙尔克04和富勒姆的平局，温格的球队展现出了缓慢恢复状态的迹象。锋线三人组沃尔科特、吉鲁和波多尔斯基联手攻入5球，但是，从防守来看，"枪手"还是缺乏信心。赛季的第一次北伦敦德比，阿森纳遇到了糟糕开局，阿德巴约再次攻破了老东家的大门。不过，多哥前锋很快就因为对卡索拉的铲球被红牌罚下，阿森纳以引人入胜的方式抓住了比赛主动权。凭借着默特萨克、波多尔斯基、吉鲁、卡索拉和沃尔科特的进球，温格的球队获得了极为提振士气的5 ：2大逆转。温格表示认可："这对重建球队的信心非常重要，这个结果能带来帮助。"看上去的确如此，阿森纳确保了连续第十三个赛季入围欧冠淘汰赛。威尔希尔和波多尔斯基的进球足以帮助击败蒙彼利埃，但是，温格更关心球队能否在最后一场小组赛对阵奥林匹亚科斯的一战中拿到小组头名。

回到联赛中，阿森纳又连平两场，掉到了第七位。做客阿斯顿维拉0 ：0战平对手，温格将球队低迷的表现归咎于疲惫。对自己在球队急需胜利时，用中场科克兰换下前锋吉鲁的做法，温格说道："我不会解释我所做出的每一个决定。"对阵埃弗顿，"枪手"很幸运地拿到了一分。12月1日，斯旺西造访酋长球场时，阿森纳在这个赛季急需要振奋精神。

然而，他们的赛季却遇上了危机时刻，西班牙前锋米楚的两粒进球让阿森纳输掉比赛，跌到了第十名，落后领头羊曼联 15 分之多。在寻求打破僵局时，温格换下了无所作为的热尔维尼奥和波多尔斯基，即使是吉鲁和张伯伦替补上场，也没有更出色的表现。尽管外界对温格是否应该下课的质疑声越来越大，法国人仍然专注于他的工作，将士气低落的球队团结起来。“我们目前的工作是扭转局面，我相信我们能做到，因为球员们具备这个实力，我们的球队拥有顽强的斗志。”

随着一线球员们看上去筋疲力尽，温格派上了二线阵容出战奥林匹亚科斯。一场 1 ：2 的失利让阿森纳再次位列小组第二，他们也在 16 强的抽签中遭遇了德甲巨人拜仁慕尼黑。阿尔塞纳急需要他的球员们在 2 月份前找到状态。2 ：0 打败西布朗是个好的开始。威尔希尔和张伯伦主宰了中场，阿尔特塔罚入两粒点球，确保赢得 3 分，这也是 11 月中旬以来的头一场胜利。但是，联赛杯意外被英乙球队布拉德福德淘汰出局是个重大挫折。费尔马伦的扳平进球将比赛拖入了点球大战，最终，卡索拉、沙马赫和费尔马伦未能将点球罚入。赛后，温格否认这是一场难堪的失利，他说:“在没有付出全部努力时，你才会感到难堪，我觉得球员们更多的是失望和沮丧。”

联赛杯出局，欧冠联赛到 2 月份淘汰赛才开战，温格的注意力可以集中到联赛积分榜的攀升上——阿森纳以最漂亮的方式做到了。5 ：2 横扫雷丁，卡索拉上演了帽子戏法，将阿森纳带到第五的位置。在客场艰难地以 1 ：0 击败威根，让他们在前四的位置上待了 24 小时。

球队以一场壮观的 7 ：3 大胜结束了在纽卡斯尔 12 月份的赛程。这是他们的联赛四连胜，可以紧跟着第四名的托特纳姆进入新年。对阵纽卡斯尔，沃尔科特上演帽子戏法后，赛季进球数增加到了 14 个，也加大了温格尽快与之续约的压力。吉鲁梅开二度，意味着他开始找到了在英格兰足坛的感觉。经过一段艰难的日子，阿尔塞纳和他的球队开始好转。

随着冬季转会窗口的打开，围绕着阿森纳未来的潜在签约，各大报纸开始了五花八门的猜测。温格仍然坚信自己的队员，拒绝在引援上砸钱:“如果所有人都保持健康，我们将有一套强大的阵容，某些区域，我们还是有些人手短缺，因为我们没办法进行轮换。”但是，温格自己明显感觉到的不足并没有阻止他将沙马赫、朱鲁和弗林蓬等队员租借出去。新年第一天客场战平南安普敦，令阿森纳在2012年年末的连胜势头戛然而止。光明的开局后，球队突然彻底黯淡，拿到一分都是很幸运的。

足总杯对阵斯旺西的一战中，他们上半场表现相当糟糕，下半场表现稍好，但并不足以赢得胜利。在最后疯狂的10分钟里，波多尔斯基扳平比分，吉布斯帮助“枪手”反超。但是，丹尼·格拉汉姆的进球迫使阿森纳面对一场本不该发生的重赛。缺少冠军荣誉越来越令人担忧，温格很高兴能留在赛事中。“如果是在淘汰出局和仍然留在赛事中进行选择，我宁愿接受在酋长球场的重赛。”回到主场，威尔希尔帮助阿森纳取得了1 ：0的胜利。

这一年，阿森纳喜忧参半的开局在曼城登门拜访时急转直下。科斯切尔尼开赛仅10分钟便被红牌罚下，比赛刚过半小时，英超冠军就取得了2 ：0的领先。阿森纳从未缓过劲儿来，又一次输给了前四的对手。红牌之后，球员们并未抖擞精神，挽救危局，这令温格十分失望：“我们送给了对手两个很廉价的进球，10人应战时，如果保持着0 ：0的比分，说不定就能获得一个不错的结果。”而积极的一点是，迪亚比打了60分钟比赛，在阿尔特塔因伤休战3周的情况下，迪亚比在中场核心位置将非常重要。

球员们没有时间自怨自艾，接下来，是联赛做客切尔西的艰难一战。在斯坦福桥，阿森纳起步缓慢，很快就以0 ：2落后。下半场，温格让他的球队提前上场，沃尔科特扳回了一球，证明俱乐部给他提供的一份大合同是有回报的。但是，“枪手”终究无力扳平比分。“枪手”在2013年的9分中只抢到了1分，尽管仍然暂列积分榜第六位，但他们只领先第九名1分。

温格希望他表现失常的球员们尽快反弹，对阵西汉姆联一战，他如愿了。阿森纳本赛季第五次单场打进5球，波多尔斯基、吉鲁（两球）、卡索拉和沃尔科特登上了记分牌。“枪手”在0 ：1落后的局面下30分钟内狂进5球。温格很高兴看到他的球员们凝聚成一个整体：“我们拥有很多新球员，他们花了一些时间来相互了解、形成默契。”在足总杯客场3 ：2击败布莱顿和 2 ：2 客场战平利物浦中，球队的逆转精神再次展现。在安菲尔德 0 ：2 落后时，吉鲁打进了他最近 3 场比赛的第五粒进球，沃尔科特则帮助他们扳平比分。这一崭新的高产锋线以他们的方式缓解了防守不力的压力。吉布斯继续受伤，温格终于在转会窗口即将关闭时冒险进入了市场，在马拉加左后卫纳乔 · 蒙雷亚尔身上砸下 1000 万英镑。

阿森纳以两场 1 ：0 的胜利开始了 2 月份的赛程，表现出了后防线正趋于稳定。对阵斯托克城，科斯切尔尼—默特萨克的中后卫搭档令人印象深刻，对阵桑德兰，温格被迫用詹金森——后来是萨尼亚搭档高大的德国中后卫，"枪手"令人钦佩地顶住了压力。他的球队回升至第五位，阿尔塞纳目光坚定地投向一个成功的赛季："我们的目标是进入联赛前四，并专注于两项还在参与的杯赛。"但是事情的转变快到无法想象。在足总杯对阵布莱克本一战中，阿森纳很难创造机会，更不用说将机会转化为进球了，结果遭遇了羞耻的 0 ：1 失利。"像那样输掉一场比赛真的令人受伤，"温格告诉媒体，"但最重要的是将精力集中到下一场比赛上。赛季并没有结束。"

三天后，在酋长球场的第一回合比赛中，拥有着弗兰克 · 里贝里、巴斯蒂安 · 施魏因斯泰格和托马斯 · 穆勒的拜仁慕尼黑完胜阿森纳。波多尔斯基为球队攻入了一粒安慰性的进球，但是，1 ：3 失利让"枪手"做客德国要想晋级势比登天。很多人又一次质疑温格的执教能力，威尔希尔是阿森纳球员中第一个为失败承担责任的，"主教练在这里待了 16 年，他一直在做伟大的工作，因此你们不能怀疑他"。

回到联赛中，球队以 2 ：1 击败阿斯顿维拉，作为对主教练的声援。卡索拉又一次成为"关键先生"，上下半场各下一城。赛后的新闻发布会，温格很快就反击了批评者们："我在这份顶级的工作中干了 30 年，我可不会被那些说着'我不知道我在做什么'的人毁掉。"事实上，三场联赛的胜利让他赢得了 2 月份最佳主教练的荣誉。

3 月初的北伦敦德比是联赛第四对阵联赛第五，这给比赛增添了额外的戏剧性。阿尔塞纳知道，在赛季的收官阶段，胜利对球员们意味着什么。但是在上半场，阿森纳的防线无法适应贝尔和阿隆·伦农闪电般的速度。他们的下半场表现更强大，但没能在默特萨克的早早进球上添砖加瓦。

北伦敦德比的失利让“枪手”落后他们最大的对手 7 分，落后第四名切尔西 5 分。“我们必须去战斗，现在情况非常糟糕，”温格承认，“因为我们丢掉了我们丢不起的分数。”

在欧冠联赛 16 强战次回合做客慕尼黑一战中，阿森纳奉献了一场精神百倍的表现，但最终因客场进球少被淘汰。吉鲁和科斯切尔尼的进球贡献了一场真正的比赛，温格只能后悔“我们第一场比赛有太多遗憾”。这将是“枪手”连续第八个赛季没有任何冠军荣誉。赛后，温格对欧冠八强抽签中没有任何英格兰球队表示：“欧洲足坛的其他国家已经追上我们了，当我们思考英超的未来时，我们必须将这点考虑进去。”

如今，温格和他的球员们只剩下 10 轮联赛，再没有任何事情会让他们分心，他们要去确保前 4 的排名。这项挑战获得了不错的开局，他们客场 2 ：0 击败了斯旺西，4 ：1 横扫了雷丁。在后防线上，科斯切尔尼和默特萨克的主力地位越来越巩固，锋线上热尔维尼奥和吉鲁回归了进球状态。“球队在进攻和防守之间找到了更好的平衡。”温格认可了球队的这种自信。

进入 4 月份赛程时，阿森纳只落后切尔西两分了。做客西布朗，温格将罗西基召回了中场，这被证明是一个很精明的举措，罗西基在一场 2 ：1 的胜利中梅开二度。即便是默特萨克最后 20 多分钟被红牌罚下，“枪手”仍拒绝放弃领先优势。这样的表现让阿尔塞纳充满自信：“能不能拿到第四？我相信我们做得到。”

3 ：1 击败诺维奇后，阿森纳更上一层楼，暂时超越切尔西和托特纳姆，攀升到第三位。这是他们的四连胜，是在最后 10 分钟上演的不可思议的大逆转后赢来的。这次，温格换上了波多尔斯基、沃尔科特和张伯伦，他们发挥了立竿见影的作用。阿尔特塔罚入一粒幸运的点球，吉鲁和波多尔斯基的进球确保了 3 分到手。“我们必须继续赢球”是温格传达给所有人的信息。

主场 0 ：0 战平埃弗顿，让阿森纳前进的步伐在季末稍稍减速，但他们在做客富勒姆一战中回到了胜利的轨道。富勒姆中场史蒂夫·西德维尔早早地吃到红牌，默特萨克的进球决定了比赛的胜负。自 3 月初以来，尽管球队保持不败，温格却担心球队踢得越来越拘谨："我们带着羁绊在比赛，试图尽可能不冒风险，保住领先优势。我们没有给他们制造太多麻烦。"

出色的 4 月份最终以曼联的到访结束，后者即将收获又一座英超冠军奖杯。作为体育道德风尚者，温格安排球队在比赛开始前给范佩西和他的队友们进行传统的列队欢迎仪式。球场上，阿森纳凭借着沃尔科特的进球很快取得领先，但是，曼联半场前扳平了比分。弗格森的球队下半场表现得更具威胁，但"枪手"坚持到最后，拿到了很有分量的一分。

最后三轮比赛的第一场，是穿越伦敦前往做客女王公园巡游者。沃尔科特攻入了该赛季英超的最快进球，这使他职业生涯中单赛季进球数达到 20 大关。阿森纳坚持到最后，拿到了不太有说服力但意义重大的 3 分。切尔西少赛两场，但温格很快指出："你只能赢下目前的比赛，再看看其他地方发生的事情。"

威根刚刚大爆冷门，击败曼城夺取了足总杯冠军，他们非常疲劳，尚未从决赛的消耗中恢复过来，被阿森纳彻底击溃。波多尔斯基梅开二度，沃尔科特和拉姆塞各下一城。赛季最后一天，科斯切尔尼的进球足以击败纽卡斯尔，阿森纳以一分优势力压托特纳姆位列第四。温格的球队又一次排除万难，确保了连续 16 个赛季入围欧冠。虽然阿森纳 8 年无冠，但他们最后 10 轮比赛拿到了 26 分，"枪手"以非凡的方式扭转了这个赛季。"球队强大的韧性获得了回报，"主教练骄傲地告诉媒体，"不仅如此，我认为最近 3 个月我们所展现的连续性可以作为下赛季的出发点。"

阿尔塞纳有充分的理由感到乐观。从防守来看，他的球队取得了显著进步，2013 年的 19 场联赛只丢了 16 球。如今，默特萨克和科斯切尔尼是英超最强大的中后卫搭档之一。而在中场，阿尔特塔经历了又一个稳定的赛季，3 名天才小将拉姆塞、威尔希尔和张伯伦一共出场 113 次，他们是球队重要的新鲜血液。

尽管在赛季中途出现了一些问题，温格的球队还是比前一赛季多进了3粒球，少输了3场球。不过，10场平局显示，球队在化机会为进球和杀死比赛方面还存在着问题。沃尔科特以各项赛事21粒进球结束了赛季，吉鲁和波多尔斯基各自只在英超打进11球，这并未达到阿尔塞纳的期待。热尔维尼奥的26场7粒进球预示着他很快就将被视为多余的人。卡索拉以12粒进球10个助攻完成了出色的英格兰足坛处子赛季，也当选了阿森纳赛季最佳球员。看上去他加入了博格坎普、维埃拉、亨利和法布雷加斯的行列，成为阿尔塞纳最佳转会之一。

这年5月份，弗格森令人震惊地退休后，温格成为目前英超服役时间最长的在任主教练。阿森纳三个主要争冠对手都迎来了新帅。莫耶斯是不是亚历克斯·弗格森爵士钦定的接班人？在错过了佩普（瓜迪奥拉）后，曼城会用谁顶替曼奇尼？穆里尼奥能否回归斯坦福桥？2013—2014赛季即将成为令人满怀期待的赛季。

从温格的多年执教经验来看，新教练通常意味着转会市场上的大肆烧钱。“我担心切尔西会在今夏有大动作，”他说，“我们必须准备好，一旦转会窗口开启，他们将成为投资最大的球队。”幸运的是，根据阿森纳CEO伊万·加兹迪斯的说法，“枪手”财务状况运行良好，温格可以再次在转会市场上与其他豪门竞逐高下。伊万·加兹迪斯提高到7000万英镑的转会资金。阿森纳的转会费纪录仍然是1760万英镑，是在2003年引进西班牙边锋雷耶斯时创造的。

多年来，转会市场上束手束脚的温格能否大肆烧钱，将大有希望的阿森纳队打造成为真正的英超冠军争夺者呢？

第十四章　阿森纳是冠军！

SILVERWARE AT LAST

2013年夏天，冈萨洛·伊瓜因、鲁尼、卡里姆·本泽马、路易斯·苏亚雷斯这些世界一流的前锋与阿森纳或多或少有些牵连。温格承认诱惑很大：“尽管不是所有人都能加盟，但他们确实是实力型球员。球迷、球员，所有人都会被名气打动。但对我们来说，最重要的不是数字，而是实力。”

事实上，阿尔塞纳已经决定，他的球队需要加强阵容，进行年度大清洗。阿尔沙文、斯基拉奇、桑托斯、曼诺内和德尼尔森被认定为多余人员，而朱鲁、科克兰和米克尔则被租借出去。8月份，温格将热尔维尼奥卖给了罗马，沙马赫转会加盟水晶宫，这些都为从法甲欧塞尔而来的法国年轻人亚亚·萨诺戈的加盟铺平了道路。

随着英超新赛季的临近，阿森纳到了安静且令人失望的转会时期。在曼城，曼努埃尔·佩莱格里尼在费尔南迪尼奥、阿尔瓦罗·内格雷多和赫苏斯·纳瓦斯身上砸了9000万英镑；在切尔西，穆里尼奥的回归给他的球队带来了昂贵的代价——安德烈·许尔勒、塞缪尔·埃托奥和威廉同期加盟；在托特纳姆，贝尔加盟皇家马德里，换回了创纪录的转会费，葡萄牙新帅安德烈·维拉斯·博阿斯将这笔钱中的大部分花在了罗伯托·索尔达多、埃里克·拉梅拉和保利尼奥身上；据阿森纳的媒体报道，温格只花了70万英镑转会费。阿森纳为苏亚雷斯开出“4000万+1英镑”的可笑报价遭到利物浦的严词拒绝，而伊瓜因因此选择了追随那不勒斯的拉法·贝尼特斯。温格仍然保持着耐心，而球迷们越来越没有了耐心。

赛季开幕第一天，阿森纳主场“款待”阿斯顿维拉。吉鲁继续他出色的赛季前表演，早早地进了球，但是，朝气蓬勃的开局很快转变了。克里斯蒂安·本特克梅开二度，而迭戈·卢纳的射门给“枪手”带来了20年来首次主场揭幕战失利。吉布斯和张伯伦双双受伤，科斯切尔尼吃到红牌，温格执教阿森纳的第十八个赛季迎来了最悲剧的开场。

“让热爱这家俱乐部的球迷失望，我很伤心，”阿森纳主教练赛后表示，“来到这里是让他们高兴的，无法做到时，我只能够说对不起，下一场比赛，我们会让他们高兴起来的。”谈到转会引援时，温格仍然模棱两可：“我会购买球员的，如果找到了合适的人，我们肯定会收购。”

温格要求球队在这场近乎耻辱的失利后迅速振作。欧冠联赛资格赛，球员们做客土耳其时，凭着吉布斯、拉姆塞和吉鲁的进球，3 ：0 战胜费内巴切。入围欧冠正赛的任务基本完成了，温格的目光投向了引援上：“转会市场开启了，从现在到9月2日，会开始很多交易。我们有12天的时间，会发生很多事情。”

与此同时，回到联赛中，吉鲁在3场比赛中连下四城，阿森纳3 ：1击败富勒姆。8月，欧冠第二回合主场比赛，状态上佳的拉姆塞梅开二度，阿森纳以2 ：0击败费内巴切收场。他的球队已经摆脱了揭幕战的不利状态。万事俱备，只欠东风，阿尔塞纳知道俱乐部还差一个里程碑式的引援。

旧将弗拉米尼不是这一类型的新援，但他是个熟悉的面孔，可以给球队中场所需要的经验和硬度。训练中，表现出色的法国人成为温格本赛季的第二笔引援。在转会窗口还剩一天就关闭时，阿森纳在北伦敦德比中迎来了托特纳姆。现在的热刺，缺少了贝尔，一大堆新援又没有磨合，看上去极度缺乏创造力。吉鲁的又一粒进球足以帮助“枪手”取得3分。

温格对法国前锋的进步和防线的稳定表示满意，默特萨克和科斯切尔尼明显比上个赛季进步了。阿森纳还缺少一个进攻球员，一位机会创造者，一位进球者。转会窗口关闭当天，阿尔塞纳终于得到了他梦寐以求的球员。阿森纳从皇家马德里签下了梅苏特·厄齐尔，转会费高达4240万英镑，震动了整个英超，高出阿森纳原转会纪录2740万英镑，大家都注意到了这笔天价转会。

厄齐尔在阿森纳客场迎来了完美开局，在 3 ：1 战胜桑德兰一战中他贡献了一次助攻。阿森纳的两盏明灯再次取得进球，吉鲁打进了他的赛季第六粒进球，拉姆塞打进了个人赛季第四粒进球和第五粒进球。这是阿森纳的英超三连胜，温格看到球员们如此自信非常高兴，特别是面前还有艰巨的欧冠小组赛任务。

阿森纳的赛季，欧冠首战是对阵马赛，他们在一场不引人注目的比赛中稳定发挥，以 2 ：1 击败了对手，与那不勒斯并列 F 小组第一名。拉姆塞又一次登上了记分牌，4 天后，他率队击败了一向难缠的斯托克城队。厄齐尔助攻了所有的 3 粒进球，阿森纳升至积分榜首位。18 岁的德国新秀泽格·尼亚布里代表阿森纳第一次参加英超首发，阿尔特塔伤愈复出，“枪手”看上去大有希望。温格唯一的担忧是，沃尔科特已经遇上了伤病问题。如何让球队在赛季最繁忙的时候处于健康状态，法国人解释说：“我们希望沃尔科特别离开太长时间。周六我们有一场比赛，之后还有一场对阵那不勒斯的欧冠赛，因此，我们必须对阵容进行轮换。”

一如既往地，温格在联赛杯对阵西布朗的比赛中派出了二线阵容。温格很自豪地看到他的年轻队员通过一场点球大战淘汰了对手。回到联赛，尼亚布里在客场艰难地以 2 ：1 击败斯旺西一战中攻入了他的英超处子球。当选为英超 9 月份最佳球员的拉姆塞打进了另一球，阿森纳保持了 9 月份全胜的纪录。而俱乐部连续 12 场客场胜利的创纪录，让正值庆祝执教阿森纳 17 周年纪念日的温格特别高兴，他也获得了英超 9 月份最佳主教练的荣誉。斯旺西看上去就像是过去的阿森纳，空有控球而没有进球，华而不实。阿尔塞纳的球队现在看上去是真正的争冠劲旅了。

10 月份，阿森纳在 9 月份的基础上继续前进，厄齐尔攻入了他代表阿森纳的第一球，帮助球队在欧冠中以 2 ：0 战胜那不勒斯。“我们能得到他非常幸运。”温格非常自豪地告诉媒体。1 ：1 客场战平西布朗，让阿森纳自揭幕战以来第一次丢分，但是，球队士气仍然高涨。威尔希尔攻入了接近三年里的英超第一球，对于英格兰中场来说，这是对过去困难一周的出色反应，因为吸烟丑闻，他这一周来遭到了媒体的狂轰滥炸。

温格在处理这件事的态度上十分坚决："我完全不赞成（威尔希尔）这样的行为"，这发挥了立竿见影的效果。威尔希尔两场比赛打进了两球，在4：1大胜诺维奇一战中首开纪录。威尔希尔进球之前，包括吉鲁和复出的卡索拉所参与的这次令人叹为观止的跑动进攻配合，完美诠释了阿森纳快速、流畅的进攻性足球。温格形容它："肯定是最佳进球之一，也是我最享受的进球，因为这是一个团队式的进球。"

主场打诺维奇是一回事，但是，对阵多特蒙德就是另一回事了。莱万多夫斯基的绝杀进球，给"枪手"带来了他们8月中旬以来的第一次失利。吉鲁攻入了他赛季的第八球，但是，阿森纳在对阵德国球队快速、压迫式足球时十分想念弗拉米尼。在温格的64岁生日当天，他不想就这么算了，他表示："第一个丢球让我们很被动，第二个丢球是我们太天真了。我们只需看看自己，在那样的情况下，我们不够成熟。如果无法赢得比赛，至少不要输球。"

四天后，阿森纳回到了胜利的轨道上。做客失去了主教练的水晶宫，温格很欣赏球队具有弹性的表现，最后一小时，阿尔特塔吃到红牌后，他们十人应战却坚持拿下了3分。拥有一条由什琴斯尼、萨尼亚、科斯切尔尼、默特萨克和吉布斯组成的稳固后防线，"枪手"们过去的8轮联赛只丢了6球。联赛杯对阵切尔西的比赛中，温格只保留了科斯切尔尼一名后防主力，并为此付出了代价。比赛还剩半小时，阿森纳两球落后，厄齐尔和吉鲁替补登场，但发挥的作用很有限，球队大势已去。温格的球队在其他两项更重要的赛事中继续奋战，所以，他知道这一次杯赛出局并不是最糟糕的消息。

阿森纳赛季初非常有利的赛程表成为批评者们最喜欢的话题。因此，11月初，利物浦的造访被看成是对温格球队实力的最大考验。"枪手"顺利地通过了考验，凭借防守的出色表现和卡索拉、拉姆塞的进攻能力，球队目前以5分优势领跑英超，温格专注的是球队的连续性："接下来，我们有一系列重要比赛，我们有能力应付好这些比赛。我总是充满自信，但是，我们还有很长的路要走。"

下一站是客场对阵欧冠联赛决赛球队多特蒙德，阿森纳以一场 1 ： 0 的胜利，为之前主场负于对手报了一箭之仇。拉姆塞再次攻入制胜球，他的赛季总进球数达到了 11 个，追平了此前 6 个赛季的个人进球数总和。这一结果让阿森纳并列小组头名，处在出线的有利位置。

温格知道，接下来做客老特拉福德将是对球队力量的考验。在大卫・莫耶斯的带领下，曼联三连败后位列第五，但是，他们拥有鲁尼和范佩西这样的球星，实力不容低估。不幸的是，阿森纳阵营遭受了病毒感染，默特萨克和罗西基因此缺阵，阿尔特塔状态不佳。在大场面比赛中，温格的球员们似乎被“冻住”了：“我们上半场踢得太紧张了，比赛太仓促，我们丢掉了太多球权。”

范佩西攻入的一粒头球结束了阿森纳的 15 场客场不败纪录。阿森纳又输掉了一场重头戏，但温格知道，接下来将面临更多挑战，所以，他们有足够的机会做出弥补。对阵南安普敦，阿森纳从门将阿图尔・博鲁茨的可笑失误中受益，确保了“对阵一支非常优秀的球队的艰难胜利”。第四场零封，吉鲁的两粒进球，以及沃尔科特因伤缺阵两个月后的复出，都是温格的积极因素。目前在积分榜上，他的球队领先利物浦和切尔西 4 分。

欧冠联赛中，阿森纳在 2 ： 0 击败马赛后，一只脚已经踏进了淘汰赛。厄齐尔虽然错过了点球，但威尔希尔的两粒进球避免了尴尬。温格很高兴看到他的年轻中场不再受到伤病困扰且状态良好。对阵加的夫城，年轻中场们又一次证明了实力，拉姆塞面对老东家梅开二度，帮助球队在最近 12 场比赛中获得了第十场胜利。“他的表现非常惊人！总是在令我吃惊，”阿尔塞纳表示，“他仍然能取得进步。”

主场对赫尔城，阿森纳连续 4 场零封对手。温格稍稍调整了阵容，给了本特纳少见的首发机会。丹麦人很好地抓住了机会，率先破门，厄齐尔确保了胜利。阿森纳主教练对球员只有称赞：“我拥有一套阵容，球员们拥有着相当雄厚的实力和梦幻般的斗志。”

至于人们对阿森纳的期待究竟有多大，从 1 ： 1 战平强大的埃弗顿被视为受挫就可以看出明显迹象。温格告诉媒体：“我们很失望被对手追上，但这仍然是 1 分。”厄齐尔在新赛季 6 次助攻的基础上，又将进球增加到了 4 个。但是，球队的防守却不给力，让赫拉德·德乌洛费乌最后时刻攻入了扳平一球。尽管沃尔科特替补出场时表现活跃，但阿森纳一直不在进攻的最佳状态，这同时也给温格选择首发阵容出了难题。

最后一场欧冠小组赛，阿森纳只需要避免输掉 3 球便可以确保 16 强的名额。温格派上了一支强大的队伍，前 65 分钟几乎没有受到任何考验。不过，拉姆塞被换下，加上阿尔特塔的红牌下场，让阿森纳以 0 ：2 败下阵来。这意味着他们又一次排名小组第二，将在 16 强战中再次遭遇令人烦恼的欧冠卫冕冠军拜仁慕尼黑，如今这支球队由阿尔塞纳的欧战老对手佩普·瓜迪奥拉执教。

在此之前，阿森纳还需要追求英超冠军。做客曼城代表着巨大的挑战，佩莱格里尼的球队本赛季已经取得了主场七连胜，一路上打进了 29 粒球。温格的球队半场时以 1 ：2 落后，“枪手”仍然有希望。

但在下半场，“枪手”完全认输了，默特萨克和费尔马伦很难找回默契感，什琴斯尼总是出现低级失误。厄齐尔和吉鲁纯粹是观众，而弗拉米尼在中场与亚亚·图雷和费尔南迪尼奥的力量对抗中完全处于下风。沃尔科特是唯一的亮点，重返首发阵容后打进了两球。以 3 ：6 被对手横扫后，“枪手”看起来不那么像有实力争冠的球队。温格赛后试图淡化这次比赛的意义：“他们是我们要打败的球队之一，但并不比我们之前所碰到过的其他对手更特殊。”虽然这么说，但他也承认对后防线的恐慌感到担忧：“到目前为止，我们的力量来源是我们的防守纪律，但是，随着比赛的进行，我们失去了它。”

阿森纳以 7 天内的 3 场比赛结束了 2013 年。第一场是在酋长球场战平牢不可破的切尔西，这场踢得很不连贯的僵局后，穆里尼奥将自己对温格的不败纪录延伸到了 10 场。尽管阿森纳无法撕破切尔西的防线，而且，自 11 月 23 日，单中锋吉鲁一直没有进球，但温格选择不换任何一个人。

拥有创造力和天赋的卡索拉和波多尔斯基一直枯坐板凳。赛后，阿森纳主教练拒绝否定本队的争冠前景：“这会非常紧凑，非常有趣。谁能表现得最具连续性，谁就可以笑到最后。”阿森纳在节礼日当天回到了榜首位置，沃尔科特的梅开二度帮助球队击败了西汉姆联。卡索拉和厄齐尔都在最佳状态，但是，关键球员拉姆塞的受伤却带来了阴霾。“他在圣诞赛程肯定要缺阵了。”温格说道。

但是，客场 1 ： 0 击败纽卡斯尔，阿森纳自 2007—2008 赛季以来，头一次将领跑地位保持到了新年伊始。吉鲁过去 8 场比赛的第一粒进球帮助“枪手”取得了领先，默特萨克和科斯切尔尼的稳定发挥确保了 3 分。这种类型的艰苦胜利让温格最为高兴：“我们决心拿出最佳表现，赛季末回首时，希望我们可以认为自己已经全力以赴了，这就足够了。但是，前方还有很长的路。”转会窗开启，纽卡斯尔中场约翰·卡巴耶一直被媒体广泛炒作，但似乎不是温格的那盘菜。大多数人认为给吉鲁找一个像样的“备胎”是当务之急，但是阿尔塞纳自然不会因为压力而进行一笔不明智的签约。

“枪手”的 2014 年从对加的夫城的胜仗开始，尽管本特纳和沃尔科特很晚才取得进球确保了胜利。温格对球队在酋长球场犀利的状态感到满意：“我们知道我们必须踢 10 个主场比赛，我们希望将这里变成一座堡垒，不论对手是谁，我们都要取得胜利。”足总杯第三轮，北伦敦对手托特纳姆被阿森纳 2 ： 0 撕碎。阿尔塞纳派上了最强阵容，但沃尔科特因为膝盖十字韧带受伤被担架抬下场时，温格或许会为派他出场感到后悔。这次手术的打击是毁灭性的，英格兰前锋将错过剩余的赛季，包括巴西世界杯。失去沃尔科特，温格缺少了一位能改变比赛的人——一位射手。虽然，舆论称阿森纳将引进沙尔克 04 的神童朱利安·德拉克斯勒，但最终没有成为现实。

沃尔科特的缺阵起初并没有带来巨大的影响。“枪手”2 ： 1 客场击败阿斯顿维拉后，以 1 分优势排名榜首。张伯伦自新赛季以来第一次出场，威尔希尔则贡献一传一射。温格对他印象深刻：“他回到了最佳状态。”当被问及是否有压力时，阿森纳主教练回复道：“我能提供答案的唯一方式就是赢得比赛胜利。”“枪手”继续在球场上做出回答，联赛中击败富勒姆，足总杯中击败考文垂，豪取七连胜的同时只丢了两球。拉姆塞和沃尔科特因伤缺阵，吉鲁、波多尔斯基和卡索拉一共打进了10粒进球。当温格发现他的球队重新找到争冠的坚韧时，“枪手”却在南海岸以2：2战平了勇敢的南安普敦。对弗拉米尼比赛尾声被红牌罚下，以及球员们的表现，阿森纳主帅提出了批评：“我们是在用第二挡的速度比赛，而南安普敦则是挂在第四挡。”

随着转会窗即将关闭，温格对拉姆塞遭遇受伤打击的坏消息做出了反应，敲定了从莫斯科斯巴达克租借加盟阿森纳的经验丰富的瑞典国脚基姆·谢尔斯特伦。两天后，阿森纳的医疗团队证实，这位新加盟的中场因背伤将错过接下来的6周比赛。这一次，温格在转会市场上进行的恐慌性收购得到了灾难性的后果。“如果我们多两到三天时间，我本不会签下他，”阿尔塞纳承认，“但时间已经到了星期五下午5点。”不过他的球队看上去并不担忧，“复活”的张伯伦在水晶宫的胜利中包办了两球。本赛季打了24轮，阿森纳继续拒绝将榜首位置拱手相让。

决定性的4周开始于令人生畏的安菲尔德之旅。利物浦在2014年保持不败，从15分中抢到了11分。在主场，布伦丹·罗杰斯的球队在13场联赛中赢得了11场胜利，打进了38粒进球。温格知道这次比赛意味着对球队的重大考验，可以与去年12月中旬3：6不敌曼城的惨败相提并论。

令人遗憾的是，阿森纳这次的情况更加糟糕，比赛才踢了20分钟，他们便以0：4落后，最终以1：5惨败。“枪手”对利物浦中后卫什克特尔在定位球上的威胁，以及拉希姆·斯特林、苏亚雷斯、斯图里奇的速度和技术上，没有做出任何回应。而在进攻端，厄齐尔和吉鲁看上去碌碌无为。面对争冠对手遭遇的又一次耻辱性的客场失利，让温格十分担忧，但他并不沮丧。他表示：“我们必须回答周三晚上的比赛问题。我仍然认为我们能够赢得联赛，从数学理论上说还是有可能的。”

周三晚上是主场对阵举步维艰的曼联，这是温格的球员们对批评做出回击的绝佳机会。但是，尽管拥有吉鲁、厄齐尔和卡索拉的进攻三人组，“枪手”却未能进球。比赛最终拖向了0：0的平局。温格的大牌明星们看上去很疲惫，他却并未使用替补球员波多尔斯基和本特纳。与此相反，“枪手”表现出的态度似乎是能够接受平局，而他们已经落后领头羊切尔西 1 分了。

终场哨响后，温格已经将目光投向了前方："重要的是恢复体力，准备好下一场比赛，我们希望留在足总杯里。"他们的确留在了足总杯赛中，对最近联赛做客利物浦的惨败做出了复仇。张伯伦在这场杯赛中成为明星，打进了第一球，并助攻波多尔斯基打进了第二球。特别让温格高兴的是，球队在下半场面对对手反扑时，咬紧牙关坚持到了最后。

3 天后，阿森纳在酋长球场迎来了欧冠卫冕冠军拜仁慕尼黑。小将萨诺戈取代了吉鲁首发锋线，"枪手"获得了一个非常积极的开局，第七分钟便赢得一粒点球，但厄齐尔却罚丢了，没能获得他们应得的进球。球队在 36 分钟后便少了一人，门将什琴斯尼因为放倒阿尔延·罗本被罚下场。德国巨人踢出了瓜迪奥拉式的控制型足球，充分利用了他们多一人的优势，在客场取得了 2 ： 0 的胜利。

中场大师托尼·克罗斯的表现出类拔萃，他打进了本场比赛的第一球，完成了惊人的 147 脚传球。赛后，阿尔塞纳并没有关注厄齐尔射失点球，他也不是第一次因为红牌而生气。他先表示哀叹："裁判做出了一个杀死比赛的决定。"随后指出罗本充分利用了什琴斯尼的犯规动作。第二回合面对慕尼黑需要扳回两球，这对于"枪手"来说，看上去是个不可能完成的任务。

接下来，温格和他的球员们将注意力转回到联赛中，英超冠军的挑战仍在继续。吉鲁和罗西基以进球庆祝回归首发阵容，阿森纳 4 ： 1 大败保级堪忧的桑德兰。温格对球队自信的表现很高兴，这重要的 3 分帮助"枪手"紧跟切尔西的步伐。

下一战是对斯托克城，一个与阿森纳风格相反且很难缠的对手。和以往一样，"陶工"身体强壮、不知疲倦。但这一次，"枪手"们缺乏创造力的火花。下半场沃尔特斯的点球给斯托克城带来了 3 分，让温格的球队落后领头羊 4 分。主教练称之为"重大的打击"，再次对球队的抗压能力提出了疑问。这是糟糕的 3 月的开始，通常也是阿森纳赛季最关键的月份之一。

在准备足总杯 1/4 决赛对阵埃弗顿的过程中，阿森纳收到了一条坏消息：

威尔希尔将因为脚部骨折缺阵6周。他不仅将错过12场俱乐部比赛，世界杯梦想也前途未卜。不过，他的阿森纳队友们面对伤病打击又一次展现了团结一致的决心。下半场，温格骄傲地看着球队以强大的表现4 ：1击败对手，晋级半决赛。随着欧战基本宣告出局，英超又一次失利，赢得足总杯冠军，对阿森纳结束长久以来的冠军荒变得越来越重要。

温格知道，欧冠16强战第二回合慕尼黑一战不过是徒劳无功。就像人们预料的那样，阿森纳很难获得控球权，瓜迪奥拉的球队锁定了比赛。上半场，受伤的厄齐尔举步维艰，最终被罗西基换下。下半场比赛稍微打开了一些空间，但是，“枪手”所能做到的就是波多尔斯基的扳平球，他们连续第四年在16强战中被淘汰出局。

赛后，温格对什琴斯尼在第一回合吃到红牌，以及本队没能主宰局面而懊悔不已：“我们不曾让他们真正受到压力，我为这两场比赛而后悔。”阿尔塞纳的焦点可以回到国内赛事中了，包括联赛和杯赛。“枪手”迈出的第一步，是获得本赛季第三场北伦敦德比的胜利。第二分钟，来自罗西基的技惊四座的进球改变了比赛，阿森纳的领先优势从未受到考验。“这是一场必须取胜的比赛，”温格承认，“我们保持注意力集中，不再犯那种会付出沉重代价的错误。”

做客切尔西，从每一个角度来看都是重要的场合，不仅因为这是一场争冠球队之间的对决，还因为这是温格执掌阿森纳的第一千场比赛。法国人加入了马特・巴斯比①、达里奥・格拉迪②、弗格森等人为一家俱乐部服役1000场以上的璀璨名单。

阿森纳希望获得更多可以庆祝的理由，但却带着绝望离开了斯坦福桥。

---

① Matt Busby，前曼联名帅，20世纪50年代“巴斯比宝贝”的缔造者，1958年经历了慕尼黑空难幸存，十年后带队夺得1968年欧洲冠军杯。

② Dario Gradi，达里奥・格拉迪是意大利出生的英格兰球员、教练，1983—2007年担任克鲁主教练，后来转职俱乐部技术总监，是英格兰职业联赛中任期最长的主教练，执教超过1000场。

20分钟内，阿森纳便以0 ：3落后并被迫十人应战，吉布斯被主裁判当成了张伯伦错误地罚下场。阿尔塞纳选择了阿尔特塔作为唯一的防守型中场，眼看着对方力量十足的中场制造出大麻烦。当弗拉米尼下半场替补登场时，游戏早已结束了。在客场对阵其他三个争冠对手（曼城、切尔西、利物浦）时，阿森纳得到了0分，丢了17球。数据统计清楚地展现了他们在哪个争冠环节出了问题。温格对耻辱性的失利负全责，并要求球员们做出迅速的反应。在这一过程中，阿尔塞纳表示，每一场失利“都在心中留下了永远不会忘记的伤痕”，而这场比赛的伤痛最大。

对阵斯旺西一战，阿森纳展示了一场重大失利所带来的后遗症。在比分落后时，波多尔斯基和吉鲁的进球帮助阿森纳在比赛快结束时反超比分，但是，弗拉米尼不幸打进乌龙球，让威尔士球队可以分一杯羹。阿森纳落到了联赛第四位，突然之间，温格发现埃弗顿也快从积分榜上追了上来。“我认为此刻（冠军）不再是我们最大的顾虑。我们必须现实一些。”

这是特别真实的感觉，因为曼城即将做客酋长球场。这一次，温格选择用阿尔特塔和弗拉米尼一起坐镇中场。阿森纳中场很好地应付了亚亚·图雷和孔帕尼，弗拉米尼的扳平球给“枪手”带来了当之无愧的一分，但是，这又是一场吉鲁未能帮助球队进球取得胜利的比赛。赛后，温格选择了反思本赛季中球队的变化。他说：“总体来说，如果你听到第一轮人们对维拉比赛后的评论，再看看我们今天所处的位置，以及所展现出的实力，我只是觉得我们并没有人们所说或者所想的那么糟糕。”

令人遗憾的是，在曼城的平局后，球队有所恢复的感觉都在古迪逊公园失去了。罗伯托·马丁内斯击败了温格，史蒂文·奈史密斯和罗梅卢·卢卡库帮助埃弗顿拿到了3 ：0的胜利。这也让默西塞德球队在少赛一场的情况下只落后阿森纳一分。这场比赛给阿森纳留下更多需要解决的问题，默特萨克缺少速度的弱点被放大，蒙雷亚尔看上去防守不力，什琴斯尼犯了不同寻常的错误，卡索拉从未真正找到感觉，而吉鲁自始至终看上去十分暗淡。唯一积极的是伤愈复出的拉姆塞。“我百分百投入战斗以打进前四，但很困难，”温格承认，“我们需要回到基础问题上，客场的惨败带走了我们的一些‘魔力’。”

联赛中，最近 4 场只拿到两分后，回到杯赛中是一种放松。法比安斯基取代什琴斯尼，萨诺戈取代吉鲁，是温格对对阵威根的首发做出的改变，威根在前一轮击败曼城一战中充满自信。“枪手”在糟糕的上半场踢得节奏缓慢、慌张不安。英冠球队凭借霍尔迪·戈麦斯第六十三分钟的点球破门，取得了领先。突然之间，温格的球队抖擞起了精神。阿森纳全力以赴，对威根发动进攻，以图打进扳平球。终于得到了奖励，终场前 10 分钟，默特萨克的头球破门扳平了比分。

常规赛 90 分钟和加时赛 30 分钟都未分出胜负，在点球大战中，法比安斯基成为英雄，扑救了加里·考德威尔和杰克·科利逊的点球，促成了和赫尔城会师决赛。这或许不是阿森纳球迷最珍视的冠军荣誉，但这是阿森纳重新夺得冠军的黄金机会。在看到球队艰难地晋级后，如释重负便是温格的感觉。他承认道：“我们在足总杯决赛中有一个目标，但现在要先专注于英超。”

2013—2014 赛季英超只剩下最后 5 轮比赛，阿森纳落后埃弗顿 2 分，有可能自 1995 年以来第一次失去欧冠参赛资格。出色的赛季收官是最重要的，而温格得到了他向往的成绩。西汉姆联在酋长球场取得领先，但波多尔斯基和吉鲁确保了逆转，让球队拿到了 3 分。之后是足总杯决赛的预演，拉姆塞伤愈后在第一次首发对阵赫尔城时打进了第一球，波多尔斯基打进了最近两场比赛的第四球。

随着埃弗顿输给水晶宫和南安普敦，阿森纳在 3 ∶ 0 击败纽卡斯尔后，将领先优势扩大到 4 分。这是“枪手”取得的三连胜，也是“喜鹊”的六连败。科斯切尔尼、厄齐尔和吉鲁都取得了进球，温格特别称赞了德国中场组织者。“梅苏特·厄齐尔每一场比赛都会变得更加强大，他重获新生。圣诞节期间他的身体状态不好，如今，从身体上看他更加犀利了。”对阵西布朗时他的法国前锋制造了威胁，吉鲁打入个人赛季的第二十二粒进球，确保了阿森纳联赛第四和欧冠参赛资格。但是，阿尔塞纳却既欣慰又后悔：“我们很失望，因为在积分榜榜首只待了 128 天。如果你看看我们整体的表现，我们在杯赛和欧冠联赛中干得不错。我们并没有失败，但错过了在英超中一些决定性的东西。”

“枪手”以做客已经降级的诺维奇结束了本赛季的英超征程，拉姆塞惊人的凌空抽射破门，以及詹金森代表阿森纳成年队的处子球，给阿森纳带来了第五场连胜和连续四场零封。让随队前往客场的球迷们高兴的是，温格换上了缺阵许久的威尔希尔和迪亚比。沃尔科特、拉姆塞、张伯伦和厄齐尔的受伤在赛季中产生了重要影响，温格指出：“在赛季最重要的时刻，我们有不少球员集体缺阵，就这一点来说我们很不走运。”

阿森纳全队本赛季因伤缺阵达到不可思议的 1716 天，高居英超第一。尽管如此，阿森纳最终以 79 分只落后冠军曼城 7 分，也是他们自 2007—2008 赛季以来的最高积分。此外，17 次零封是温格饱受批评的后防线的伟大成就，如果不算做客英超前五名球队的 20 粒丢球，他们 34 轮比赛只丢了 21 球。进球对阿森纳仍然是个大问题，特别是在沃尔科特因伤缺阵时。尽管吉鲁有过进球荒，但他在联赛中还是打进了 16 粒进球，而波多尔斯基的 8 球、厄齐尔的 5 球和卡索拉的 4 球远远不够。

然而，这个赛季并未结束。5 月 17 日，自 2011 年以来，温格第一次将他的球队带回温布利，他们的目标是夺得自 2005 年以来的第一座冠军奖杯。“枪手”无疑是夺冠热门，他们终结不光彩的 9 年无冠的压力依然巨大。史蒂夫・布鲁斯的球队却有着其他的想法，凭借着两粒早早的进球震惊了不安的阿森纳。

卡索拉打进了一粒惊人的任意球，帮助阿森纳回到了比赛中，但是，面对顽强的赫尔城防线，他们很难找到机会扳平比分。比赛进行到一小时，阿尔塞纳派上萨诺戈，取代了波多尔斯基，“老虎”的注意力被分散，科斯切尔尼接到角球，在混战中将球打入大门。阿森纳继续寻找着制胜球，但是，吉布斯却错过了一次很好的机会。加时赛，赫尔城看上去筋疲力尽，吉鲁的作用越来越明显，一记头球击中了横梁。第一百零八分钟，法国人用脚后跟将球送到了拉姆塞脚下，后者一锤定音。没有谁比阿森纳赛季最佳球员更配得上打进制胜球。随着终场哨响起，时隔 9 年，温格终于可以再次庆祝获得冠军荣誉了。

比赛比很多人预料的要艰苦，但是，温格已经拿下了他的第五座足总杯冠军奖杯，积压多年的压力终于一扫而空。“这是这支球队生命之中重要的瞬间，”温格告诉媒体，“如果输了，会是一次重大挫折，但获胜就能给我们提供继续前进的良好平台。”大多数人感到，胜利者的心态是这支年轻和具有天赋的阿森纳队所缺失的部分。如今，他们已经品尝到了成功的滋味，未来前程远大。

不过，领头人的存在仍然是宏伟计划的关键部分。经过数月的猜测，阿尔塞纳终于与“枪手”续约，签下了 3 年合同，他将在酋长球场待到 2017 年。他解释说：“离开永远都不是问题。真正的问题是如何为这家足球俱乐部做正确的工作。”

随着工作得到确保，温格继续在转会市场上活动。他表示：“夏天会很忙，但最重要的是保持稳定，因为我们感觉到很接近（冠军）。我们希望继续补充一些能够让球队更加强大的球员，但是数量不会很多。”

买一位中锋似乎是第一要务。拜仁慕尼黑的马里奥・曼祖基奇和女王公园巡游者的洛伊克・雷米是传闻中阿森纳关注的前锋。西班牙人哈维・马丁内斯脱颖而出，成为另一位潜在的目标，这一类型的球员如果成功，能够大大加强阿森纳的中场硬度。只要是合适的实力型球员，价钱似乎不成问题。温格的转会资金据传有 1 亿英镑。但是，切尔西和曼联下赛季肯定会变得更加强大，问题依然存在：阿森纳能否兑现他们的承诺，成为冠军挑战者？阿尔塞纳当然相信能够做到。

第十五章　未来计划

FUTURE PLANS

当温格回首执教阿森纳的往昔岁月时，毫无疑问，他将被积极的回忆所淹没，从 1998 年率队夺得双冠王开始，到“无敌舰队”，再到一场场特别的欧战之夜。他渴望着再次夺得英超桂冠，就像对欧冠联赛冠军的长久渴望一样。他也意识到，让他实现梦想的时间所剩无几了。

随着温格进入在俱乐部长期执教生涯的下一个阶段，他可以对自己一路保障阿森纳以财务健康的状态面向未来感到自豪——不仅是平衡账目，还有孕育培养一批充满天赋的年轻人。曼联在 20 世纪 90 年代初培养出了像贝克汉姆、吉格斯和斯科尔斯这样的天才球员，但如今，阿森纳才是最善于培养自己的年轻球员进入一队的俱乐部。

尽管在冠军荒的过程中发生过一些不快，“枪手”球迷还是有不少可以微笑的理由。在续约成功后，温格已准备好带领年轻球队获得更多冠军荣誉。

阿尔塞纳——一位爱好游泳和跑步的人——身体相当健康，比大多数教练更善于应对执教的压力。这意味着法国人还会在足坛执教很久。他的热情和以往一样高涨，尽管已经取得了许多业绩，看上去他仍然能够从工作中享受乐趣。

欧冠联赛是法国人从未跨过的一道障碍，这将在他的计划中，不论他表示多么希望夺得英超冠军。2006 年的一步之遥带来了巨大伤痛，而他渴望能够弥补过失。

总有一天，“枪手”球迷们将面对阿尔塞纳离开俱乐部。温格很热爱他在阿森纳的时光，但终究要去寻找新鲜的挑战。他在英格兰的任期已经是他教练生涯的最长纪录，因此，最近的一次续约很可能是他在阿森纳的最后一份合同。

如果阿尔塞纳 2017 年离开酋长球场，去欧洲其他国家执教将是一个选择。西班牙和意大利的顶级俱乐部不断表现出对阿尔塞纳的兴趣。

国家队教练则是另一种选择。他过去不断和英格兰队主教练位置产生联系，也是英足总最垂涎的人选。温格此前一直拒绝诱惑，但随着英格兰队的重建，法国人也许最终会接受给他这个自 1996 年以来一直称之为家园的国度带回一些尊严。尽管有些人嘲讽说，如果温格当了英格兰队主教练，他将不得不选择英格兰球员首发，与他带阿森纳的原则严重相悖！

法国国家队也是一种选择。法国足协已经与他有过数次接洽。最早的一次是 1997 年夏天，他被问及是否能够在 1998 年世界杯后接手法国队主教练职位。但是，温格因为忠于阿森纳予以拒绝。他告诉媒体："我和阿森纳还有两年合同，不想换地方，我不会成为法国队主教练或者接受其他任何工作。"

但这并不是说他会以同样的方式又一次回应执教他的祖国国家队的机会。他是世界足坛中知识如此渊博的一位教练，他去任何球队都会很快赢得球员们的尊重。这将成为阿尔塞纳为之骄傲的任务，也许是他结束执教生涯的完美方式。他一直很享受重大国际赛事的感觉，可以成为带领法国队重返 1998 年和 2000 年荣耀的领军人物。

很难想象温格会退出足球圈。他在这项运动中倾注了这么多年心血，即便当他最终决定退出教坛，法国人也会选择在一家俱乐部担任另一角色。也许他会接受一份球探的工作，或者担任大使的角色，因为他一直享受着花无数个小时去分析对手和观看转会对象视频的过程。阿尔塞纳结束自己职业生涯时，如果他的知识不能传递给年轻的教练们，将是巨大的损失。

他有在多个国家工作过的经历，让人很难猜测他退休后会安身于何处。对他来说，伦敦是个快乐的家，但是，他也许更倾向于在离开酋长球场后换一种生活方式。他要考虑妻子和女儿，因此，很明显他会为她们的最大利益做出选择。他提到过希望在某一阶段回到日本，但是，这可能是以延长假期的方式，而不是全职工作。

退出执教生涯至少给阿尔塞纳一个来弥补之前缺乏睡眠的机会。法国人过去承认过，足球无时无刻不在他的头脑中："你睡上一到两个小时，醒来后，它就在你的头脑里。也许我没足够远离足球。这个问题一直存在，我只能说现在情况要比十年前好一些了。至少我永远保持着乐观，因此能够帮助我缓解压力。"

不论温格如何表述，工作的压力永远缠绕着他。2014 年 10 月，阿尔塞纳就满 65 岁了，他必须认真思考执教对他健康的影响。但他很顽固："足球不会杀死我。当你开始工作，压力就很大，因为你认为自己永远不会成功。每逢失利，我总会觉得很恐怖，因为我认为自己是有责任的。这对每一位教练都是家常便饭。"他在应对糟糕比赛的结果上做得已经够好了，但是，仍然无法做到回家就忘掉这一切。恰恰相反，他学会了去适应，不让其影响自己的家庭生活。

也许，温格在英格兰时代最伟大的成就就是，他成功地将私人生活与工作完全分开。直到今天，他仍然很神秘——即便是在阿森纳待了这么多年。他尊重对媒体的承诺，总是会参加新闻发布会，却不愿意接受媒体的一对一专访。就像在 2006 年欧冠决赛前，詹姆斯·考利在《观察家报》(*the Observer*) 中提到的："对温格的不可知性——他的神秘与魅力——由于他拒绝玩媒体游戏或者接受名人缺乏隐私的生活而被放大。这真是遗憾，因为，这意味着我们永远无法知道真实的他是怎样的。"

据说，阿尔塞纳是个活跃的伙伴，充满智慧，但是，其他的英超教练很少看到法国人的这一性格。因此，似乎真正了解阿尔塞纳的，是他的球员们和教练团队——结论是压倒性的。如果没有对主教练的绝对崇拜与尊重，没有球队能够取得"枪手"在温格执教这些年来所取得的成绩。

不论温格未来最终做出怎样的抉择，对英格兰足坛来说，"教授"离开阿森纳的那一天都是非常令人悲伤的一天。

附　录

温格时代的阿森纳最佳 11 人阵容

APPENDIX：ARSENE' S ALL—TIME BEST ARSENAL XI

* * *

温格在阿森纳的岁月将因为球队的华丽风格和赢得的冠军荣誉为人们所怀念。他在转会市场上的运作，成功地挖掘出了一些出类拔萃的天才球员，而在最合适的时机卖掉顶级球员的能力也帮助球队保持了新鲜感和动力。

如此多的优雅而又忠诚的球员们，在温格时代拥抱了海布里和酋长球场，因此，要从所有球员中挑选出一支“梦之队”，实在有些困难。每个位置上都有太多的选择，但是经过数小时的考虑、斟酌，我得出了自己的结论。

守门员

这个位置并无太多争议。尽管延斯·莱曼在不败赛季中有出色的表现，但是，很少有人能和黄金时代的大卫·西曼媲美。前英格兰队门将在“枪手”夺得 1997—1998 赛季和 2001—2002 赛季英超冠军的道路上发挥超级稳定，也留下了一些令人记忆犹新的惊人的扑救，包括 2003 年足总杯半决赛超人般地封出了保罗・佩斯基索利多的近距离攻门。莱曼当然也有过一些世界级的扑救，但是，他的一些著名的失误也会被“枪手”球迷们所念叨。毫无疑问，西曼是温格时代的最佳守门员。

后卫

后卫位置上的竞争要激烈许多，特别是20世纪90年代，“枪手”的防守享有威名。在温格执教初期，托尼・亚当斯出色地担任了球队队长。他以身作则，从不回避挑战。阿尔塞纳从未拥有过比亚当斯更忠诚的球员，他比俱乐部其他人更配得上1997—1998赛季双冠王荣誉。另外一些著名的中后卫，包括统治一时的索尔・坎贝尔，他的制空能力如此强大；快速的科洛・图雷，他能无缝链接地进入后防心脏；强有力的马丁・基翁，他从未停止过给对方前锋制造麻烦；还有威廉・加拉，他是阿森纳2007—2008赛季出色表现的关键因素。坎贝尔在巅峰时期会比其他后卫略胜一筹，他在四后卫防线中与亚当斯搭档中卫。

李・迪克逊和亚当斯一样，也在温格任教初期成功地发挥了重要作用，他是右后卫的人选。他以令人放心的表现赢得了代表英格兰队出场的机会，在阵地战中几乎无懈可击。亚当斯和迪克逊都是以“高举手臂”示意对手越位而闻名的四后卫成员。奈杰尔・温特伯恩和阿什利・科尔则是两位出色的左后卫人选。温特伯恩提供的是强悍的铲球和简洁流畅的传球，而阿什利・科尔则拥有闪电般的速度和对防守反击的热忱。阿什利・科尔略占上风，因为他在海布里的年代里成长为世界上最优秀的左后卫之一。

中场

温格的球队总是在中场区域混合着钢铁般的抢球者和富有创造力的天才。没有球队能够在这些位置上派上四名进攻型球员，因此，这一混合必须合理。在中路，帕特里克・维埃拉作为一位好斗的抢球者，可以傲视群雄。在他的黄金年代，他可以只手遮天，主宰中场，他一个人就可以吓倒对手。他也是球队夺得 2001—2002 赛季双冠王和两年之后以不败战绩夺得英超冠军时的队长。埃马纽埃尔·珀蒂，他是温格时代初期的中场搭档，也是世界级球员，有着一只令人恐怖的左脚。他们在一起可以战胜所有人——唯一例外是罗伊·基恩。

在比铁腰多得多的创造型天才中，罗贝尔·皮雷当年欺骗性的步伐和门前的感觉是不可阻挡的，他在 2001—2002 赛季的表现尤为突出。他的助攻和进球能力为他赢得了右翼的一席之地。尽管在阿森纳的大部分岁月中，他都担任左边锋，但他是个天生的右脚球员，险胜弗雷迪·永贝里。永贝里也能打进关键进球，在"枪手"球迷中相当受欢迎。他在对手防线身后机智的跑动，制造了无数的机会，当温格最需要进球的时候，他常常能解燃眉之急。翻开历史再往前看，马克·奥维马斯以灼热的速度摧毁了无数防线，也在 1997—1998 赛季双冠王夺冠道路上发挥了重要作用。他拥有着瞬间改变比赛的能力，帮助阿森纳从"沉闷的阿森纳"迅速过渡到温格时代。塞斯克·法布雷加斯在转会巴塞罗那之前担任队长，在温格手下绽放光芒，也被认为是俱乐部历史上最伟大的天才球员之一。他的传球视野和控球时的冷静，让他赢得了第二中场的位置——和维埃拉搭档。

前锋

这是另一个让温格眼花缭乱的位置。蒂埃里·亨利——俱乐部历史最佳射手，在阿森纳享受了一些卓越的赛季。阿尔塞纳帮助他成长为世界级的射手，亨利用一系列魔法般的瞬间回报了他的教练。出色的临门一脚和闪电般的速度，让他在最佳状态时几乎无法盯防。丹尼斯·博格坎普和温格一起在阿森纳待了许多年，他的视野让他即便过了 30 岁也能踢得华丽。荷兰人的最佳赛季无疑是 1997—1998 赛季获得双冠王那一年，他打进了一系列引人注目的进球。另一些领先的候选人包括：尼古拉斯·阿内尔卡，他短暂的阿森纳生涯相当成功；伊恩·赖特——温格拥有的最出色的天生射手；罗宾·范佩西，担任过几年"枪手"的先锋，包括一些特别高产的赛季。但是在最巅峰状态时转会曼联让他很难入选这支球队。

西曼

迪克逊　亚当斯　坎贝尔　阿什利·科尔

皮雷　维埃拉　法布雷加斯　奥维马斯

亨利　博格坎普

目前的阿森纳阵容中，无人入选我的最佳阵容，也说明了酋长球场的频繁变化，过去 5 年里，大牌球星们往往会选择去其他地方追寻冠军荣誉。

这支梦之队混合了 1997—1998 赛季的英雄和 2001—2002 赛季、2003—2004 赛季夺冠路上发挥着重要作用的球员们。博格坎普当然是唯一经历了全部三次英超夺冠的球员，拥有足够多的荣誉。

如果这 11 名球星有机会一起踢球，谁知道阿森纳当初的不败征程能够向前延伸多久！

致 谢

* * *

约翰·布莱克出版公司的安娜·马克斯以及整支团队，感谢你们为书稿编辑所进行的认真工作。对你们的耐心和勤奋不胜感激。

我的朋友们（凯斯、诺丁汉等），感谢你们的支持和幽默。我们一起观看了这本书中所提到的很多比赛。

我的前同事和现同事们，你们为我提供了宝贵的建议和反馈。你们教给我的东西，一直令我受益匪浅。

贝蒂、迈克、菲尔、埃里克、玛丽、迈克以及整个马斯特罗克拉—尼可波罗斯帮派的家伙们，谢谢！球进了！

爸爸妈妈，感谢你们一直支持着我。非常期待接下来的家庭探险！

马特，你的贡献我真的感激不尽。你十分有才，定然前途无量！

梅丽莎，你的爱、你的力量，每一天都带给我惊奇。没有你的日子，我无法想象。

诺亚，不远的将来，我们将一起读这本书。你是上帝给我的最好的礼物。我们都盼着你快些长大，你一定是个很棒的小伙子。